国际儒学联合会资助出版

典亮世界丛书

《道法自然　天人合一》，彭富春　编著

《天下为公　大同世界》，干春松、宫志翀　编著

《自强不息　厚德载物》，温海明　主编

《民惟邦本　本固邦宁》，颜炳罡　编著

《为政以德　政者正也》，姚新中、秦彤阳　编著

《革故鼎新　与时俱进》，田辰山、赵延风　编著

《脚踏实地　实事求是》，杜保瑞　编著

《经世致用　知行合一》，康　震　主编

《集思广益　博施众利》，章伟文　编著

《仁者爱人　以德立人》，李存山　编著

《以诚待人　讲信修睦》，欧阳祯人　编著

《清廉从政　勤勉奉公》，罗安宪　编著

《俭约自守　力戒奢华》，秦彦士　编著

《求同存异　和而不同》，丁四新　等　编著

《安不忘危　居安思危》，吴根友、刘思源　编著

國際儒學聯合會·典亮世界丛书

仁者爱人
以德立人

李存山　编著

人民出版社

出 版 说 明

　　2014 年 9 月 24 日，习近平主席在纪念孔子诞辰 2565 周年国际学术研讨会暨国际儒学联合会第五届会员大会开幕会上的讲话中，提出了包括儒家思想在内的中国优秀传统文化中蕴藏着解决当代人类面临的难题的重要启示："关于道法自然、天人合一的思想，关于天下为公、大同世界的思想，关于自强不息、厚德载物的思想，关于以民为本、安民富民乐民的思想，关于为政以德、政者正也的思想，关于苟日新日日新又日新、革故鼎新、与时俱进的思想，关于脚踏实地、实事求是的思想，关于经世致用、知行合一、躬行实践的思想，关于集思广益、博施众利、群策群力的思想，关于仁者爱人、以德立人的思想，关于以诚待人、讲信修睦的思想，关于清廉从政、勤勉奉公的思想，关于俭约自守、力戒奢华的思想，关于中和、泰和、求同存异、和而不同、和谐相处的思想，关于安不忘危、存不忘亡、治不忘乱、居安思危的思想，等等。"习近平主席的重要讲话高屋建瓴，视野宏大，思想深邃，深刻阐明了中华优秀传统文化为人们认识和改造世界提供的有益启迪，为治国理政提供的有益启示，为道德建设提供的有益启发，对传承弘扬中华优秀传统文化具有长远的根本的指导意义。

　　为把学习贯彻落实习近平主席这一重要讲话精神进一步引向

1

深入，国际儒学联合会与人民出版社共同策划了"典亮世界丛书"。丛书面向对中华文化感兴趣的海内外读者，以习近平新时代中国特色社会主义思想为指导，结合新时代中国的治国理政实践，由在中华传统文化领域深耕多年的学者担纲编写，从浩如烟海的中华典籍中精选与这十五个重要启示密切相关的典文，对其进行节选、注释、翻译和解析，赋予其新的涵义，以帮助读者更好地理解中华优秀传统文化之于当代中国的价值，为解决当代人类面临的难题提供中国方案，让中国优秀传统文化同世界各国优秀文化一道造福人类！

我们应秉持历史照鉴未来的理念，传承创新包括儒学在内的中华传统文化，把那些跨越时空、超越国度、具有当代价值的文化精神弘扬起来，倡导求同存异，消弭隔阂，增进互信，促进文明和谐共生，弘扬和平、发展、公平、正义、民主、自由的全人类共同价值，为共创后疫情时代美好世界、推动构建人类命运共同体而努力。

国际儒学联合会、人民出版社
2022 年 4 月

目　录

引　言

　　"仁者爱人，以德立人"是以儒家文化为主流的中国传统文化的核心价值，是我们要传承和弘扬的中国文化的优秀传统。

　　中国文化自上古以来就形成了崇尚道德的价值取向。孔子"祖述尧舜，宪章文武"（《中庸》），在《尚书·尧典》中就已记载：帝尧"克明俊德，以亲九族；九族既睦，平章百姓；百姓昭明，协和万邦。黎民于变时雍"。这里的"克明俊德"就是首先重视个人的道德修养，而"以亲九族""平章百姓""协和万邦"就是儒家后来讲的"齐家""治国""平天下"。所谓"黎民于变时雍"则是在修、齐、治、平之后所要达到的社会目标，即社会的整体的道德和谐。帝尧晚年将天子之位禅让给舜，而舜之大德首先他是中国古代"大孝"的代表，由此可见中国文化对于家庭伦理的重视。在大禹、商汤之后，周之文、武、周公则鉴于夏、商两朝的灭亡，而更加强调了"敬德""保民"（《尚书·康诰》）、"皇天无亲，惟德是辅"（《尚书·蔡仲之命》）的重要。

　　到了春秋时期，虽然中国历史进入一个"礼崩乐坏"、分裂战乱的过渡时期，但是以崇尚道德为中国文化的最高价值取向，却正是在这一时期确立的。如鲁国的叔孙豹指出："太上有立德，其次有立功，其次有立言。虽久不废，此之谓不朽。"（《左传》襄公二十四年）"太上"就是最高，"太上有立德"就是以崇尚道德为人生、社会的最高价值取向。而晋国的郤缺则强调"正德、利用、厚生，谓之三事"（《左传》文公七年），在"三事"之说中也是以"正德"为首要。

春秋后期，孔子创建儒家学派，把"仁"提升为道德的最高范畴和统率诸种德目的"全德之名"。孔子的学生有若说："君子务本，本立而道生。孝弟（悌）也者，其为仁之本与！"（《论语·学而》）这里的"本"不可理解为西方哲学意义的"本体"，而应从道德发生论来理解，"本"就如树之根、水之源。"本立而道生"的"道"就是仁道，而孝悌就是仁的本始或根本。孝悌之所以是仁的根本，是因为每个人都最初生长在父母的怀抱中，家庭是人生的第一所学校，人最初就是在父母的怀抱中体会到人与人之间那种真挚的、温暖的情感，这种亲亲之情的扩充、升华就成为普遍的仁爱。以孝悌或亲亲之情为"仁"之本始，这符合道德发生和道德实践的一般规律，如在世界各大宗教代表人士于 1993 年发表的《全球伦理宣言》中有言："只有在个人关系和家庭关系中已经体验到的东西，才能够在国家之间及宗教之间的关系中得到实行。"

孟子说："老吾老，以及人之老；幼吾幼，以及人之幼。"（《孟子·梁惠王上》）这里的"老吾老""幼吾幼"就是以血缘关系的亲亲之情为普遍道德之本，而"及人之老""及人之幼"就是亲亲之情的扩充、升华，直到"达之天下"（《孟子·尽心上》）的普遍仁爱。孟子将这种扩充、升华又称为"推恩"，他说："故推恩足以保四海，不推恩无以保妻子。古之人所以大过人者无他焉，善推其所为而已矣。"（同上）在孟子的思想中，能够"足以保四海"的就是普遍的仁爱，而"不推恩无以保妻子"，如果仅仅局限在血缘亲情中，那么连自己的妻儿都保护不了。实际上，不加以扩充、升华的亲亲之情，不是儒家所肯定的；而儒家的仁爱绝不是局限在血缘亲情中，而是要由孝悌或亲亲之情"扩而充之"，升华为普遍的仁爱。这也就是孟子所说："亲亲而仁民，仁民而爱物。"（《孟子·尽心上》）这里的

"民"是与"物"相对而言，实即指普遍的人类。"亲亲而仁民"，就是从亲亲之情的家庭伦理扩充、升华为普遍的爱人；"仁民而爱物"，就是说儒家的仁爱不仅是普遍的爱人，而且兼及爱物。所以儒家的仁爱学说不仅具有家庭伦理和人类普遍道德的意义，而且具有环境伦理、生态保护的意义。

在《论语》中，孔子的弟子多次问"仁"，孔子大多是因材施教，随机指点，给予不同的回答，这可见"仁"具有丰富的内涵。但是"仁"也有其基本含义，即如《论语·颜渊》篇记载："樊迟问仁，子曰：'爱人。'"这里的"爱人"就是"泛爱众"（《论语·学而》），亦即泛爱人类所有的人。这在先秦时期被称为"爱类"，如《吕氏春秋·爱类》篇所说："仁于他物，不仁于人，不得为仁。不仁于他物，独仁于人，犹若为仁。仁也者，仁乎其类者也。""仁乎其类"就是要爱人类所有的人。"仁者爱人"是"仁"的基本含义，而"仁"也被视为人的基本属性。如《中庸》所说："仁者，人也。"孟子也说："仁也者，人也；合而言之，道也。"（《孟子·尽心下》）在儒家思想中，只有遵循仁道，才能成为真正的人。孟子说："仁者爱人，有礼者敬人。"（《孟子·离娄下》）显然，孟子所说"仁者爱人"源于"樊迟问仁，子曰'爱人'"，而"爱人"与孟子所说的"仁民"同义。荀子说："仁，爱也，故亲。"（《荀子·大略》）这实即也是以"爱人"言"仁"。秦以后，董仲舒说："仁之法在爱人……仁者，爱人之名也。"（《春秋繁露·仁义法》）"故仁者所爱人类也。"（《春秋繁露·必仁且智》）至唐代，韩愈则说"博爱之谓仁"（《韩愈集·原道》）。按，"博爱"也是儒家早已使用过的词，如《孝经》说"先之以博爱"，董仲舒说"忠信而博爱"（《春秋繁露·深察名号》）。韩愈直接用"博爱"界说"仁"，符合"仁"的本义。

在宋代理学家中，周敦颐说"爱曰仁"（《通书·诚几德》），张载说"以爱己之心爱人则尽仁"（《正蒙·中正》），这也同样是以"爱仁"言人。程颢说"仁者浑然与物同体","医家以不认痛痒谓之不仁，人以不知觉、不认义理为不仁，譬最近"(《二程遗书》卷二上)，从人与物相感通而有知觉的意义上说，这也有以"爱"言"仁"的意思。程颐近于以"公"释"仁"，又说"公只是仁之理"，"爱则仁之用也"(《二程遗书》卷十五)，"爱自是情，仁自是性"(《二程遗书》卷十八)。朱熹循此而提出："仁者，爱之理，心之德也。"(《论语集注·学而》) 这里有程朱理学的性情、体用之分，虽然说仁是"爱之理"，但这也是"博爱之理"。陆王心学并不重视仁与爱的性情、体用之分，故陆九渊说："仁，人心也。"(《陆九渊集》卷三十二《学问求放心》)"仁即此心也，此理也"，"有怵惕恻隐之心者，此理也"(《陆九渊集》卷一《与曾宅之》)，仁与心、理、爱都是同等层次的概念。王阳明也说："仁，人心也；良知之诚爱恻怛处，便是仁。"(《王阳明全集》卷二十六《寄正宪男手墨二卷》)"诚爱恻怛"便是"良知"的博爱。至清代的乾嘉学派大师戴震则说："仁者，生生之德也……一人遂其生，推之而与天下共遂其生，仁也。"(《孟子字义疏证》卷下)"共遂其生"实也是"博爱"之意。近代的康有为在其《论语注》中解释"樊迟问仁，子曰'爱人'"，他说："仁者无不爱，而爱同类之人为先……盖博爱之谓仁。孔子言仁万殊，而此以'爱人'言仁，实为仁之本义也。"(《论语注·颜渊》) 统合先秦至近代而言之，"仁者爱人"确实是"仁"之本义。

"仁者爱人"是普遍地爱人类所有的人，那么，应如何推行、实践这一普遍的道德呢？在儒家思想中有一个切实可行的方法，这就是"忠恕之道"。《论语·里仁》篇记载："子曰：'参乎！吾道一以贯之。'曾子曰：'唯。'子出。门人问曰：'何谓也？'曾子曰：'夫子之道，忠恕而已矣。'""忠"就是"己欲立而立人，己欲达而达人"(《论语·雍也》)，"恕"就是"己所不欲，勿施于人"(《论语·卫灵公》)孔子说："能近取譬，可谓仁之方也已。"(《论语·雍也》) 所谓"仁之方"就是为仁或行仁之"方",也就是推行、实践"仁者爱人"的方法或原则。这个方法或原则对于为仁或行仁来说是"一以贯之"的,也就是说,它是普遍性的。因为它把一切人际关系都已抽象为"人"与"己"的关系,而"人"与"己"又是"交互主体性"的概念,所以它适用于正确处理一切人际关系。《中庸》说:"忠恕违道不远,施诸己而不愿,亦勿施于人。"这里既言"忠恕",而"施诸己而不愿,亦勿施于人"似乎只讲了"恕"。然而实际上,在儒家思想中"尽己之谓忠,推己之谓恕"(朱熹《论语集注·里仁》),"尽己"与"推己"是紧密结合在一起的,"忠、恕两个离不得"(《朱子语类》卷六十三),又可以说"恕由忠出,忠因恕行,初无二致"(史伯璿《四书管窥》卷七)。因此,在言"忠"时往往已把"恕"包括在内,而在言"恕"时也往往把"忠"包括在内,此所以"忠恕"实只是"一以贯之"的"一"道。《大学》把"忠恕之道"又称为"絜矩之道",即所谓:"所恶于上,毋以使下;所恶于下,毋以事上;所恶于前,毋以先后;所恶于后,毋以从前;所恶于右,毋以交于左;所恶于左,毋以交于右。此之谓絜矩之道。"这段话是用上下、前后、左右喻指一切人际关系,处理这些关系都要按照"己所不欲,勿施于人"的原则。朱熹《大学章句》说:依此来处理一切人际关系则"所操者约,而所及者广,此平天下之要道也"。所谓"所操者约",就是说它是正确处理人际关系的基本原则;所谓"所及者广",就是说它是正确处理一切人际关系的普遍原则。因此,它是"平天下之要道",这个"道"就是能使一切人际关系达到道德和谐的忠恕之道或"絜矩之道"。

因为"仁"是儒家道德的最高范畴,也是统率诸种德目的"全德之名",而"忠恕"是普遍的为仁或行仁之"方",所以"忠恕之道"的思想在历代儒学史上也是"一以贯之"的。如孟子说:"强恕而行,求仁莫近焉。"(《孟子·尽心上》)荀子说:"君子有三恕……

士明于此三恕，则可以端身矣。"（《荀子·法行》）董仲舒引世子曰："圣人之德，莫美于恕。"（《春秋繁露·俞序》）二程说："仁至难言，故止曰'己欲立而立人，己欲达而达人……'欲令如是观仁，可以得仁之体。"（《二程遗书》卷二上）张载说："以爱己之心爱人则尽仁，所谓'施诸己而不愿，亦勿施于人'者也。"（《正蒙·中正》）朱熹说："自其尽己而言则谓之忠，自其及物而言则谓之恕，本末上下皆所以为一贯，惟下学而上达焉，则知其未尝有二也。"（《朱文公文集》卷六十七《忠恕说》）王阳明说："'恕'之一言，最学者所吃紧。"（《王阳明全集》卷八《书王嘉秀请益卷》）戴震说："圣人顺其血气之欲，则为相生养之道。于是视人犹己则忠，以己推之则恕……曰忠恕，曰仁义礼智，岂有他哉！"（《孟子字义疏证》卷上）以上史料只是简要排列，无非是想说明仁爱的普遍道德离不开"忠恕"的为仁之"方"。而"忠恕"作为最基本，也是最普遍的道德规则，其普遍性在世界各大宗教代表人士于1993年发表的《全球伦理宣言》中也得到充分认可："数千年以来，人类的许多宗教和伦理传统都具有并一直维系着这样一条原则：己所不欲，勿施于人！或者换用肯定的措词，即：你希望人怎样对待你，你也要怎样待人！这应当在所有的生活领域中成为不可取消的无条件的原则，不论是对家庭、社团、种族、国家和宗教，都是如此。"

儒家的仁爱思想不仅是普遍地"爱人"，而且兼及"爱物"。这在孟子的思想中就是"仁民而爱物"，在宋代理学家的思想中就是"民，吾同胞；物，吾与也"（张载《正蒙·乾称上》）。《礼记·礼运》篇说："故圣人耐（能）以天下为一家，以中国为一人者，非意之也。"所谓"非意之也"就是说这并非臆想出来的，而是有其内在的根据。这个内在的根据就是中国文化自西周以来就有了"郊社之礼"，"郊"是祭天之礼，"社"是祭地之礼，由对天地的信仰而产生了以天地为人与万物的父母的思想。如《尚书·泰誓上》所说："惟天地，万物父母；惟人，万物之灵。"这一思想在先秦时期被儒、道等家普遍接受，而且在秦以后的中国文化中流传深远。天地是人与万物的父母，人生存于自然界之中，人类社会与自然界就如同一个大家庭。"惟人，万物之灵"，就是说人有自我意识、精神活动和道德观念，"故人者，天地之心也"（《礼记·礼运》），"天地之性（生）人为贵"（《孝经》）。儒家的"仁民而爱物"和"仁者以天地万物为一体"的思想，是与这样的自然观和人生、社会观相联系或以其为基础的。《易传》说："乾，天也，故称乎父；坤，地也，故称乎母。"（《说卦》）"天地感而万物化生。"（《咸卦·彖传》）在天地所产生的万物中，因为人禀受了"天地之中"或阴阳五行之"秀气"，所以"惟人，万物之灵"。张载的《西铭》（即《正蒙·乾称上》的首段）被二程认为"意极完备，乃仁之体也"，"仁孝之理备于此"（《二程遗书》卷二上），其首言"乾称父，坤称母"，因为人与万物都是天地所生，从而就有了"民，吾同胞；物，吾与也"的表述。张载又说："大其心则能体天下之物……圣人尽性，不以见闻梏其心，其视天下无一物非我……"（《正蒙·大心》）这就是"大其心"而达到自我与天下万物同体的道德境界。二程说："仁者以天地万物为一体，莫非己也。"（《二程遗书》卷二上）朱熹说："惟无私，然后仁；惟仁，然后与天地万物为一体。"（《朱子语类》卷六）朱熹论证《西铭》的重要，他说："若以父母而言，则一物各一父母；若以乾坤而言，则万物同一父母矣。……古之君子惟其见得道理真实如此，所以'亲亲而仁民，仁民而爱物'，推其所为，以至于'能以天下为一家，中国为一人，而非意之也'。"（《朱文公文集》卷三十六《答陆子美》）王阳明在"致良知"的意义上也说："仁者以天地万物为一体，使有一物失所，便是吾仁有未尽处。"（《王阳明全集》卷一《传习录上》）又说："大人者，以天地万物为一体者也，其视天下犹一家，中国犹一人焉。……大人之能以天地万物为一体也，非意之也，其心之仁本若是，其与天地万物而为一也。"(《王阳明全集》卷二十六《大学问》)在儒家的"仁民爱物""民胞物与""仁者以天地万物为一体"的思想中,也包含着"爱有差等"之序,这在程朱看来就是"理一而分殊",王阳明也说"这是道理合该如此"(《王阳明全集》卷三《传习录下》)。总体说来,儒家的仁爱思想就是以孝悌或亲亲之情为本始,由此扩而充之,就是"仁者爱人"的人类普遍之爱,进而达到"仁民爱物""民胞物与""以天地万物为一体"的至仁境界。这在现代社会中,对于重视家庭伦理,实现社会的整体和谐,乃至建构人类命运共同体和保护自然生态环境,都是具有重要现实意义的。

中国文化以崇尚道德为人生、社会的最高价值取向,儒家最重视道德修养和道德教化,其为学的目标首要就是"以德立人"。孔子说:"志于道,据于德,依于仁,游于艺。"(《论语·述而》)就是说人生首要在立志,要做一个有道德的人,据守心中的道德准则,依据"仁者爱人"来修养和行事,并且要学习一些具体的知识和技艺。孔子说:"古之学者为己,今之学者为人。"(《论语·宪问》)这里的"为己"就是为了提升自己的道德修养,确立自身的道德人格,因而作为"君子",首先是"修己以敬",有此道德的修养和人格才能"修己以安人"(《论语·宪问》),为社会作出重要的贡献。而"今之学者为人"是批评那些以学习为炫耀于人而谋取私利的人。儒家重视"义利之辨",但并不完全否认个人利益,而是认为道义的价值高于利益的价值,所以取得利益的前提是不能违背道义。如孔子所说:"富与贵,是人之所欲也;不以其道得之,不处也。"(《论语·里仁》)"不义而富且贵,于我如浮云。"(《论语·述而》)对于恪守道义的士人君子,他们的物质生活可能处于贫困之中,在这种境况下他们"不改其乐"。如孔子所说:"饭疏食饮水,曲肱而枕之,乐亦在其中矣。"(同上)孔子称赞其弟子颜回:"一箪食,一瓢饮,在陋巷。人不堪其忧,回也不改其乐。贤哉,回也!"(《论语·雍也》)这种"乐"

即被称为"孔颜之乐",它当然不是"乐"于贫,而是把道义作为人生的最高价值取向,胸怀这种人生的最高价值,坚守人生的道德志向,就在精神上产生一种道义的愉悦感。这种"乐"不是避世清高,而因其是道义的,所以它也内在地包含着对社会的忧患意识和担当精神。如孔子对颜回所说:"用之则行,舍之则藏,惟我与尔有是夫。"(《论语·述而》)士人君子首先注重个人的德行修养,故曾子有"吾日三省吾身"(《论语·学而》)之说,而士人的社会忧患意识和担当精神,在曾子的思想中则表述为:"士不可以不弘毅,任重而道远。仁以为己任,不亦重乎?死而后已,不亦远乎?"(《论语·泰伯》)这种崇高的道德人格和人生境界塑造了中国历史上无数的志士仁人,乃至宋代的范仲淹"以天下为己任"(朱熹论范仲淹,见《朱子语类》卷一二九),在《岳阳楼记》中抒发了"先天下之忧而忧,后天下之乐而乐"的高尚情怀。

孔子说:"志士仁人,无求生以害仁,有杀身以成仁。"(《论语·卫灵公》)儒家把道德视为人生的最高价值,故孔子有"朝闻道,夕死可矣"(《论语·里仁》)之说,道德的价值高于自我生命的价值。当面临生死考验时,志士仁人不会贪生怕死而损害仁德,只有牺牲自身而成就仁德。亦如孟子所说:"生,亦我所欲也;义,亦我所欲也,二者不可得兼,舍生而取义者也。"(《孟子·告子上》)儒家肯定生命的价值,但当自我的生命与道义发生了冲突,儒家选择的是"舍生而取义"。后来,"杀身成仁""舍生取义"激励中国历史上许多志士仁人在面临生死考验时不惜慷慨献身,做出从容就义的壮举。

孟子提出士人"尚志","仁"是天下之广居,"义"是人生之正路。因此,士人的"尚志"就是"仁义而已","居仁由义,大人之事备矣"(《孟子·尽心上》)。孟子区分了"大人"与"小人",即"从其大体为大人,从其小体为小人"。"从其大体"是依从"心之官则思"的道德理性,"从其小体"是被耳目等感官的物质欲望所牵引,乃至丧失了人的本性之善。因此，人应该"先立乎其大者，则其小者不能夺也"（《孟子·告子上》）。"大体"与"小体"的关系，就是人的道德理性与物质欲望的关系。孟子认为，"人之所以异于禽兽者几希，庶民去之，君子存之。"（《孟子·离娄下》）"饱食煖衣，逸居而无教，则近于禽兽"（《孟子·滕文公上》）。"理欲之辨"与"人禽之辨"是联系在一起的，孟子由此提出"养心莫善于寡欲"（《孟子·尽心下》），虽然物质欲望不可无，但要以道德理性来节制物质欲望。

孟子在道德修养上提出"我善养吾浩然之气"（《孟子·公孙丑上》）。朱熹解释此气即"所谓体之充者"（《孟子集注》），而其"至大至刚""配义与道""是集义所生"，能够"塞于天地之间"，显然又是一种道德极其高尚的精神境界。盖中国古代把人的"形"与"神"也视为一个统一的整体，人的充体之气经过道德的涵养便可以产生一种高尚的精神境界，这种精神境界亦可达到与宇宙之气和万物的合一，从而孟子有谓"万物皆备于我矣"（《孟子·尽心上》）。孟子又主张"尊德乐义"，"故士穷不失义，达不离道……穷则独善其身，达则兼善天下"（《孟子·尽心上》）。又有谓："得志与民由之，不得志独行其道；富贵不能淫，贫贱不能移，威武不能屈。此之谓大丈夫。"孟子的这种"大丈夫"精神也成为以后历代志士仁人的楷模。

《周易》经、传都是"推天道以明人事"（《四库全书总目·经部·易类总序》）。《易传·说卦》说："立天之道曰阴与阳，立地之道曰柔与刚，立人之道曰仁与义。"天地的"阴阳""刚柔"，落实到人事就是"立人之道曰仁与义"。把"仁与义"确立为"人之道"，也就是"以德立人"。《易传》说："天地之大德曰生"（《系辞下》），"天地变化，圣人效之"（《系辞上》）。就乾、坤两卦而言，"天地变化，圣人效之"就是"天行健，君子以自强不息"，"地势坤，君子以厚德载物"（《易传·象传》）。"自强不息""厚德载物"不仅是君子之德，而且它对于中华民族之重要，乃至成为中华民族生生不息、奋斗不已的"中华精神"。

荀子和董仲舒等大儒都强调了"义利之辨"和"理欲之辨"。如荀子主张"以义制利"（《荀子·正论》），提出"欲虽不可去，求可节也"（《荀子·正名》）。董仲舒也提出"义者，心之养也；利者，体之养也。体莫贵于心，故养莫重于义，义之养生人……大于利而厚于财也。"（《春秋繁露·身之养重于义》）后世所传"正其谊（义）不谋其利，明其道不计其功"（《汉书·董仲舒传》），在董仲舒的思想中本应是"正其道不谋其利，修其理不急其功"（《春秋繁露·对胶西王越大夫不得为仁》）。其所谓"不谋其利"应理解为不谋取不正当的或少数人的私利，而"不急其功"并非完全否认功利，而是不要急功近利的意思。

"勿以恶小而为之，勿以善小而不为。"（《三国志·蜀书二·先主传》）"夫君子之行，静以修身，俭以养德。非淡泊无以明志，非宁静无以致远。"（《诸葛亮集·诫子书》）这两段话出自三国时期蜀国君臣的"诫子书"，其深情剀切，义旨弘远，成为以后历代治身修己的格言。南北朝齐梁时期颜之推所作《颜氏家训》开隋代以后大量"家训"著作之先，此书内容广泛，喻理于事，其中《名实》篇讲修身之实与名誉的关系，提出"德艺周厚，则名必善焉"，而那些"不修身而求令名于世者"，必然在世人之镜中形象丑恶，这足可堪那些"贪名""窃名"者诫。宋代的司马光不仅著有历史巨著《资治通鉴》，而且有《涑水家仪》和《家范》传世，在其文集《传家集》中有《训俭示康》，是他写给儿子司马康的家训，其中强调："俭，德之共也；侈，恶之大也。""顾人之常情，由俭入奢易，由奢入俭难。"因为"由俭入奢易"，所以更应警戒人们防微杜渐，力戒奢侈，以为节俭廉政之美德。

宋明理学家的道德修养工夫论，张载因有"天地之性"与"气质之性"之说，故提出"为学大益，在自求变化气质"（《经学理窟·义理》)。程颢与张载讨论如何"定性"的问题，提出"性无内外"，"动亦定，静亦定"，"夫天地之常，以其心普万物而无心；圣人之常，以其情顺万事而无情。故君子之学，莫若廓然而大公，物来而顺应。"（《二程文集》卷二《答横渠先生定性书》）因此，如何"定性"实就是一个如何达到大公而无私的道德修养问题。关于"涵养"与"致知"的关系，程颐提出"涵养须用敬，进学则在致知"（《二程遗书》卷十八）。朱熹进而讨论"涵养、致知、力行"三者的关系，认为三者之次序是"以涵养做头，致知次之，力行次之"，又说这三者"亦须一时并了，非谓今日涵养，明日致知，后日力行也。要当皆以敬为本"（《朱子语类》卷一一五）。如此说来，这三者的先后并非时间上的顺序，而是逻辑上的顺序。三者"皆以敬为本"，即以敬之涵养统率致知和力行。王阳明以"致良知"为"学问大头脑"（《传习录中》），故他所说的"知行"是从道德善恶的意义上说的。在此意义上，"知是行的主意，行是知的工夫；知是行之始，行是知之成"（《传习录上》）。知与行是统一的一个过程，故云"知行合一"。他说："我今说个知行合一，正要人晓得一念发动处便即是行了。发动处有不善，就将这不善的念克倒了，须是彻底彻根，不使那一念不善潜伏胸中，此是我立言宗旨。"（《传习录下》）此说对于人们在道德上严格要求自己，对于心中的一念不善也不放过，做到内心的道德动机与外在的道德行为高度一致，是有重要意义的。而在道德上广义的"知行合一"，即知必付诸行，也是自先秦以来儒家一贯的传统。

　　以上略述本书所设五篇的要点，以作为阅读全书的引导。书中所选历代圣贤的语录，皆可为人生之圭臬；而注释和解析或有不当处，亦请读者赐教指正。

第一篇

首孝悌，仁之本

儒家的『仁者爱人』，在道德发生论上是以孝悌或亲亲之情为普遍仁爱的本始。将孝悌或亲亲之情『扩而充之』『达之天下』，便是普遍的仁爱。这既带有中国文化重视家庭伦理的民族特点，也在道德发生论上具有普遍的合理性。因为每个人都是最初生长在父母的怀抱中，家庭是人生的第一所学校，人们正是在父母的怀抱中最先体验到人与人之间的那种真挚的、温暖的情感。儒家文化就是把这种亲亲之情作为道德的本始，由此扩充、升华为普遍的仁爱。

有子[1]曰："君子务本[2]，本立而道[3]生。孝弟[4]也者，其为仁之本与！"

——《论语·学而》

注释

[1] 有子：对孔子弟子有若的尊称。

[2] 本：根本，本始。

[3] 道：此处指仁道。

[4] 孝弟：即孝悌，孝是孝敬父母，悌是尊敬兄长。

译文

有子说："君子从根本上做起，这个根本确立了就可以产生仁道。孝亲敬长，这就是仁的根本啊！"（按：此把"孝弟也者，其为仁之本与"译解为"孝悌是仁之本"，参见本篇后面所附"秦以后对'孝弟也者，其为仁之本与'的不同解释"。）

解析

儒家把孝悌作为仁的根本，这是把家庭作为人生的第一所学校。人一生下来就养育、生长在父母亲的怀抱中，人们正是最初在父母亲的怀抱中体验到人与人之间的那种真挚、温暖的情感。从道德发生论来说，把孝悌或家庭成员之间的亲亲之情作为道德的本始，这是合理的。儒家绝不是把道德局限在家庭或家族成员的血缘关系中，而是以孝悌为本始，由此扩充、升华为仁的普遍之爱。"本立而道生"，这个"本"如同一棵大树的根本，它并非大树的全部，

由此生长出的仁道才是儒家普遍的道德。孝悌为仁之"本"，这个
"本"不可理解为西方哲学意义的"本体"，即孝悌不是仁的"理念"
或"范型"，仁也不是"分有"了孝悌这个"本体"。孝悌如同大树
的根本，也如同大江大河的源头，它生长、扩充、升华出的普遍道
德便是仁。

子曰："弟子入则孝，出则弟〔1〕，谨而信，泛爱众〔2〕而亲仁〔3〕。行有余力，则以学文〔4〕。"

—— 《论语·学而》

注释

〔1〕弟：读为"悌"。

〔2〕泛爱众：即泛爱众人，也就是博爱，唐代的韩愈说"博爱之谓仁"。

〔3〕仁：此处指有仁德的人。

〔4〕文：文献方面的知识。

译文

孔子说："弟子在家里行孝道，出门也能尽弟职，言行应谨慎而诚信，泛爱众人而亲近有仁德的人。如此修行有余力，再去学习文献方面的知识。"

解析

从孔子所说"弟子入则孝，出则弟"看，他是肯定有子所说"孝悌为仁之本"的。或者说，正是因为孔子有这样的教诲，所以有子才表达了这样的思想。"谨而信"是儒家在道德修行的工夫论方面的思想，也可说这正是对孝悌为本的扩充、升华，由此才能达到"泛爱众而亲仁"。儒家首重道德修行的实践，所以"行有余力，则以学文"。在道德与知识的关系中，儒家总是把道德的价值理性放在第一位，而把知识的工具理性放在第二位。"太上有立德"，"太"

是最，"上"是高，儒家是把崇尚道德作为人生、社会的最高价值
取向，这也是中国文化的一个主要特点。

父兮生我，母兮鞠我〔1〕。拊我畜我〔2〕，长我育我。顾我复我〔3〕，出入腹我〔4〕。欲报之德，昊天罔极〔5〕。

——《诗经·小雅·蓼莪》

注释

〔1〕鞠：养。

〔2〕拊：抚。畜，疼爱。

〔3〕顾：关照。复，思念。

〔4〕腹：怀抱。

〔5〕罔极：广大无穷。

译文

父亲生我，母亲养我。抚摸、疼爱我，养大、教育我。关照、挂念我，出入怀抱我。要报答父母的恩德，此恩德如天一样广大无穷。

解析

这是节录了周朝时的一首诗，诗中生动而深切地表达了父母对子女的养育之恩和子女对父母的报恩之情。有谓"此诗为千古孝思之杰作"，无论作者是何人，其所处是何世，"人人心中皆有此一段至性至情文字在"。儒家之所以重视孝亲，其根源就在于人人都是父母所生所养，父母对子女有养育之恩，子女对父母有报恩之情。这是人世间人人都有的"至性至情"，儒家认为，由此深切、真挚的亲亲之情可以扩充、升华为仁的普遍之爱。

仁者爱人　以德立人

子游〔1〕问孝。子曰："今之孝者，是谓能养〔2〕。至于犬马，皆能有养；不敬，何以别乎？"

——《论语·为政》

注释

〔1〕子游：孔子弟子，姓言名偃，字子游。

〔2〕养：指饮食供养。

译文

子游问如何是孝。孔子说："现在讲孝的人，都说是能供养父母。但是至于犬马，也都说是能养；如果不尊敬父母，那和养犬马怎么区别呢？"

解析

孝是子女对父母应尽的道德义务，而孝作为人类的道德，其与犬马禽兽行为的区别，并非仅是饮食物质方面的供养，而更主要是精神和行为态度方面的尊敬。所以，孝便是孝敬。虽然孝也要遵守外在的一些礼节规范，但是儒家更重视内心精神层面的敬，其发自儿女对父母的真实情感。这种家庭伦理的"合外内之道"，其扩展就是儒家的仁与礼的统一。

子曰："夫孝，德之本〔1〕也，教〔2〕之所由生也。"

——《孝经·开宗明义章》

注释

〔1〕本：根本，本始。

〔2〕教：仁教，道德教化。

译文

孔子说："孝是道德的根本，道德教化是从孝开始的。"

解析

这里说的"德之本"相当于有子说的"仁之本"，即仁德之根本或本始的意思。"教"在儒家思想中指道德教化，亦可说是指仁教，即关于仁的道德教化。儒家思想的核心是道德教化，而道德教化的根本就是家庭伦理的孝。

仁者爱人 以德立人

曾子〔1〕曰："甚哉！孝之大也。"子曰："夫孝，天之经〔2〕也，地之义〔3〕也，民之行也。天地之经，而民是则之〔4〕。则天之明，因地之利，以顺〔5〕天下。是以其教不肃〔6〕而成，其政不严〔7〕而治。"

——《孝经·三才章》

注释

〔1〕曾子：对孔子弟子曾参的尊称。相传《孝经》是曾子所作，书中主要记述孔子的思想。

〔2〕天之经：天之运行的常规。

〔3〕地之义：地之有利于万物。

〔4〕是：因此，由此。则，效法。

〔5〕顺：顺应，此处指儒家的德治，主张以孝治天下。

〔6〕肃：严肃。

〔7〕严：严厉。

译文

曾子说："大啊，孝的意义太大了！"孔子说："孝，犹如天之运行的常规，地之有利于万物，这是人的正常应有的德行。天地之常规，人是应该效法的。要效法天之高明，因顺地之利物，用来德治天下。所以其教化不待严肃而有成效，其政令不待严厉而达到治理。"

《孝经》是集中阐述孝之重要意义的经书，是以"仲尼居，曾子侍"，孔子与曾子答问对话的形式写成。《孝经》把孝提升到天经地义的高度，不仅是仁的根本，而且是儒家以德治国的根本，所以中国传统上有"以孝治天下"之说。因为孝是符合天经地义，也顺应人之常情的，所以儒家认为"以孝治天下"，可以使其教化不待严肃而有成效，其政令不待严厉而达到治理。

仁者爱人　以德立人

尧、舜[1]之道，孝弟[2]而已矣。

——《孟子·告子下》

注释

〔1〕尧、舜：儒家最崇仰的中国上古的两个圣王。《中庸》说："仲尼（孔子）祖述尧舜，宪章文武。""文武"指周文王和周武王。

〔2〕弟：读为悌。

译文

尧、舜的齐家、治国、平天下之道，最根本的就是孝悌。

解析

孟子肯定以孝悌为仁之根本之说。关于"尧、舜之道"，孟子还说："尧、舜之道，不以仁政，不能平治天下。"（《孟子·离娄上》）而"仁政"包括"制民之产""取于民有制""谨庠序之教"等措施，所以这里的"孝弟而已矣"，并非尧、舜之道只是孝悌，而是以孝悌为尧、舜之道的根本的意思。

人之所不学而能者，其良能〔1〕也。所不虑而知者，其良知〔2〕也。孩提之童〔3〕，无不知爱其亲也。及其长也，无不知敬其兄也。亲亲，仁也〔4〕；敬长，义也〔5〕。无他，达之天下也。

——《孟子·尽心上》

注释

〔1〕良能：人之性善本然具有的能力。

〔2〕良知：人之性善本然具有的所知。

〔3〕孩提之童：两三岁的儿童。

〔4〕亲亲：此处指孝亲。"亲亲，仁也"，意为孝亲是仁之本始。

〔5〕敬长：尊敬兄长，即悌。"敬长，义也"，意为敬长是义之本始。

译文

人不待学习便能做到的，这是良能；不待思考便会知道的，这是良知。两三岁的小孩没有不爱他父母的；等到他长大了，没有不知道尊敬他兄长的。孝敬父母，是仁的本始；尊敬兄长，是义的本始。没有其他原因，由孝亲敬长可以扩充到"达之天下"的普遍道德。

解析

孟子的性善论，主要是讲人有"四心"，即："恻隐之心，仁之端也；羞恶之心，义之端也；辞让之心，礼之端也；是非之心，智之端也。"(《孟子·公孙丑上》)但他同时也肯定孝亲敬长是人所固有的"良知""良能"。正如"四心"只是仁义礼智的"四端",只有"扩而充之",就像"火之始然,泉之始达"一样,才能发展到仁义礼智"四德",孟子认为,孝亲敬长的"良知""良能"也只有经过"推恩""扩而充之",才能发展到"达之天下"的普遍道德。

老吾老〔1〕，以及人之老；幼吾幼〔2〕，以及人之幼；天下可运于掌〔3〕。……故推恩〔4〕足以保四海，不推恩无以保妻子〔5〕。古之人〔6〕所以大过人者无他焉，善推其所为而已矣。

——《孟子·梁惠王上》

注释

〔1〕老吾老：前面的"老"字作动词解，即尊老的意思。"吾老"指自己家中的长辈，首先是父母。

〔2〕幼吾幼：前面的"幼"字作动词解，即慈爱的意思。"吾幼"指自己家中的幼儿。

〔3〕天下可运于掌：意为治理天下就像在手掌之中运转东西一样容易。

〔4〕推恩：即把自家的亲亲恩爱之情推扩出去，以达于对他人的普遍之爱。

〔5〕妻子：妻和子，即妻子和儿女。

〔6〕古之人：指古代的圣贤。

译文

尊敬自家的老人，由此推及尊敬别人的老人；慈爱自家的儿女，由此推及慈爱别人的儿女；按照这样的原则，治理天下就像在手掌之中运转东西一样容易。……所以能把自家的亲亲恩爱之情推扩出去，以及于他人，就足以安定天下；如果不推恩，把爱只局限在家庭成员，那么甚至连自己的妻子和儿女都保护不了。古代的圣贤之所以能远远地超过他人，不是由于别的，只是善于把对自己家

仁者爱人 以德立人

27

人的爱推扩到对他人的普遍之爱而已。

解析

　　"老吾老""幼吾幼"，就是儒家所重视家庭伦理的孝悌和亲亲之情，这是仁之普遍道德的本始。但是儒家绝不是把道德局限于家庭的血缘情感，而是主张"老吾老，以及人之老；幼吾幼，以及人之幼"。正如孟子在讲到"四端"与"四德"的关系时说："凡有四端于我者，知皆扩而充之矣。若火之始然，泉之始达。苟能充之，足以保四海；苟不充之，不足以事父母。"（《孟子·公孙丑上》）他在将到"老吾老，以及人之老；幼吾幼，以及人之幼"时也说："推恩足以保四海，不推恩无以保妻子"。这说明如果仅局限在"四端"，仅局限在血缘情感，实际上并不是儒家所主张的道德。但是"四端"和血缘情感仍然是重要的，如果没有"四端"，也就不能"扩而充之"以达"四德"；如果没有"老吾老""幼吾幼"，也就不能"推恩"而"及人之老""及人之幼"。

仁者以其所爱〔1〕，及其所不爱〔2〕；不仁者以其所不爱，及其所爱。

——《孟子·尽心下》

注释

〔1〕所爱：指其家人。

〔2〕所不爱：指陌生人。

译文

仁者是以其对家人的爱，推及对陌生人的爱；不仁者是以其对陌生人的不道德行为，而祸及自己的家人。

解析

孟子所说"仁者以其所爱，及其所不爱"，就是"老吾老，以及人之老；幼吾幼，以及人之幼"或"亲亲而仁民"（《孟子·尽心上》）的意思。他所说"不仁者以其所不爱，及其所爱"，直接针对的是不仁的国家执政者如梁惠王，他为了与邻国争夺土地而发动战争，"糜烂其民"，在战争失败后又继而举兵报复，恐怕不能胜，遂把自己所爱的子弟也送上战场，使他们也死于非命。不仅战争如此，其他不道德的行为也往往不仅伤害他人，而且祸及家人。

仁者爱人 以德立人

选贤良，举笃敬，兴孝弟〔1〕，收孤寡，补贫穷，如是，则庶人〔2〕安政矣。

——《荀子·王制》

注释

〔1〕孝弟：即孝悌。

〔2〕庶人：平民百姓。

译文

选拔贤良之士，推举笃敬之人，倡兴孝悌之德，收养孤寡弱者，补救贫穷之家，如果这样，则平民百姓就安于行政治理了。

解析

荀子重视圣王教化、礼法王制。在他的社会行政治理思想中，倡兴孝悌之德也是使百姓生活安宁、社会秩序稳定的一项重要内容。可以说，在不同历史时期、不同学派的儒家思想中，重视家庭、重视孝悌是儒家一贯的、共同的思想。

曾子曰："孝子言为可闻，行为可见。言为可闻，所以说〔1〕远也；行为可见，所以说近也。近者说则亲〔2〕，远者说则附〔3〕。亲近而附远，孝子之道也。"

——《荀子·大略》

注释

〔1〕说：读为"悦"，悦服。后"说近""近者说""远者说"的"说"，都读为"悦"。

〔2〕亲：亲近。

〔3〕附：靠拢，依附。

译文

曾子说："孝子的言谈正直，可以让人听；行为正派，可以让人看。正直的言谈让人听到，所以能使远方的人悦服；正派的行为让人看到，所以能使近处的人悦服。使近者悦服则互相亲近，使远者悦服则远者来依附。使近者亲，远者附，这是孝子之道。"

解析

这是荀子引用曾子之说。在曾子看来，孝不仅是德之本始，而且孝子的言谈正直，行为正派，可以使远近之人悦服，从而使近者亲，远者附，这是"孝子之道"在道德教化、社会治理中所发挥的重要作用。

曾子曰："若夫慈爱恭敬，安亲扬名，则闻命矣。敢问〔1〕子从父之令，可谓孝乎？"子曰："是何言与？是何言与？……父有争〔2〕子，则身不陷于不义。故当不义，则子不可以不争于父，臣不可以不争于君。故当不义则争之，从父之令，又焉得为孝乎？"

——《孝经·谏诤章》

▌注释▌

〔1〕敢问：谦辞，犹如冒昧地问。

〔2〕争：谏诤。

▌译文▌

曾子说："像慈爱恭敬、使父母安宁和善名广誉，以前曾听过您的教诲。我再冒昧地问您，做儿子的只是遵从父亲的命令，就可以称得上是孝了吗？"孔子说："这是什么话呢？这是什么话呢？……为父亲的有敢于直言谏诤的儿子，就能使父亲不致陷于不义。所以，当父亲要做不义的事，做儿子的就不可以不劝争力阻；如系君主要做不义的事，做臣子的也不可以不直言谏诤。因此，当遇到不义的事，一定要谏诤劝阻，如果只是遵从父亲的命令，又怎么能称得上是孝顺呢？"

▌解析▌

儒家重视孝道，主张孝敬父母，而这种孝敬并不是绝对服从父母的命令。儒家也有"君使臣以礼，臣事君以忠"（《论语·八佾》）

之说，臣之忠于君也不是绝对服从君主的命令。曾子问：如果只是遵从父亲的命令，那么就可以称得上是孝了吗？孔子对此做了断然否定的回答。正如孔子主张"以道事君，不可则止"（《论语·先进》），"子路问事君，子曰：'勿欺也，而犯之'"（《论语·宪问》）一样，儒家主张对父母所做"不义"的行为，也要劝阻谏诤，这样就能使父母不致陷于"不义"。"道"或"义"毕竟是儒家最高的价值标准。"故当不义，则子不可以不争于父，臣不可以不争于君"，这也是儒家在事父和事君方面所主张的普遍原则，而并非像后世所演变的那样"愚忠""愚孝"。

入孝出弟〔1〕，人之小行也。上顺下笃，人之中行也；从道不从君，从义不从父，人之大行也。……孝子所不从命有三：从命则亲危，不从命则亲安，孝子不从命乃衷〔2〕；从命则亲辱，不从命则亲荣，孝子不从命乃义；从命则禽兽，不从命则修饰〔3〕，孝子不从命乃敬。故可以从命而不从，是不子也；未可以从而从，是不衷也。明于从不从之义，而能致恭敬、忠信、端悫〔4〕以慎行之，则可谓大孝矣。

——《荀子·子道》

注释

〔1〕弟：读为"悌"。

〔2〕衷：通"忠"。

〔3〕修饰：即修饬，意为合乎礼义规范。

〔4〕端悫：诚实。

译文

在家孝敬父母，出外尊敬年长的人，这只是人之小的德行。对上顺从，对下诚恳，这是人之中等的德行。从道不从君，从义不从父，这是人之大的德行。……孝子不服从父命有三个条件：如果服从了就使父母有危险，而不服从则使父母得平安，那么孝子不服从就是忠于父母；如果服从了就使父母受辱，而不服从则使父母有荣光，那么孝子不服从就符合德义；如果服从了就如禽兽之行，而不服从则符合礼义规范，那么不服从就是对父母的尊敬。所以，可以服从而不服从，就不是孝子；不可以服从而服从了，就是不忠。明白了可服从和不可服从的道理，本着恭敬、忠信、诚实的态度而谨慎行之，这就可以说是大孝。

解析

"入孝出悌"，即孔子所说的"弟子入则孝，出则悌"，这是儒家道德的本始。在荀子看来，如果仅是如此，那就只是人之小的德行。如果对上顺从，对下诚恳，那也只是人之中等的德行。只有"从道不从君，从义不从父"，才是人之大的德行。可见，儒家是把道义作为最高的价值标准。"从道不从君"，符合孔子所说的"以道事君，不可则止"，"勿欺也，而犯之'"，也符合孟子所说的"惟大人为能格君心之非"（《孟子·离娄上》）。在道义的价值标准下，如果父、君有不道德的行为，那么谏诤就是必要的，如《孝经》所说，"子不可以不争于父，臣不可以不争于君"。荀子所谓"从道不从君，从义不从父"，与《孝经》的这个精神也是相一致的。在荀子看来，要明白可服从和不可服从的道理，这个道理也就是道义的原则或价值标准，依此而不服从并非不孝，而正是"大孝"。

附：秦以后对"孝悌也者，其为仁之本与"的不同解释

"孝悌也者，其为仁之本与！"注：苞氏曰："先能事父兄，然后仁道可成也。"

疏：云"孝悌也者，其为仁之本与"者，此更以孝悌解本，以仁释道也。言孝是仁之本，若以孝为本，则仁乃生也。

——《论语集解义疏》卷一

解析

《论语集解义疏》是南北朝时期的皇侃所作。其中的"注"文是出自三国曹魏时期何晏所作《论语集解》，这是传世文献中最早的注释《论语》的著作。"疏"即由皇侃所作。何晏"注"引苞氏曰"先能事父兄，然后仁道可成也"，包含对"君子务本，本立而道生"的解释，即注"务本"为"先能事父兄"，注"本立而道生"为"（务本）然后仁道可成也"。也就是说，"本立而道生"的"本"是指孝悌（"事父兄"），"道"是指"仁道"。

皇侃的"疏"对"孝悌也者，其为仁之本与"的解释，"此更以孝悌解本，以仁释道也"，这是接着何晏的"注"说，"以孝悌解本"就是解释前面的"务本"，"以仁释道"就是指"本立而道生"的"道"。后面说"言孝是仁之本"，很明显是把"其为仁之本与"的"为"解释为"是"。

是故君子务修孝弟，以为道之基本，基本既立而后道德生焉。恐人未知其本何谓，故又言"孝弟也者，其为仁之本与"。

——《论语注疏》卷一

解析

《论语注疏》是北宋初期的邢昺奉旨而作，后被收入《十三经注疏》。其"注"也是出自何晏的《论语集解》，"疏"是邢昺所作。"君子务修孝弟，以为道之基本"，是解释"君子务本"；"基本既立而后道德生焉"，是解释"本立而道生"。"恐人未知其本何谓"，意指"本"就是孝悌。此"疏"虽然没有明言"孝悌是仁之本"，但从其"基本既立而后道德生焉"看，意即由孝悌而生仁德，同样是认为"孝悌是仁之本"。

"孝弟也者，其为仁之本与！"［注：］仁者，爱之理，心之德也。为仁，犹曰行仁。……若上文所谓孝弟，乃是为仁之本，学者务此，则仁道自此而生也。程子曰："……故为仁以孝弟为本。论性，则以仁为孝弟之本。"或问："孝弟为仁之本，此是由孝弟可以至仁否？"曰："非也。谓行仁自孝弟始，孝弟是仁之一事。谓之行仁之本则可，谓是仁之本则不可。盖仁是性也，孝弟是用也，性中只有个仁、义、礼、智四者而已，曷尝有孝弟来？"

——《论语集注》卷一

仁者爱人　以德立人

37

┃解析┃

　　《论语集注》是宋代理学家朱熹所作，与《孟子集注》《大学章句》《中庸章句》合称为《四书章句集注》。关于"仁者，爱之理，心之德也"，详见本书对此句的注释和解析。这里只是提示，朱熹接受程颐的观点，把"爱"归于情、用，而"理"或"仁"就是性、体。这种性情、体用之分，也适用于"孝悌"与"仁"的关系。如朱熹引程子曰"论性，则以仁为孝弟之本""盖仁是性也，孝弟是用也"。既然作了这样的区分，那么孝悌就不能是仁之本，而是反过来，"以仁为孝弟之本"。这样，"其为仁之本与"的"为"就不能解释为"是"，而是作动词用，即朱熹所注"为仁，犹曰行仁""所谓孝弟，乃是为仁之本"。程朱的这个解释是与其"理本论"的理论建构联系在一起的，"理"是世界的本原，而"性即理也"，性、理的道德意义就是"仁"，而"爱""孝悌"则是后起的情、用。因此，程朱对"孝悌"与"仁"之关系的解释，就不同于汉代至北宋初期认为"孝悌是仁之本"的解释。

　　父子兄弟之爱，便是人心生意发端处，如木之抽芽。自此而仁民，而爱物，便是发干生枝生叶。……不抽芽便知得他无根，便不是生生不息，安得谓之仁？孝弟为仁之本，却是仁理从里面发生出来。

　　　　　　　　　　　　　——《王阳明全集》卷一《传习录上》

解析

　　程朱对"孝悌"与"仁"之关系的解释，虽然对后世影响很大，但是也并没有被普遍或严格地接受。如在王阳明的"致良知"学说中，"心即性""心即理"，在"仁"与"爱"、"仁"与"孝悌"的关系中并没有严格的性情、体用之分。在《传习录》中，王阳明说"父子兄弟之爱，便是人心生意发端处，如木（树）之抽芽"，由此而生出树干、树枝和树叶。"不抽芽便知得他无根，便不是生生不息"，也就不是"仁"。用"木之抽芽"比喻孝悌是仁之本始，正符合从道德发生论上理解"仁之本"的"本"。王阳明又说："孝弟为仁之本，却是仁理从里面发生出来。"这里的"孝弟为仁之本"显然即"孝悌是仁之本"，而并非"孝悌乃为仁之本"的意思。

第二篇

仁之义，是爱人

在《论语》中孔子的学生多次问「仁」，孔子大多是因材施教，随机应答，这反映了「仁」具有丰富的内涵；然而，「仁」也有其基本的含义，即「樊迟问仁，子曰：『爱人。』」孟子说：「仁者爱人，有礼者敬人。」这是对「仁者爱人」的一个完整表述。荀子说「仁，爱也，故亲」，董仲舒说「仁者，爱人之名也」，韩愈说「博爱之谓仁」，这些都是以普遍爱人释「仁」。程朱理学从「性体情用」的意义上以「爱之理，心之德」释「仁」，不可否认「爱之理」也是「博爱之理」。王阳明说「良知之诚爱恻怛处，便是仁」，仍是以「爱人」释「仁」。近代的康有为说「孔子言仁万殊」，而「樊迟问仁」孔子以「爱人」言仁，「实为仁之本义也」，这应是对「仁」之本义的一个正确理解。

子曰："人而不仁，如礼〔1〕何？人而不仁，如乐〔2〕何？"

——《论语·八佾》

注释

〔1〕礼：主要指礼仪规范，体现社会等级秩序的典章制度等。

〔2〕乐，与礼相联系的音乐，相传西周初期的周公"制礼作乐"。

译文

孔子说："人如果没有仁的道德意识，又如何体现礼呢？人如果没有仁的道德意识，又如何体现乐呢？"

解析

在孔子之前，主要的道德范畴是"礼乐"。春秋时期"仁"成为诸种道德条目之一，但"仁"的意义并不是很明确。至春秋后期，孔子把"仁"提升为道德的最高范畴，而且把"仁"作为统率诸种道德条目的"全德之名"。有学者统计，在记载春秋时期言论的《左传》中，言"礼"有 462 次，把"仁"作为一个道德条目的有 33 次；而在《论语》中讲"礼"（包括"礼乐"）有 75 次，讲"仁"有 109 次。由此可见，作为道德范畴的"礼"与"仁"的位置消长。在孔子的思想中，"仁"首先是一种人之内在的包含着真情实感的道德意识，在孔子看来，人如果没有这种内在的道德意识，也就不能真正体现"礼乐"的道德意义。先秦时期有《吕氏春秋·不二》篇说："老聃贵柔，孔子贵仁，墨翟贵兼……"中国古代是用"贵"字表示以什么为最有价值，"老聃贵柔"即老子是以自然柔顺为最有价值，"墨翟贵兼"即墨子是以"兼相爱，交相利"为最有价值，"孔子贵仁"
即孔子是以仁者爱人为最有价值。可以说，孔子思想的核心就是仁
者爱人，因此，孔子所创建的儒家学说亦可称为"仁学"。

子曰："礼云礼云，玉帛〔1〕云乎哉？乐云乐云，钟鼓〔2〕云乎哉？"

—— 《论语·阳货》

注释

〔1〕玉帛：古时在交往礼节上把玉帛作为礼物。

〔2〕钟鼓：古时演奏音乐的主要乐器。

译文

孔子说："礼呀礼呀，难道只是在礼节上馈赠玉帛吗？乐呀乐呀，难道只是用钟鼓演奏音乐吗？"

解析

玉帛和钟鼓是用于礼乐的重要器物，但礼乐还有更重要的人之内在的道德意识。在孔子看来，这种内在的道德意识就是仁者爱人。它是礼乐的根本，而礼乐则是外在的表现形式。如果人心中没有仁者爱人的道德意识，那么尽管馈赠玉帛、行礼如仪，尽管钟鼓齐鸣、音乐奏起，但这些只是空留下形式，而不能体现礼乐应有的内涵。这也就是孔子所说："人而不仁，如礼何？人而不仁，如乐何？"在学界曾有孔子思想的核心是"仁"还是"礼"之争，从以上孔子说的两段话看，孔子思想的核心无疑应该是"仁"。

仁者爱人　以德立人

樊迟〔1〕问仁。子曰："爱人。"问知〔2〕。子曰："知人。"

——《论语·颜渊》

注释

〔1〕樊迟：孔子弟子，姓樊名须，字子迟。

〔2〕知：同"智"。

译文

樊迟问什么是仁。孔子说："爱人。"又问什么是智。孔子说："知人。"

解析

在《论语》中孔子的学生多次问"仁"，孔子大多是因材施教，随机应答，这体现了"仁"有丰富的内涵。但此处孔子以"爱人"言仁，这应该是仁之本义。如此理解，这也符合后世儒家对仁的主流认识（详后）。至近代的康有为，他在《论语注》中注释"樊迟问仁，子曰'爱人'"时说："盖博爱之谓仁。孔子言仁万殊，而此以'爱人'言仁，实为仁之本义也。"康有为的这个理解是正确的。孔子在这里说的"爱人"，就是"泛爱众"，也就是"博爱"，爱人类所有的人。孔子在这里说的"知人"，从后面孔子对"知人"的解释是"举直错诸枉，能使枉者直"看，有知人善任的意思，但这应只是对"樊迟未达"的指点语，从宽泛的意义上说，这里的"知人"就是对人道的普遍之知。在《论语》中，孔子有多处"仁""智"并举，孔子的主要思想可以说就是"仁者爱人""智者知人"。

颜渊〔1〕问仁。子曰:"克己〔2〕复礼为仁。一日克己复礼,天下归仁〔3〕焉。为仁由己〔4〕,而由人乎哉?"颜渊曰:"请问其目〔5〕?"子曰:"非礼勿视,非礼勿听,非礼勿言,非礼勿动。"颜渊曰:"回〔6〕虽不敏,请事斯语矣!"

—— 《论语·颜渊》

注释

〔1〕颜渊:孔子弟子,姓颜名回,字子渊。

〔2〕克己:指克制自己的私欲。

〔3〕归仁:赞同或称许有仁德的人。

〔4〕由己:指出于自己内心的道德意志。

〔5〕目:纲目。

〔6〕回:颜渊的自称。

译文

颜渊问仁德。孔子说:"克制自己的私欲,使言语行动都合于礼,就是仁。一旦这样做到了,天下的人都会称许你是有仁德的人。实行仁德,是出于自己内心的道德意志,难道还靠别人吗?"颜渊说:"请问实行的纲目。"孔子说:"不合礼的事不看,不合礼的话不听,不合礼的话不说,不合礼的事不做。"颜渊说:"我虽然迟钝,也要遵行您这话。"

解析

在孔子的思想中"仁"与"礼"是统一的。仁者爱人是出于自

仁者爱人 以德立人

己内心的道德意志，同时也要克制自己的私欲，使自己的言语行动符合礼的道德规范。在《论语·雍也》篇，孔子称赞颜回"其心三月不违仁"，"三月"是言其久，颜回能长久保持仁德的精神境界，与他能克制自己的私欲，在言语行动上符合礼的道德规范，是相一致的。如果说"仁"是根本之"体"，那么"礼"就是枝干之"用"，中国传统的思维方式"体用一源，显微无间"（程颐《伊川易传·序》），所以仁与礼也是统一的。

子路〔1〕问君子。子曰："修己以敬。"曰："如斯而已乎?"曰："修己以安人〔2〕。"曰："如斯而已乎?"曰："修己以安百姓〔3〕。修己以安百姓,尧舜其犹病诸〔4〕。"

——《论语·宪问》

注释

〔1〕子路:孔子弟子,姓仲名由,字子路,又称季路。

〔2〕安人:此处"人"指与自己接近的他人,"人者,对己而言"(朱熹《论语集注》)。

〔3〕百姓:指所有人,"百姓,则尽乎人矣"(朱熹《论语集注》)。

〔4〕尧舜其犹病诸:"病,心有所不足也。""虽尧舜之圣,其心犹有所不足于此也。"(朱熹《论语集注》)此句可以理解为,就连尧舜也还恐怕不能做到。也正因为此,这也是儒家最高的思想境界和社会理想,如朱熹所注"尧舜犹病,言不可以有加于此"(《论语集注》)。

译文

子路问怎样才能成为君子。孔子说:"以诚敬的态度来修养自己。"子路问:"这样就可以了吗?"孔子说;"修养自己以能帮助他人。"子路又问:"这样就可以了吗?"孔子说:"修养自己以使百姓都能得到安宁。使百姓都能得到安宁,就连尧舜也还恐怕不能做到!"

解析

　　孔子思想的主旨是仁者爱人，而爱人者首先是使自己成为有高尚道德修养的君子。所以，子路问怎样才能成为君子，孔子首先回答"修己以敬"。君子并不是独善其身，所以孔子又说"修己以安人"。至于"修己以安百姓"，孔子说这是连尧舜都恐怕不能做到的事。正因为此，如朱熹注所说，这是"言不可以有加于此"，即这是儒家所希望努力达到的最高思想境界和社会理想。

子贡〔1〕曰："如有博施于民而能济众，何如？可谓仁乎？"
子曰："何事于仁，必也圣〔2〕乎！尧舜其犹病诸！"

——《论语·雍也》

注释

〔1〕子贡：孔子弟子，姓端木名赐，字子贡。
〔2〕圣：仁者的最高境界。

译文

子贡说："如果有人能广泛地给人民以好处，又能周济大家都生活得很好，怎么样？可以说是仁了吗？"孔子说："这哪里仅是仁啊，这一定是圣了！就连尧舜都恐怕不能做到！"

解析

"博施于民而能济众"，即后来所说的成语"博施济众"，在此处与前述"修己以安百姓"的意义相同，都是"尧舜其犹病诸"的事。孔子认为，如果能如此，就是仁者最高的"圣"的境界。这充分体现了孔子对于民众社会生活福祉的重视，"尧舜其犹病诸"，这也是尧舜所希望努力做到的，所以这也是儒家所希望努力达到的最高思想境界和社会理想。

仁者爱人 以德立人

颜渊、季路〔1〕侍。子曰:"盍〔2〕各言尔志?"子路曰:"愿车马、衣轻裘,与朋友共,蔽之而无憾。"颜渊曰:"愿无伐〔3〕善,无施〔4〕劳。"子路曰:"愿闻子之志。"子曰:"老者安之,朋友信之,少者怀之。"

——《论语·公冶长》

注释

〔1〕季路:即子路。

〔2〕盍:"何不"的合音字。

〔3〕伐:夸耀。

〔4〕施:表白。

译文

颜渊、子路陪侍在孔子身旁。孔子说:"何不各自说说自己的志向呢?"子路说:"我愿意把我的车马、衣服同朋友共同使用,用坏了也没什么可遗憾的。"颜渊说:"我愿意不夸耀自己的好处,不表白自己的功劳。"子路对孔子说:"我们希望听听您的志向。"孔子说:"我的志向是,使老者都能得到安养,使朋友都能相互信任,使年少者都能得到抚育关怀。"

解析

"各言尔志","志"即是个人的志向、理想。子路的志向,侧重于讲人与人之间的相互帮助;颜渊的志向,侧重于讲"学者为己",即学者不是为了向别人炫耀自己的长处,而是为了提升自己内在的道德修养、道德人格；孔子的志向，则体现了仁者"以天下为一家"的普遍的社会关怀。所谓"老者安之""少者怀之"，意思近于《礼记·礼运》篇所说的"人不独亲其亲，不独子其子，使老有所终，壮有所用，幼有所长，鳏寡孤独废疾者，皆有所养"；所谓"朋友信之"，也相当于《礼运》篇所说的"讲信修睦"。孔子的志向，实际上指向了"大道之行，天下为公"的"大同"社会愿景。

　　　樊迟问仁。子曰："居处恭，执事敬，与人忠。虽之〔1〕夷
狄〔2〕，不可弃也。"

——《论语·子路》

注释

〔1〕之：动词，往，到。

〔2〕夷狄：古时与华夏族不同的周边族群。

译文

　　樊迟问仁。孔子说："平日居处容貌端恭，做事严肃敬业，与别人交往忠心诚意。这几种品德，即使到了外族那里，也是不能放弃的。"

解析

　　仁者爱人，包括爱人类所有的人。所以，"居处恭，执事敬，与人忠"的品德，即使到了外族那里，也是不能放弃的。

仁者爱人，有礼者敬人〔1〕。爱人者，人恒〔2〕爱之；敬人者，人恒敬之。

—— 《孟子·离娄下》

注释

〔1〕敬人：尊敬他人。

〔2〕恒：恒常，经常。

译文

有仁德者普遍地爱人，遵行礼教者普遍地尊敬他人。爱人者，也总能得到他人的爱戴；尊敬他人者，也总能得到他人的尊敬。

解析

"仁者爱人"，孟子肯定了"仁"的基本含义是"爱人"。"有礼者敬人"，这也是孟子对"礼"的基本含义的理解。"爱人者""敬人者"是道德的主体，即道德的施予者，他反过来也会得到他人的爱戴和尊敬，如此而能实现社会的道德和谐，这与孔子说的"天下归仁焉"相一致。

恻隐之心〔1〕，仁之端〔2〕也；羞恶之心〔3〕，义之端也；辞让之心，礼之端也；是非之心，智之端也。人之有是四端也，犹其有四体〔4〕也。有是四端而自谓不能者，自贼〔5〕者也；谓其君不能者，贼其君者也。凡有四端于我者，知皆扩而充之矣，若火之始然〔6〕，泉之始达。苟能充之，足以保四海；苟不充之，不足以事父母。

—— 《孟子·公孙丑上》

注释

〔1〕恻隐之心：不忍人受到伤害的怜悯同情之心。

〔2〕端：端绪、始端。

〔3〕羞恶之心：羞耻之心，对不善行为的羞耻和厌恶。

〔4〕四体：四肢。

〔5〕贼：伤害。

〔6〕然：本字为"燃"。

译文

怜悯同情之心是仁的始端，羞耻之心是义的始端，辞让之心是礼的始端，是非之心是智的始端。人之有这四端，犹如人有手足四肢一样。有这四端而自己认为不能实行仁义的人，就是自我伤害的人；认为他的君主不能实行仁义的人，就是伤害他的君主的人。凡是具有这四端的人，如果晓得把它扩充起来，便会像刚刚燃烧的火，刚刚流出的泉水。如果能够把这四端扩而充之，便足以安定天下；如果不把这四端扩而充之，便连赡养父母都不行。

┃解析┃

　　孟子持性善论，认为所有的人都具有恻隐之心、羞恶之心、辞让之心和是非之心，这是仁、义、礼、智"四德"的始端，是人的生而即有或与生俱来的本性。因为人皆有这"四端"，将其扩而充之，便能达到仁、义、礼、智"四德"的道德觉悟而实行之，所以"仁义礼智根于心"（《孟子·尽心上》），是符合人的本性发展的。孟子的性善论，为儒家的仁义道德提供了人性论的天然合理性的证明。孟子也强调，对这"四端"必须扩而充之，即发挥道德主体的能动性，才能发展到仁义礼智"四德"。在"四端"中首言"恻隐之心，仁之端也"，这也体现了"仁"在"四德"中的统率地位。"恻隐之心"是人皆具有的不忍人受到伤害的怜悯同情之心，由此而扩充，便是仁者的普遍爱人之心。

人皆有不忍人之心〔1〕。先王〔2〕有不忍人之心，斯有不忍人之政〔3〕矣。以不忍人之心，行不忍人之政，治天下可运之掌上。

——《孟子·公孙丑上》

注释

〔1〕不忍人之心：即不忍人受到伤害的怜悯同情之心，亦即恻隐之心。

〔2〕先王：指尧、舜和夏、商、周三代之王。

〔3〕不忍人之政：即孟子所主张的仁政。

译文

人皆具有不忍人受到伤害的怜悯同情之心。因为先王有不忍人受到伤害的怜悯同情之心，从而就有了不使人受到伤害的仁政。本着不忍人受到伤害的怜悯同情之心，实行不使人受到伤害的仁政，这样治理天下就像在手掌中运转东西一样容易。

解析

孟子把性善论的思想运用于社会政治的主张，就是向执政者提出了"发政施仁"（《孟子·梁惠王上》）的仁政主张。因为"人皆有不忍人之心"，这是人之本性，所以执政者从其本性出发，也是应该实行仁政的。如果执政者不实行仁政，那就是违反了自己的本性。如果臣僚也认为君主不能实行仁政，那就是"贼其君者也"。因此，孟子的性善论是他提出仁政思想的理论基础。在战国中期，孟子提出仁政的主张是寄希望于"得民心者得天下"，即希望有君主能够用"以德行仁""以德服人"（《孟子·公孙丑上》）的"王道"政治来统一天下，这体现了儒家的道德理想主义。然而，当时的君主如齐宣王、梁惠王等人都怀抱着"欲辟土地、朝秦楚、莅中国而抚四夷"的"大欲"（《孟子·梁惠王上》），他们认为孟子的仁政主张是"迂远而阔于事情"（《史记·孟子列传》）。因此，在战国后期最终是秦国以法家主张的"以力服人"即依靠"农战"的经济实力和军事暴力的"霸道"统一了天下。

所以谓人皆有不忍人之心者：今人乍〔1〕见孺子将入于井，皆有怵惕〔2〕恻隐之心；非所以内交〔3〕于孺子之父母也，非所以要誉〔4〕于乡党朋友也，非恶其声而然也。由是观之，无恻隐之心，非人也；无羞恶之心，非人也；无辞让之心，非人也；无是非之心，非人也。

——《孟子·公孙丑上》

注释

〔1〕乍：突然

〔2〕怵惕：惊恐，惊骇。

〔3〕内交：内同"纳"，即纳交，结交。

〔4〕要誉：追求、博取名誉。

译文

之所以说每个人都有不忍人受到伤害的怜悯同情之心：譬如现在有人突然看到一个小孩要掉到井里去，任何人都会有惊骇同情之心；这不是因为要结交于那个小孩的父母，不是为了要在乡里朋友间博取名誉，也不是厌恶那个小孩的哭声才如此的。由此看来，一个人如果没有怜悯同情之心，就简直不是人了；如果没有羞耻之心，就简直不是人了；如果没有辞让之心，就简直不是人了；如果没有是非之心，就简直不是人了。

解析

这是孟子对人之性善的一个论证。当一个小孩要掉到井里去，任何人看到都会自然而然地产生一种惊骇同情之心，这不是出于对个人功利的考虑，也不是因为在生理上厌恶小孩的哭声，而就是人之"本心"，是人之性善的一个证明。如果一个人突然看到一个小孩要掉到井里去，他竟然无动于衷，漠然处之，那么他简直就不是人了。人的这种本然具有的怜悯同情之心，就是仁爱的始端。同样，如果一个人毫无羞耻之心、辞让之心和是非之心，那么他也简直就不是人了。恻隐之心、羞恶之心、辞让之心和是非之心是仁、义、礼、智的始端，是所有人都具有的。由此而扩充之，就能达到仁、义、礼、智"四德"，这是符合人性发展的。只有如此，才能成为真正的人；反之，如果把人性的"本心"丧失掉，那就是"自贼"，就简直不是人了。

人皆有所不忍〔1〕，达之于其所忍〔2〕，仁也；人皆有所不为〔3〕，达之于其所为〔4〕，义也。人能充无欲害人之心，而仁不可胜用也；人能充无穿踰〔5〕之心，而义不可胜用也。人能充无受尔汝〔6〕之实，无所往而不为义也。

——《孟子·尽心下》

注释

〔1〕不忍：即不忍人受到伤害的爱心。

〔2〕其所忍：此处指其所爱未达的人。

〔3〕不为：此处指人所羞于做的事。

〔4〕所为：此处指其原来所做而不应该做的事。

〔5〕穿踰：穿洞跳墙，一般指偷盗行为。

〔6〕尔汝：你，此处指被人轻蔑的称呼。

译文

每个人都有不忍人受到伤害的爱心，把它扩充到以前所不爱的人，这就是仁了；每个人都有羞于做的事，把它扩充到以前所做而不应该做的事，这就是义了。人能够把不想害人的心扩而充之，仁便用不尽了；人能够把耻于挖洞跳墙的心扩而充之，义便用不尽了。人能够把不愿被人轻蔑称呼的心扩而充之，那就无论到哪里都合于义了。

解析

"人皆有所不忍"，即是"恻隐之心，仁之端也"；"人皆有所不为"，即是"羞恶之心，义之端也"。这是每个人所本有的，将其扩而充之，达到爱所有的人，不做任何不该做的事，这就是仁、义。"无欲害人之心"，也是指"恻隐之心"，将此扩而充之，就是普遍地爱人了。耻于做偷盗行为的心和不愿被人轻蔑称呼的心，也是指"羞恶之心"，将此扩而充之，就可以普遍地行义了。爱人之心和羞耻之心是人之道德的最基本的心理素质，孟子对此有深刻的认识，并且也充分强调了发挥道德主体的能动性，将此扩而充之的重要性。

仁，人心也〔1〕；义，人路也〔2〕。舍其路而弗由，放〔3〕其心而不知求：哀哉！人有鸡犬放，则知求之；有放心，而不知求。学问之道无他，求其放心而已矣。

——《孟子·告子上》

注释

〔1〕仁，人心也："仁者心之德"（朱熹《孟子集注》），即人的道德主体意识。

〔2〕义，人路也："义者行事之宜"（朱熹《孟子集注》），即人所当行的人生正路。

〔3〕放：放失，丧失。

译文

仁是人的道德之心，义是人所当行的正路。舍弃了这条正路而不走，丧失了人的本心而不晓得去找，可悲啊！一个人有鸡、犬放失了，便晓得去寻找，而道德的本心丧失了，却不晓得去寻求。学问之道没有别的，最根本的就是把那丧失的本心找回来。

解析

仁是人心的道德主体意识，由人心作出道德判断，确定哪些是人所当行，哪些是人所不当行。人所当行的就是义，就是人生之正路，人所不当行的就是不义之邪路。这就像孔子所说的"谁能出不由户？何莫由斯道也"（《论语·雍也》）。仁义道德是人所应该走的正路，但是有人"舍其路而弗由"，偏偏走上了人生的邪路。这在孟子看来，其原因是人被感官物欲所蒙蔽和牵引，于是丧失了人的本心。此即孟子所说："耳目之官不思，而蔽于物；物交物，则引之而已矣。"(《孟子·告子上》) 那么，人应该如何找回丧失的本心呢? 孟子说："心之官则思，思则得之，不思则不得也。此天之所与我者。先立乎其大者，则其小者不能夺也，此为大人而已矣。"(《孟子·告子上》) 孟子区分了"小体"和"大体"，"小体"是"耳目之官不思"，"大体"则是"心之官则思，思则得之，不思则不得也"，这也就是要充分发挥"天"所赋予人的"心之官则思"的功能，通过"思则得之"而找回丧失的本心。据此，人应该先"立其大者"，即首先要确立"心之官则思"的道德理性，这样就不至于被感官物欲所蒙蔽和牵引。

夫仁，天之尊爵^[1]也，人之安宅^[2]也，莫之御^[3]而不仁，是不智也。

——《孟子·公孙丑上》

注释

〔1〕尊爵：尊贵的爵位，在此处喻指天所赋予人的高尚的价值，如孟子说的"良贵"。

〔2〕安宅：安适的住宅，在此处喻指人在精神上的安身立命之地。

〔3〕御：阻挡。

译文

仁是天所赋予人的尊贵的爵位，是人的安适的住宅。没有人来阻挡你，而你却不仁，这是不智。

解析

孟子说："有天爵者，有人爵者。仁义忠信，乐善不倦，此天爵也。公卿大夫，此人爵也。"（《孟子·告子上》）"天爵"就是天所赋予人的高尚的价值，"人爵"就是人在社会中的官职爵位。因为人之性善，"恻隐之心，仁之端也"，所以仁就是"天之尊爵"，是人生所本有的高尚价值。仁义道德是符合人性发展的，所以它是"人之安宅"，即人在精神上的安身立命之地。它是人生所本有的，"为仁由己"，不是他人所能阻挡的，而有的人却违背了仁，舍弃了"天之尊爵"，背离了"人之安宅"，这是不智，是愚蠢的。

欲贵者，人之同心也。人人有贵于己者〔1〕，弗思〔2〕耳。人之所贵者〔3〕，非良贵〔4〕也。赵孟〔5〕之所贵，赵孟能贱之。

——《孟子·告子上》

注释

〔1〕贵于己者：指"天爵"，即人自身所本有的价值。

〔2〕弗思：即对于人之性善"思则得之，不思则不得也"。

〔3〕人之所贵者："谓人以爵位加己而后贵也"（朱熹《孟子集注》）。

〔4〕良贵：人自身所本有的善良价值，"良者，本然之善也"（朱熹《孟子集注》）

〔5〕赵孟：春秋时期晋国有权势的贵族。

译文

希望尊贵，这是人们共同的心愿。每个人都有自身"本然之善"的尊贵价值，只是有人不去思考它罢了。别人所给予的尊贵，不是人所本有的价值。如赵孟所授予人的尊贵官爵，赵孟同样可以罢免而使其卑贱。

解析

中国古代对哲学意义的"价值"的表述，往往用"贵"字。如说"礼之用，和为贵"（《论语·学而》），就是说礼的运用以和谐为最有价值；"天地之性（生），人为贵"（《孝经·圣治章》），就是说在天地所生的万物中，人是最有价值的。为什么人是最有价值的？

孟子从性善论的角度，论证了仁义道德是人自身所本有的尊贵价值，这就是人的"良贵"。其区分"天爵"与"人爵"，"贵于己者"与"人之所贵者"，挺立了人的道德主体性，使道德的价值超越了世俗功利的价值。"思则得之，不思则不得也"，这也强调了道德主体的能动性，强调了儒家的仁义道德是情感与理性的统一。

自暴[1]者不可与有言[2]也，自弃者不可与有为[3]也。言非[4]礼义，谓之自暴也；吾身不能居仁由义[5]，谓之自弃也。

——《孟子·离娄上》

注释

〔1〕自暴：自己损害自己。"暴，犹害也。"（朱熹《孟子集注》）

〔2〕有言：指有价值的言语。

〔3〕有为：指有价值的作为。

〔4〕非：非毁，破坏。

〔5〕居仁由义：以仁居心，由义而行。

译文

对于自己损害自己的人，不能和他谈出有价值的话；对于自己鄙弃自己的人，不能和他做出有价值的事业。出言破坏礼义，这便叫做自己损害自己；认为自己不能以仁居心，不能由义而行，这便叫做自己鄙弃自己。

解析

"自暴自弃"这个成语源于孟子的这段话。对于"自暴自弃"者，不能和他谈出有价值的话，也不能和他做出有价值的事业。因为他从主观上已经不是珍爱自己而是损害自己，不求使自己高尚而是鄙弃自己，这样的人不求上进，无可救药。从性善论的角度说，仁义道德是天之"尊爵"、人之"良贵"，所以，出言破坏礼义就是"自

暴"，认为自己不能居仁由义就是"自弃"。孟子用这样的话来深戒
那些在道德修养上自暴自弃的人。

仁，人之安宅也；义，人之正路也。旷〔1〕安宅而弗居，舍〔2〕正路而不由，哀哉！

——《孟子·离娄上》

注释

〔1〕旷：荒废。

〔2〕舍：舍弃。

译文

仁是人的安适的住宅，义是人的正确的道路。把安适的住宅荒废着不去居住，把正确的道路舍弃而不去走，可悲呀！

解析

因为仁是人的安适的住宅，义是人的正确的道路，所以人就应该"居仁由义"，即在心中存有仁的道德观念，按照义的原则来走人生的正路。但是有人却荒废安宅而另居陋屋，舍弃正路而走邪路，这样的人是可悲的！如果要堂堂正正地做人，就应该以仁义道德为人的安身立命之地，做一个高尚的、德行端正的人。

仁则荣，不仁则辱。今恶〔1〕辱而居不仁，是犹恶湿而居下〔2〕也。

——《孟子·公孙丑上》

注释

〔1〕恶：厌恶，与喜好相对。

〔2〕居下：居于低洼之处。

译文

如果有仁爱的德行，就会有人生的荣耀；如果违反仁爱的德行，就会有人生的耻辱。如今有人厌恶耻辱而居心不仁，这就像厌恶潮湿而居于低洼之处一样。

解析

这段话是孟子直接针对执政者而言，劝说其"贵德而尊士"。但这段话也有普遍意义："爱人者，人恒爱之；敬人，人恒敬之。"对于"人恒爱之""人恒敬之"的人来说，就是"仁则荣"；反之，对于被人所怨恨、鄙视的人来说，就是"不仁则辱"。人们都是希望自己有荣耀而不愿意自己受耻辱，那就应该有仁爱的德行。如果不愿意受耻辱，而又违反仁爱的德行，那就是南辕北辙，必然是自取其辱。

不仁、不智、无礼、无义，人役^{〔1〕}也。人役而耻为役，由弓人^{〔2〕}而耻为弓，矢人^{〔3〕}而耻为矢也。如耻之，莫如为仁。

——《孟子·公孙丑上》

注释

〔1〕役：仆役。

〔2〕由：同"犹"，犹如。弓人：制作弓的人。

〔3〕矢人：制作箭的人。

译文

不仁、不智，无礼、无义，这种人只能做别人的仆役。既然做了仆役，却自以为耻，这就如同造弓的人以造弓为耻、造箭的人以造箭为耻一样。如果真以为耻，那就不如好好地去行仁。

解析

凡不仁、不智，无礼、无义的人，最终不免沦落为别人的仆役。这是他自取其辱、自作自受的结果。自己已身为仆役，却又自以为耻，这就像造弓的人耻为弓、造箭的人耻为箭一样。如果避免人生的耻辱，那就应该践行仁德，因为"仁则荣，不仁则辱"。

仁也者，人也；合而言之，道也。

——《孟子·尽心下》

▌译文▌

"仁"的意思就是"人"。"仁"和"人"合而言之，就是"道"。

▌解析▌

"仁也者，人也"，这是高度肯定仁爱道德是符合人性的，仁是人所应该具有的道德意识，或者说，仁是人之所以为人者，有了仁的道德意识，才能使人成为真正的人。"仁"与"人"合而言之，就是人所应该践行的"道"，这个"道"是人生、社会的正道，舍此就是人生、社会的邪路。

仁者人也，亲亲为大〔1〕。义者宜也，尊贤为大。亲亲之杀〔2〕，尊贤之等，礼所生也。

——《中庸》

注释

〔1〕大：此处是重要和基本的意思。

〔2〕亲亲之杀：指亲疏远近之间的差等之爱。

译文

"仁"的意思就是"人"，以亲亲孝悌为重要。"义"的意思就是合宜，以尊敬贤能为重要。亲疏远近之间的差等之爱，尊贤使能中的官秩等级，就是"礼"所产生的基础。

解析

"仁者人也"与孟子所说的"仁也者人也"同义，即仁是人所应该具有的道德意识，是人之所以为人者。"亲亲为大"，即亲亲孝悌是仁的基础。"义者宜也，尊贤为大"，这是从治国理政的意义上，执政者除了自身的道德修养之外，首先应该知人善任，尊贤使能，这样才能"安民"。儒家的普遍爱人是以亲亲孝悌为本始，而亲疏远近之间有情感厚薄的差等，它与官秩的等级一样，被认为是礼制产生的基础。这在孟子思想中的表述是"辞让之心，礼之端也"（《孟子·公孙丑上》）或"恭敬之心，礼（之端）也"（《孟子·告子上》）

知〔1〕者无不知也，当务之为急；仁者无不爱也，急亲贤之为务。尧、舜之知而不遍物，急先务也；尧、舜之仁不遍爱人，急亲贤也。

——《孟子·尽心上》

注释

〔1〕知：同"智"。

译文

智者没有不该知道的，但是急于当前重要的事务；仁者没有不爱的，但是以亲近贤人为急务。尧、舜的智慧不是遍知一切事物，而是先知道当前的急务；尧、舜的仁爱没有惠及一切人，而是急于亲近贤人。

解析

儒家并没有为知识划定可知的限度，但是以认识人伦社会的知识为急务，其"道问学"与"尊德性"是统一的，这是被儒家崇尚道德的价值取向所决定的。"仁者无不爱也"，即仁者要普遍地爱人，并且兼及爱物，但是对于执政者来说，首先是知人善任，选贤任能，"亲贤人，远小人"，这样才能治理天下，努力做到"博施于民而能济物"。朱熹《孟子集注》引丰氏曰："仁不急于亲贤，虽有仁民爱物之心，小人在位，无由下达，聪明日蔽于上，而恶政日加于下，此孟子所谓不知务也。"

仁，爱也，故亲；义，理[1]也，故行；礼，节[2]也，故成。仁有里[3]，义有门；仁，非其里而处之，非仁也；义，非其门而由之，非义也。推恩而不理，不成仁；遂理而不敢[4]，不成义；审节而不和，不成礼；和而不发，不成乐。故曰：仁、义、礼、乐，其致一也。

——《荀子·大略》

注释

〔1〕理：合理，合宜。

〔2〕节：节度，节文。

〔3〕里：家乡，指人所安居的地方。

〔4〕遂理：合乎理。敢：指勇敢地去做。

译文

仁，就是爱人，所以人们要相互亲近。义，就是合理，所以应该实行。礼，就是节度，所以能使事业完成。仁有人的安居之处，义有人的出入门径。仁，如果不是安居而处之，就不是仁；义，如果不通过门径而从之，就不是义。对人的施恩如果不合乎理，就不成其为仁；如果合乎理却又不敢实行，就不成其为义；审察节度如果不和谐，就不成其为礼；和谐了如果没有表现出来，就不成其为乐。所以说，仁、义、礼、乐，其宗旨是一致的。

解析

仁者爱人，这是仁的基本含义，在荀子的思想中也是如此。荀子更强调了仁、义、礼、乐的一致性，而他说"仁有里，义有门"，是用"里""门"来喻指礼。"仁，非其里而处之，非仁也；义，非其门而由之，非义也。"这实际上更加强调了礼的规范和重要性。荀子说："君人者，隆礼尊贤而王，重法爱民而霸。"（《荀子·大略》）在荀子的思想中，"隆礼"和"重法"，具有儒、法结合的倾向，这是被战国后期的政治形势所决定的。

君子处仁以〔1〕义，然后仁也；行义以礼，然后义也；制礼反本成末〔2〕，然后礼也。三者皆通〔3〕，然后道也。

——《荀子·大略》

┃注释┃

〔1〕以：用，依据。

〔2〕反：同"返"。本：指根本原则。末：指具体条文。

〔3〕通：通贯了解。

┃译文┃

君子根据义的原则来处理仁的感情，这样就是仁了；用礼的原则来处理义的行为，这样就是义了；制定礼的规范要依据礼的根本原则来确定具体条文，这样就是礼了。对这三个方面有通贯的了解，就符合治国的大原则。

┃解析┃

仁在荀子的思想中虽然保持道德的首要范畴，但仁的情感要用义来规范，义的行为要用礼来规范，而礼则包括了从根本原则到具体条文的制定。所以，礼在荀子的思想中更占有重要的地位。荀子在讲到人之所以"最为天下贵"时，强调人禽之辨在于人"有义"，人之胜过禽兽在于人"能群"。荀子说："人何以能群？曰：分。分何以能行？曰：义。故义以分则和，和则一，一则多力，多力则强，强则胜物。"（《荀子·王制》）义作为道德的理性，其功能为"分"，而"分莫大于礼"（《荀子·非相》），"礼者，贵贱有等，长幼有差，贫富轻重皆有称者也"（《荀子·富国》）。在荀子看来，有了义、礼之"分"，才能有人群之"和"，才能"多力则强，强则胜物"。

仁义礼善之于人也，辟〔1〕之若货财粟米之于家也，多有之者富，少有之者贫，至无有者穷。故大者不能，小者不为，是弃国捐身〔2〕之道也。

——《荀子·大略》

注释

〔1〕辟：通"譬"，比喻。

〔2〕弃国捐身：亡国丧身。

译文

仁义礼善对于人来说，就犹如家中的货财粮米，多有之就是富家，少有之就是贫家，至于一点没有就是困穷了。所以，在仁义礼善大的方面不能有所作为，小的方面又不去做，这是亡国丧身的道路。

解析

仁义礼善是人生、社会不可或缺的道德，荀子用家中的货财粮米来做比喻，它们的多少有无决定了一个家庭的富、贫和困穷。仁义礼善对于一个人的生死和一个国家的存亡也具有决定的意义。对于仁义礼善如果"大者不能，小者不为"，那么就走上了亡国丧身的道路。"仁则荣，不仁则辱"，有德则兴，无德则亡，这也是人生、社会发展的一个普遍道理。

仁人之所以为事者，必兴天下之利，除去天下之害，以此为事者也。

—— 《墨子·兼爱中》

┃译文┃

仁人处理事务的原则，一定是为天下兴利除害，以此原则来处理事务。

┃解析┃

墨家的创始人墨子，曾经"学儒者之业，受孔子之术"（《淮南子·要略》），后来因不满于儒家礼乐的繁琐和浪费，而从儒家中分化出来，创立了墨家学派。儒、墨两家都崇尚仁义，而墨家更主张"兼相爱，交相利"（《墨子·兼爱中》）。儒、墨两家虽然有分歧，但在重视民生福祉、主张为社会兴利除害的原则宗旨上是一致的。

仁，体爱〔1〕也。

——《墨子·经上》

仁，爱己〔2〕者非为用己也，不若爱马者。

——《墨子·经说上》

注释

〔1〕体爱："言爱人当体诸己身"（谭戒甫《墨经易解》）。

〔2〕爱己：体诸己身而爱人，即爱人如己。

译文

仁者爱人，是体诸己身而爱之。

仁者之爱，是爱人如己，爱己不是为了用己，那么爱人也不是为了用人，不像爱马那样是为了用马。

解析

《墨子》书的《经说上》是对《经上》的解释。《经上》云："仁，体爱也。"《经说上》将此句解释为"仁，爱己者非为用己也，不若爱马者"。仁者爱人的"体爱"就是爱人如己。"爱己者非为用己也"，那么爱人也就不是为了用人。"不若爱马者"，人之爱马，是为了用马，"用马"就是说马有使用价值（或工具价值）。但仁者爱人不是为了用人，就是说人有内在价值，即人本身所具有的价值。实际上，《墨经》在这里表达了"人是目的"的思想。人、马之分，符合《论语·乡党》篇记载的"厩焚，子退朝，曰'伤人乎?'不问马"。为什么在马厩失火时孔子急于问"伤人乎"而"不问马"，这

仁者爱人　以德立人

也是因为人的价值不同于马的价值，"人是目的"，人本身有内在价值，其不同于马有使用价值。

荆人〔1〕有遗弓者，而不肯索〔2〕，曰："荆人遗之，荆人得之，又何索焉？"孔子闻之曰："去其荆而可矣〔3〕。"老聃闻之曰："去其人而可矣〔4〕。"

——《吕氏春秋·贵公》

注释

〔1〕荆人：楚国的首都是荆，荆人即楚人。

〔2〕索：搜索，寻找。

〔3〕去其荆而可：即与"楚人"概念所不同的普遍之"人"的概念。

〔4〕去其人而可：即与"人"概念所不同的更普遍之"物"的概念。

译文

楚国有个人遗失了弓，他不肯寻找，说："楚人遗失了弓，得到它的也是楚人，我又何必去寻找呢？"孔子听到这件事，说："把'楚'字去掉就可以了。"老子听到这件事，说："把'人'字去掉就可以了。"

解析

《吕氏春秋》是战国末年的秦相吕不韦集众宾客所作，属于集纳先秦众家学说的杂家著作。在先秦名家著作《公孙龙子·迹府》中有一段与上文相近似的记载，其中"荆人"作"楚人"。这段记载可能不是真实发生的事，但反映了先秦时期对于特殊概念与普遍概念的理解。楚人所说"荆人遗之，荆人得之，又何索焉"，这反映了以楚国为本位的价值立场；孔子所说"去其荆而可矣"，这反映了孔子的以普遍人类为本位的价值立场；老子所说"去其人而可矣"，这反映了老子的以广大自然（包括人与万物）为本位的价值立场。可以说，孔子的"仁者爱人"思想是以爱人类为中心的；而老子的"道法自然"则有人与万物泛然平等的思想。与老子所不同者，儒家虽然以爱人为中心，但也兼及爱物，只是在爱人与爱物之间有差等之序。

仁〔1〕于他物，不仁于人，不得为仁。不仁于他物，独仁于人，犹若为仁。仁也者，仁乎其类〔2〕者也。

——《吕氏春秋·爱类》

注释

〔1〕仁：在此处作动词用，即仁爱。

〔2〕仁乎其类：即此篇的篇名"爱类"，爱人类所有的人。

译文

如果爱其他的物，而不爱人，那就不得称为"仁"。如果不爱其他的物，而只是爱人，那还尚可称为"仁"。"仁"这个概念，（主要）指的就是爱人类所有的人。

解析

孔子说的"泛爱众""仁者爱人"，墨子说的"兼爱"，孟子说的"仁民"，都是普遍爱人，即爱人类所有的人。《吕氏春秋》是战国末期的杂家著作，收罗了先秦各家的思想。其《爱类》篇说的"仁也者，仁乎其类者也"，是对儒、墨等家普遍爱人思想的一个正确表达。从其所说"不仁于他物，独仁于人，犹若为仁"看，"独仁于人""仁乎其类"还不是对"仁"的一个完全充实的表达。孟子所说的"仁者无不爱""仁民而爱物"，就是"仁"不仅是"仁乎其类"，而且也兼及爱物。可以说，"仁者爱人"是"仁"的一个基本含义，"仁"是以爱人为中心，并且兼及爱物。

心兼爱人谓之仁，反仁为戾〔1〕；行充其宜谓之义，反义为
懵〔2〕。

——《新书·道术》

┃注释┃

〔1〕戾：暴戾、残忍。

〔2〕懵：糊涂、不明事理。

┃译文┃

发自内心的爱人就叫做仁，反仁就是暴戾、残忍；行为都合宜
循理就叫做义，反义就是糊涂、不明事理。

┃解析┃

《新书》是汉初的思想家、政论家贾谊所作。他以"心兼爱人"
界说"仁"，以"行充其宜"界说"义"，与孟子所说"仁，人心也；义，
人路也"的思想相符。秦以后的儒家都继承了先秦儒家的仁义思想，
虽然表述上有所不同，或义理上有所差异，但"仁者爱人"可以说
是儒家一贯的思想，这也是历代儒家的主要的、核心的道德理念。

仁之法〔1〕在爱人，不在爱我；义之法在正我，不在正人。我不自正，虽能正人，弗予〔2〕为义；人不被其爱，虽厚自爱，不予为仁。……质〔3〕于爱民，以下至于鸟兽昆虫莫不爱。不爱，奚足谓仁？仁者，爱人之名〔4〕也。

——《春秋繁露·仁义法》

注释

〔1〕法：法则，准则。

〔2〕弗予：不称许，不认可。

〔3〕质：质实，诚挚。

〔4〕名：名词，概念。

译文

仁的法则在于爱人，而不在于爱我；义的法则在于正我，而不在于正人。我自己不正，虽然能够正人，但不能称许为义；他人不被其所爱，虽然其厚爱自己，但不能称许为仁。……能够诚挚地爱民，以下至于对鸟兽昆虫也无不爱。如果没有爱心，又怎能称为仁？仁者，其含义就是爱人。

解析

《春秋繁露》是汉代的大儒董仲舒所作。先秦儒家讲"仁者爱人"有推己及人、爱人如己的含义，故爱人包括爱自己。但董仲舒强调"仁者爱人"是爱他人，而不在于爱自己；作为行为规范的"义"在于正自己，而不在于正他人。这是在汉代的特殊形势下，主要针对施政者而言，此乃"厚躬（于己）薄责（于人）之旨"，"恐施政者偏于治人而不知自治，故著其法"（苏舆《春秋繁露义证》）。文中肯定"仁者，爱人之名"，又说"质于爱民，以下至于鸟兽昆虫莫不爱"，这也是以爱人为仁的基本含义，仁者爱人并且兼及爱物的思想。

仁而不智，则爱而不别也；智而不仁，则知而不为也。故仁者所爱人类也，智者所以除其害也。

——《春秋繁露·必仁且智》

译文

如果只是仁而没有智，那么对于爱就没有区别；如果只是智而没有仁，那么知道了也不去作为。所以，仁者之爱就是爱人类，智者的作为就是为人类除害。

解析

孔子将仁、智并举，即"仁者爱人""智者知人"。董仲舒强调"必仁且智"，符合孔子的思想。"仁而不智，则爱而不别也"，即是主张对所爱的对象要有所区别，亦是"爱有差等"之意。"智而不仁，则知而不为也"，如果智者没有爱人之心，那么他即使知道了，也不去实行。仁者之爱就是爱人类，明确指出了仁是对人类的普遍之爱，即《吕氏春秋》说的"爱类"。智者的作为就是为人类除害，可见智者的除害是为了爱人，仁与智是统一的、相辅相成的。

仁者爱人　以德立人

遍知万物而不知人道，不可谓智；遍爱群生而不爱人类，不可谓仁。仁者爱其类也，智者不可惑也。

——《淮南子·主术训》

┃译文┃

普遍广泛地知道万物而不知道人道，这不可称为智；泛爱各种生物而不爱人类，这不可称为仁。仁的意思就是爱人类，智者是知道爱人、知人的道理而不迷惑。

┃解析┃

《淮南子》是汉代的淮南王刘安集众宾客所作，以道家思想为主，也容纳了儒家、法家等学派的思想。上文与前述《吕氏春秋》和《春秋繁露》的几段话意思相符。"仁者爱其类也"，与《吕氏春秋》说的"仁也者，仁乎其类者也"，《春秋繁露》说的"仁者，爱人之名也""仁者所爱人类也"，只是文辞稍异，而意旨相同，都是说仁即是对人类的普遍之爱。可见，先秦和秦以后的思想家在对"仁者爱人"的理解上是有共识的。

或问"仁、义、礼、智、信之用"。曰："仁，宅也〔1〕；义，路也〔2〕；礼，服也〔3〕；智〔4〕，烛也；信〔5〕，符也。"

——《法言·问道》

注释

〔1〕仁，宅也："仁如居宅，可以安身。"

〔2〕义，路也："义如道路，可以安行。"

〔3〕礼，服也："礼如衣服，可以表仪。"

〔4〕智，烛也："智如灯烛，可以照察。"

〔5〕信，符也："信如符契，可以致诚。"（汪荣宝《法言义疏》）

译文

有人问"仁、义、礼、智、信的功用"。答曰："仁如人的安宅，义如人的正路，礼如人的衣服，智如人的灯烛，信如人的符契。"

解析

《法言》是西汉末年的思想家扬雄所作。孟子始将"仁、义、礼、智"并列，至汉儒董仲舒则提出"夫仁、谊（义）、礼、知（智）、信五常之道，王者所当修饬也"（《汉书·董仲舒传》）。自此之后，"五常"的观念流行。扬雄所说"仁，宅也；义，路也"，上承孟子以仁为"人之安宅"，以义为"人之正路"。他对礼、智、信的喻义也很贴切。从"仁、义、礼、智"四德到"仁、义、礼、智、信"五常，这是汉代儒家对先秦儒家学说的一个发展。

申、韩〔1〕之术，不仁之至〔2〕矣，若何牛羊之用人也？

——《法言·问道》

┃注释┃

〔1〕申、韩：申不害、韩非子，先秦法家的代表人物，主张用"法"的"刑赏"二柄来"驱民耕战"，以富国强兵，战胜他国。

〔2〕至：极致。

┃译文┃

申不害、韩非的治国之术，不仁之极了，怎么能够像驱赶牛羊那样来用人呢？

┃解析┃

先秦从商鞅变法兴起的法家思想，经过慎到、申不害等，到韩非子而集大成。法家主张用"法"的"刑赏"二柄来"驱民耕战"，目的是要富国强兵，用经济的实力和军事的暴力来战胜他国。其所谓"驱民耕战"，就是像驱赶牛羊那样来"用人"，而"用人"就是把人作为耕战的手段，而不是把人作为目的。这是与儒家的"仁者爱人""人是目的"的思想截然相反的，所以扬雄批评其"不仁之至"。

博爱之谓仁，行而宜之之谓义；由是而之〔1〕焉之谓道，足乎己无待于外之谓德。仁与义为定名〔2〕，道与德为虚位〔3〕。

——《韩愈集·原道》

注释

〔1〕之：此处作动词，往，到。

〔2〕定名：有确定含义的概念。

〔3〕虚位：意义不确定，不同含义可以共用的概念。

译文

博爱叫做仁，行而宜之叫做义；由此而行的叫做道，内心充实而无待于外的叫做德。仁与义是有确定含义的概念，而道与德则是不同含义可以共用的概念。

解析

《原道》是唐代思想家、文学家韩愈的一篇重要文章。所谓"原道"就是对"道"作归本溯源的考察。"博爱之谓仁"，这是对"仁"的一个重要界说。"博爱"是儒家本有的概念，如《孝经》中说"先之以博爱，而民莫遗其亲"，董仲舒也说"忠信而博爱，敦厚而好礼，乃可谓善"（《春秋繁露·深察名号》）。韩愈直接用"博爱"界说"仁"，符合"仁"的本义，而且对后世有重要影响。韩愈的《原道》有继承先秦儒家的"道统"，而与佛、道二教划清界限的理论背景，所以他强调"仁与义为定名，道与德为虚位"，即仁与义是儒家确切固有的核心概念，儒家言道德也是归本于仁义，如果讲道德而不讲仁义，那就不是儒家的学说。

德：爱曰仁，宜曰义，理[1]曰礼，通[2]曰智，守[3]曰信。

——《通书·诚几德》

注释

〔1〕理：合理的规范。

〔2〕通：通晓事理。

〔3〕守：道德操守。

译文

道德：爱叫做仁，合宜、应该叫做义，合理的规范叫做礼，通晓事理叫做智，有道德操守叫做信。

解析

《通书》是宋代的周敦颐所作，他还作有《太极图说》，被朱熹推崇为宋代理学或道学的开山之作。周敦颐所说的"德"包含了仁、义、礼、智、信"五常"，他所谓"爱曰仁"相当于韩愈所说的"博爱之谓仁"。在《太极图说》中有"五性感动而善恶分，万事出矣"，"五性"即以"五常"为人之本性，"五性感动"即人之心性与外界事物相感通，于是区分出是非善恶，有了人间的万事。自汉代以来，"五常"成为儒家道德的核心观念，其与"三纲"（君为臣纲，父为子纲，夫为妻纲）相结合，合称为"纲常"。在"五四"新文化运动时期，"纲常"受到批判。我们现在对"纲常"应作出分析，"三纲"是时代性的范畴，而"五常"则是儒家文化的"常道"，如有学者指出"三纲不能留，五常不能丢"。

仁者爱人 以德立人

以爱己之心爱人则尽〔1〕仁，所谓"施诸己而不愿，亦勿施于人"〔2〕者也。

——《正蒙·中正》

注释

〔1〕尽：全部，如"尽心尽力"的尽。

〔2〕施诸己而不愿，亦勿施于人：此句出于《中庸》，意为"忠恕之事也"（朱熹《中庸章句》）。

译文

以爱己之心来爱人，则尽了仁道，就如《中庸》所说的"不愿意别人如何对待你，你就不要以这种方式来对待别人"。

解析

《正蒙》是宋代张载的重要著作，他的学说被称为关学，也是宋代理学或道学的重要创建者。"以爱己之心爱人"，即是"爱人如己"之意。《中庸》所云"施诸己而不愿，亦勿施于人"，即是孔子所说"己所不欲，勿施于人"（《论语·卫灵公》），此为"忠恕"之道，"仁之方也"。"忠恕"之道体现了"以爱己之心爱人"，能够行"忠恕"，就可尽仁道。（关于"忠恕"的重要意义，详见下篇"行忠恕，仁之方"。）

学者须先识仁。仁者浑然与物同体。义、礼、知〔1〕、信皆仁也。

—— 《二程遗书》卷二上

注释

〔1〕知：同"智"。

译文

学者须首先认识仁。仁者与万物相感通而浑然同体。义、礼、智、信都统于仁。

解析

《二程遗书》是朱熹所编宋代理学家程颢、程颐的语录。二程之学被称为洛学，是宋代理学或道学的主要创建者，其学说以"天理"或"理"为最高范畴，而"理"的主要内涵就是"仁"。二程主张"学者须先识仁"，仁者对"仁"的觉悟就是与万物有一种相感通的浑然同体的关系。在"仁、义、礼、智、信"五常中，仁居于统率的地位，仁是"一理"，而义、礼、智、信则是从仁分化出的"分理"，所以说"义、礼、智、信皆仁也"。"五常"统而言之皆"仁"，分而言之是"仁、义、礼、智、信"。

医家以不认痛痒谓之不仁，人以不知觉、不认义理为不仁，譬最近。

——《二程遗书》卷二上

|译文|

医家把不知自身的痛痒称为麻痹不仁，人以不感通外物、不认识义理为不仁，这个比喻最贴近。

|解析|

人的身体是血气贯通的，如果有一个部位不通了，对那个部位就没有知觉，不认痛痒，医家将此称为麻痹不仁。仁者与万物也是相互感通而浑然同体的关系，如果人没有感通万物，不认识仁的义理，那么这个人就是道德评价上的不仁。从医家讲的个人生理上的不仁，比喻道德评价上的不仁，这样的比喻是很贴近的。二程多次用这个比喻，如说："医书言手足痿痹为不仁，此言最善名状。"（《二程遗书》卷二上）"医家言四体不仁，最能体仁之名也。"（《二程遗书》卷十一）"人之一肢病，不知痛痒，谓之不仁。人之不仁亦犹是也。"（《二程外书》卷三）与此相近的比喻还有"花生仁""核桃仁"等，理学家用此来比喻"仁"所具有的生生不已、生长发育之意。

仁之道，要之只消道一公字。公只是仁之理，不可将公便唤做仁。公而以人体之〔1〕，故为仁。只为公，则物我兼照〔2〕，故仁，所以能恕，所以能爱，恕则仁之施，爱则仁之用也。

——《二程遗书》卷十五

注释

〔1〕公而以人体之：将"公"的原则在人身上体现出来。

〔2〕物我兼照：我与外物相感通而无滞碍。

译文

仁之道，要而言之可以说一个"公"字。但"公"只是仁的道理，不可以把"公"叫做仁。将"公"的原则在人身上体现出来，所以为仁。只因为大公无私，所以我与外物相感通而无滞碍，便是仁，也因此而能恕、能爱，恕是仁的施行，爱是仁的发用。

解析

这一条语录是程颐所说。他以"公"释仁，有谓"仁者，公也"（《二程遗书》卷九）。"公"意谓大公无私，但是"公"只是一个道理或原则，只有将"公"在人身上体现出来，才是道德的仁。因为仁的道德是大公无私的，所以仁者能够施行恕道，能够爱人。"爱则仁之用也"，这是程颐对仁与爱、性与情作了"体"与"用"之分：仁是性，为"体"；爱是情，为"用"。"爱自是情，仁自是性"（《二程遗书》卷十八），不能以爱释仁。这种性情、体用之分，被朱熹所继承，遂成为程朱理学与此前儒家思想的一个重要不同。

仁者爱人　以德立人

101

仁者，爱之理〔1〕，心之德〔2〕也。

——《论语集注·学而》

注释

〔1〕爱之理：即爱的道理或原则，是人之所以爱者。

〔2〕心之德：即心中的德性，是理之在人心者，"性即理也"（《二程遗书》卷二十二上）。

译文

仁是爱的道理或原则，是人心中的德性。

解析

《论语集注》是宋代理学的集大成者朱熹所作，它与《孟子集注》《大学章句》《中庸章句》合称为《四书章句集注》，是宋代以后最有权威性的经学著作。朱熹称仁是"爱之理，心之德"，即继承了程颐的"爱自是情，仁自是性"，不能以爱释仁的思想。"爱之理"即爱的道理、原则，是人之所以爱者。或者说，人之所以能爱，其根据是"理"，此"理"即是程朱理学作为世界本原的"理"。"性即理也"，此"理"在人心即为人的"性"，此"性"即是"心之德"。仁作为"爱之理，心之德"，是属于性、体，而爱则是性、体所发的情、用。在朱熹哲学中，性是心之"未发"之体，情是心之"已发"之用，心包含体与用，即是"心统性情"。朱熹说："伊川'性即理也'，横渠'心统性情'，二句颠扑不破！"（《朱子语类》卷五）。应该指出的是，程朱理学虽然对仁与爱作了性情、体用的区分，但是

其所谓"爱之理"也是博爱之理，故仍可说"爱人"或"博爱"是
仁所内蕴的基本含义。

天地以生物为心者也，而人、物之生又各得夫天地之心以为心者也。故语心之德，虽其总摄贯通，无所不备，然一言以蔽之，则曰仁而已矣。

——《朱文公文集》卷六十七《仁说》

┃译文┃

天地是以产生人与万物为心，而人与万物的产生又各得天地之心以为心。所以，说"心之德"，虽然其统摄贯通，无所不备，但一言以蔽之，则可以说就是仁。

┃解析┃

朱熹的《仁说》是他阐发"仁"的一篇重要文章。他所说的"天地生物之心"，相当于天地生物之"理"。人与万物所得天地生物之"理"，即是人与万物所禀赋的"性"。所谓"心之德"，即是作为心之体的德性。此"性"或"理"是统摄贯通、无所不备的普遍之理，但"一言以蔽之，则曰仁而已矣"。可见，朱熹所谓"理"的基本内涵是"仁"，或者说，他把"仁"上升到世界本原的地位。因为人与万物都是天地所生，都禀赋了天地之"性"，所以宋代理学家讲性善论已不是局限于人，而是扩大到万物，即所谓"凡物莫不有是性"（《张子语录·后录下》）。至于不同的人以及人与物的差别，宋代理学家是用"气质之性"来解释。

盖天地之心，其德有四，曰元、亨、利、贞〔1〕，而元无不统；其运行焉则为春、夏、秋、冬之序，而春生之气无所不通。故人之为心，其德亦有四，曰仁、义、礼、智，而仁无不包；其发用焉则为爱、恭、宜、别〔2〕之情，而恻隐之心无所不贯。

——《朱文公文集》卷六十七《仁说》

注释

〔1〕元、亨、利、贞：出自《周易》乾卦的卦词："乾：元，亨，利，贞。"《文言》曰："元者善之长也，亨者嘉之会也，利者义之和也，贞者事之干也。君子体仁，足以长人；嘉会，足以合礼；利物，足以和义；贞固，足以干事。君子行此四者，故曰：'乾：元亨利贞。'"在秦以后，汉代易学家将元亨利贞与四方、四时、五行、五常等相配，成为宇宙论模式中的重要范畴。

〔2〕爱、恭、宜、别：即孟子所说"恻隐之心，仁之端也；羞恶之心，义之端也；辞让之心，礼之端也；是非之心，智之端也"。在此处"爱"指恻隐之心，"恭"指辞让之心，"宜"指羞恶之心，"别"指是非之心。程朱理学将"四端"归于情，是仁义礼智"四德"之发用。

译文

天地之心有"元、亨、利、贞"四德，而"元"是统合"亨、利、贞"的；其运行就有春、夏、秋、冬的顺序，而春生之气是通贯夏、秋、冬的。因此，人心的德性也有仁、义、礼、智，而仁是统合义、礼、智的；其发用就有爱（恻隐之心）、恭（辞让之心）、宜（羞恶之心）、别（是非之心）之情，而恻隐之心是通贯辞让之心、羞恶之心、是非之心的。

┃解析┃

　　朱熹延续汉代易学的思想，把仁、义、礼、智也纳入到元、亨、利、贞和春、夏、秋、冬相配的思想体系中。从自然观说，元、亨、利、贞是"体"，春、夏、秋、冬是"用"；从道德观说，仁、义、礼、智是性、体，恻隐之心等四端是情、用。在元、亨、利、贞"四德"中，"元无不统"；在仁、义、礼、智"四德"中，"仁无不包"。这一"仁包四德"（《朱子语类》卷六）的思想，继承和发展了二程的"义、礼、智、信皆仁"之说。

盖仁之为道，乃天地生物之心，即物而在情之未发〔1〕，而此体已具；情之既发〔2〕，而其用不穷。诚能体而存之，则众善之源，百行〔3〕之本，莫不在是。……盖所谓情、性者，虽其分域之不同，然其脉络之通，各有攸属者，则曷尝判然离绝而不相管〔4〕哉？

——《朱文公文集》卷六十七《仁说》

注释

〔1〕即物：相当于在物，不离物。情之未发：源于《中庸》"喜、怒、哀、乐之未发，谓之中"。

〔2〕情之既发：源于《中庸》"发而皆中节，谓之和"。

〔3〕百行：各种德行。

〔4〕管：管摄，统合。

译文

仁之为道，即是天地生物之心，其即物而在情之未发时，此体已具；而在情之已发时，其用不穷。若真能够体会而存养之，则它就是众善之源，各种德行之本，没有在它之外的。……所谓情与性，虽然其分域有不同，但其脉络相通，各有所属，哪里是判然离绝而不相统合的呢？

解析

朱熹以"天地生物之心"释仁道，其有"情之未发"和"情之已发"，"未发"就是性，"已发"就是情。仁是性，即"爱之理，

仁者爱人 以德立人

心之德",虽继承了程颐的"爱自是情,仁自是性",不能以爱释仁的思想,但朱熹强调性与情是脉络相通,而不是判然离绝的,这也符合程颐的"体用一源,显微无间"(《伊川易传·序》)的思想。就此而言,程朱理学虽然对仁与爱作了性情、体用之分,但仁与爱也是"体用一源"、脉络相通的。质言之,"爱之理"也是博爱之理,"爱人"或"博爱"仍是"理"所内蕴的基本内涵。

仁，人心也〔1〕。心之在人，是人之所以为人，而与禽兽草木异焉者也，可放而不求〔2〕哉?

——《陆九渊集》卷三十二《学问求放心》

注释

〔1〕仁，人心也：出自《孟子·告子上》"仁，人心也；义，人路也"。

〔2〕放：放失。求放心：出自《孟子·告子上》"学问之道无他，求其放心而已矣"。

译文

仁是人的本心。心之在人，是人之所以为人，而与禽兽草木相区别者，难道放失了而可不求回来吗?

解析

陆九渊是宋代理学中的心学代表人物，其学"因读《孟子》而自得之于心也"（《陆九渊集》卷三十六《年谱》）。他以"人心"释仁，又以"求放心"为其学问工夫，都是继承了孟子的思想。与程朱所不同者，他说："四端者，即此心也；天之所以与我者，即此心也。人皆有是心，心皆具是理，心即理也。"（《陆九渊集》卷十一《与李宰》）其所谓"心即理也"即把"心"放在与"理"同等的位置，不同于程朱的"性即理也"，而"心"则是在理与气结合才有。其所谓"四端者，即此心也"，同"仁，人心也"也在同等位置，可见陆氏心学并不像程朱理学那样重视仁与爱的性情、体用之别。在

109

朱熹那里，"四端"是情，仁是"爱之理，心之德"；而在陆九渊思想中，"仁即此心也，此理也"，"有怵惕恻隐之心者，此理也"（《陆九渊集》卷一《与曾宅之》），仁与心、理、爱都是同等层次的概念。

吾平生讲学，只是"致良知"三字。仁，人心也；良知之诚爱恻怛〔1〕处，便是仁。无诚爱恻怛之心，亦无良知可致矣。

——《王阳明全集》卷二十六《寄正宪男手墨二卷》

注释

〔1〕恻怛：同于"恻隐"。

译文

我平生讲学，只用"致良知"三字可以概括。仁是人心；良知的诚爱恻隐处，便是仁。如果没有诚爱恻隐之心，也就没有良知可致了。

解析

王阳明是宋明理学中的心学集大成者，其学以"致良知"为宗旨。与程朱理学不同，阳明有"心外无理"和"心即性，性即理"之说（《王阳明全集》卷一《传习录上》）。阳明也以"人心"释仁，而良知的"诚爱恻怛处"便是仁。其所谓"诚爱恻怛之心"，实即"仁者爱人"或"仁者以天地万物为一体"（《传习录上》）之心。王阳明和陆九渊一样，因为有"心即性"之说，所以并不像程朱那样重视仁与爱的性情、体用之分（虽然阳明也有仁是"爱之本体"之说，见下一条）。"良知"概念本于孟子，在阳明学中"良知"已是和"心"同等层次的最高概念。其所谓"无诚爱恻怛之心，亦无良知可致矣"，可见真诚的"爱人"或"博爱"的思想也是阳明学"良知"概念的基本内涵。

仁者爱人　以德立人

来书云"韩昌黎[1]'博爱之谓仁'一句，看来大段不错，不知宋儒何故非之？……"云云。博爱之说，本与周子之旨[2]无大相远。樊迟问仁，子曰："爱人。"[3]爱字何尝不可谓之仁软？……然爱之本体固可谓之仁，但亦有爱得是与不是者，须爱得是方是爱之本体，方可谓之仁。若只知博爱而不论是与不是，亦便有差处。吾尝谓"博"字不若"公"字为尽。

——《王阳明全集》卷五《与黄勉之二》

注释

[1] 韩昌黎：即韩愈，祖籍是河北昌黎，故世称韩昌黎。

[2] 周子之旨：即周敦颐之旨，其《通书》有"爱曰仁"之说。

[3] 樊迟问仁，子曰："爱人"：见《论语·颜渊》。

译文

来信说"韩愈的'博爱之谓仁'一句，看来大致意思不错，不知宋儒为什么批评否认之？……"（阳明复信）韩愈的"博爱"之说，本来与周敦颐的"爱曰仁"意旨相差不远。樊迟问仁，子曰："爱人。""爱"字何曾不可称为仁呢？……然而爱之本体固然可称为仁，但是也有爱得是与不是者，须爱得是方是爱之本体，方可称为仁。如果只知道博爱而不论是与不是，也便有差处。我曾说"博"字不如"公"字为尽意。

解析

此条是王阳明答复黄勉之的来信请益。在来信中对韩愈的"博爱之谓仁"给予肯定，而不同意宋儒程朱的"爱自是情，仁自是性，岂可以爱为仁"之说。其中又有"性即未发之情，情即已发之性，仁即未发之爱，爱即已发之仁"的表述，虽然作了性情、仁爱的"未发""已发"之分，但大致是性情、仁爱为"一体"的意思。王阳明在答复中表示同意来信的观点，并补充了"须爱得是方是爱之本体，方可谓之仁"，这里所谓"须爱得是"即是对"爱"要有符合儒家伦理的规范意义，而"爱之本体"并不是仁与爱的两分，而是说仁乃爱的本然"体段"，如阳明说"知是心之本体"（《传习录上》），并非良知与心的二分，而是说良知乃心的本然"体段"（宋明儒者用"体段"一词有"模样"的意思，但一般指抽象的意义，如《朱子语类》卷二十四："问：李先生谓颜子'圣人体段已具'。'体段'二字，莫只是言个模样否？曰：'然。'"）阳明说"'博'字不若'公'字为尽"，这是受程颐以公释仁的影响，"公"字对"爱"也有规范的意义。

仁者，生生之德也。"民之质矣，日用饮食"〔1〕，无非人道所以生生者。一人遂〔2〕其生，推之而与天下共遂其生，仁也。言仁可以赅〔3〕义……言仁可以赅礼……且言义可以赅礼，言礼可以赅义……而举义举礼，可以赅仁，又无疑也。举仁义礼可以赅智，智者知此者也。

——《孟子字义疏证》卷下

┃注释┃

〔1〕民之质矣，日用饮食：语出《诗经·小雅·天保》，"质"意为质朴，淳朴。

〔2〕遂：顺遂，如愿。

〔3〕赅：统括，兼有。

┃译文┃

仁是天地间的生生不已之德。"民生之质朴，主要是日用饮食"，无非人道之所以生生不已。人遂顺自己的生命，推而广之与天下人共同遂顺自己的生命，这就是仁。言仁可以统括义……言仁可以统括礼……而且言义可以统括礼，言礼可以统括义……而义礼双举，又可以统括仁，这是无疑的。将仁义礼并举，又可以统括智，智就是知道仁义礼。

┃解析┃

《孟子字义疏证》是清代乾嘉学派大师戴震的重要哲学著作。他针对宋代以后"穷天理，灭人欲"的教条，提出"理者存乎欲者也"(《孟子字义疏证》卷上），"道德之盛，使人之欲无不遂，人之情无不达，斯已矣"（同书卷下）。他对"欲""情"的肯定，带有对宋明理学的局限性及其走向道德异化进行反思的意义。他以天地间的"生生之德"释仁，强调仁就是"欲遂其（己）生，亦遂（他）人之生"（同书卷上），乃至"与天下（人）共遂其生"。戴震对"仁"的界说，突出了"仁者爱人"首要就是顺遂自己的生命，同时亦顺遂他人的生命，其间也体现了儒家"忠恕"之道的思想。戴震指出仁可以兼赅义、礼，而义、礼也可以兼赅仁，"举仁义礼"则可以兼赅智，从而说明儒家的道德条目都统一贯彻了仁之"欲遂其生，亦遂人之生"的思想，而仁本身也具有义、礼的道德规范意义。

仁者无不爱，而爱同类之人为先；知〔1〕者无不知，而知善恶之人为当务之急。盖博爱之谓仁。孔子言仁万殊，而此以"爱人"言仁〔2〕，实为仁之本义也。

——《论语注·颜渊》

注释

〔1〕知：读为"智"。

〔2〕此以"爱人"言仁：指《论语·颜渊》的"樊迟问仁，子曰：'爱人。'"

译文

世界上的人与万物，仁者没有不爱的，但是以爱同类之人为先；世界上的万事万物，智者没有不该知道的，但是以知道善人与恶人的区别为当务之急。概言之，博爱之谓仁。孔子言仁有各种不同的说法，而此处以"爱人"言仁，实为仁的本义。

解析

这是近代康有为所作《论语注》对《颜渊》篇"樊迟问仁，子曰：'爱人。'问知，子曰：'知人。'"的注释。其中"仁者无不爱"，语出《孟子·尽心上》；"而爱同类之人为先"，符合孟子所说"仁民而爱物"，以及《吕氏春秋·爱类》篇所谓"仁也者，仁乎其类者也"，《春秋繁露·仁义法》所谓"仁者，爱人之名也"。"知者无不知，而知善恶之人为当务之急"，符合孔子在回答"知人"时所举例"举直错诸枉，能使枉者直"，亦符合孟子所说"知者无不知也，当务之为急；仁者无不爱也，急亲贤之为务"，这是从执政者应首先举贤任能的角度来考虑。韩愈所说"博爱之谓仁"，被康有为所肯定。在《论语》中孔子弟子有多处"问仁"，孔子大多因材施教，随机应答，确实是"言仁万殊"；"而此处以'爱人'言仁"，确实是仁的本义。康有为在此处的注释，前承先秦和秦以后多家对"仁"的论述，应该肯定这是历史上主流的符合"仁"之本义的一个注释。

第 三 篇

行忠恕，仁之方

孔子说「吾道一以贯之」，曾子说「夫子之道，忠恕而已矣」，孔子说「能近取譬，可谓仁之方也已」。这里的「仁之方」即是推行、实践「仁者爱人」的方法或原则。「忠」是「己欲立而立人，己欲达而达人」，「恕」是「己所不欲，勿施于人」。在儒家思想中，「恕由忠出，忠因恕行」，因此「忠、恕两个离不得」。《大学》把「忠恕之道」又称为「絜矩之道」，朱熹说此道「所操者约，而所及者广，此平天下之要道也」。所谓「所操者约」就是说它是正确处理人际关系的基本原则，所谓「所及者广」就是说它是正确处理一切人际关系的普遍原则。

子曰："参〔1〕乎！吾道一以贯之。"曾子曰："唯〔2〕。"子出。门人问曰："何谓也？"曾子曰："夫子之道，忠恕而已矣。"

——《论语·里仁》

注释

〔1〕参：孔子的弟子曾参，尊称为曾子。

〔2〕唯：表示尊敬的应答辞，近似于现代汉语的"是"。

译文

孔子说："曾参啊！我的道是一以贯之的。"曾子说："是。"孔子走出。有门人问曾子："这是什么意思呢？"曾子说："夫子之道，一以贯之的是忠恕而已。"

解析

"道"的初始意是道路，中国古代思想家用其指最根本的道理或原则。孔子的学说最根本的是仁道，而仁道所包含的内容是十分丰富的，孔子指出，贯通这些丰富内容的有一个原则。曾子是孔门的高弟，孔子向他提示这一点，曾子对此心领神会，故应答"唯"。孔子出，对此没有异议。有门人问这是什么意思，曾子解释：夫子之道，可以贯通始终的是忠恕而已。朱熹《论语集注》解释："尽己之谓忠，推己之谓恕。"钱穆《论语新解》进一步解释："尽己之心以待人谓之忠，推己之心以及人谓之恕。"这里的"尽己之心""推己之心"就是仁者的爱人之心，而"以待人""以及人"就是仁者应该以何种方式来爱人。因此，"忠恕"应就是如何推行、实践"仁者爱人”的方式、方法或原则。

子贡曰："如有博施于民而能济众，何如？可谓仁乎？"子曰："何事于仁，必也圣乎！尧舜其犹病诸！夫仁者，己欲立而立人，己欲达而达人。能近取譬，可谓仁之方〔1〕也已。"

——《论语·雍也》

注释

〔1〕仁之方：朱熹《论语集注》："方，术也。"《集注》引吕氏曰："是乃为仁之方，虽博施济众，亦由此进。""仁之方"实即为仁或行仁之方，也就是推行、实践"仁者爱人"的方式、方法或原则。

译文

子贡说："如果能够博施济众，怎么样？可以称为仁吗？"孔子说："这岂止是仁，一定是圣了！就连尧舜都还恐怕不能做到！仁者是，自己希望成立也让别人有所成立，自己希望发达也让别人有所发达。能够就近推己及人，这可以说是实行仁的方法。"

解析

子贡问仁，从仁者的最高境界"博施于民而能济众"问起，孔子说这已是"圣"了，就连尧舜都还恐怕不能做到。然后孔子讲了仁者应该如何的行仁之方，即"己欲立而立人，己欲达而达人"，这也就是忠恕的"忠"，是"能近取譬"推己及人的实行仁的方法。这个方法是平实的，也是仁者应该如此的、基本的、普遍的行仁之方。因此，它在儒家的仁爱学说中是"一以贯之"的；不如此，不足以称为仁。

子贡问曰："有一言而可以终身行之者乎?"子曰："其恕乎!己所不欲，勿施于人。"

——《论语·卫灵公》

▌译文▐

子贡问："有没有一句话可以终身照此实行呢?"孔子说："是恕啊！自己所不愿意的事，就不要把这种事施于他人。"

▌解析▐

忠恕的"恕"就是"己所不欲，勿施于人"。如果说"己欲立而立人，己欲达而达人"是从正的方面指出了仁者应该如何帮助他人，那么"己所不欲，勿施于人"则是从负的方面指出了仁者应该不对他人做什么事。"忠"与"恕"虽然从正、负两个方面说，但其精神意义是统一的，即如何对他人应该做什么事和不应做什么事，这二者在儒家思想中又是相互规定、相互补充的。子贡所问"有一言而可以终身行之者乎"，孔子答以"恕"，实际上"恕"又是与"忠"相互联系的。这二者的统一便是行仁之方，此"可以终身行之"，亦可见它是仁者的基本的、普遍的实行仁的方式。

子贡曰："我不欲人之加〔1〕诸我也，吾亦欲无加诸人。"
子曰："赐〔2〕也，非尔所及也。"

—— 《论语·公冶长》

注释

〔1〕加：何晏《论语集解》引马融曰："加，陵也。""陵"通"凌"，即欺凌之意，也是侵加、强加之意。

〔2〕赐：即端木赐，子贡是其字。

译文

子贡说："我不愿意别人强加于我，我也不愿意强加于别人。"孔子说："赐啊，这还不是你所能做到的。"

解析

这段问答讲的"我不欲人之加诸我也，吾亦欲无加诸人"，应是"己所不欲，勿施于人"的一个基本意涵。孔子所说"赐也，非尔所及也"，是告诉子贡若要真正做到这一点并不容易。如宋代程颐所说："'我不欲人之加诸我也，我亦欲无加诸人。'《中庸》曰'施诸己而不愿，亦勿施于人'，正解此两句。然此两句甚难行，故孔子曰'赐也，非尔所及也。'"（《二程遗书》卷十八）孔子之所以高度重视这两句话，是因为"仁者爱人"首先是要把他人看作与自己同样的有独立意志的人，如孔子所说"三军可夺帅也，匹夫不可夺志也"（《论语·子罕》）。我不愿意别人强加于我，是因为我有别人所不能侵夺的独立意志；那么，别人也同样有自己的独立意志，所以我也不要强加于别人。这里有自己与他人相互换位的"交互主体性"思考，若能真正做到这一点并不容易，所以孔子激励子贡"非尔所及也"。"非尔所及也"犹如孔子说的"尧舜其犹病诸"，并非对前面所说的否定，而是对前面所说的高度肯定。从"恕"包含着相互尊重彼此的独立意志而不要强加于人来说，"恕"在忠恕中具有更重要和基础的地位。

忠恕违〔1〕道不远，施诸己而不愿，亦勿施于人。君子之道四，丘〔2〕未能一焉：所求〔3〕乎子以事父，未能也；所求乎臣以事君〔4〕，未能也；所求乎弟以事兄，未能也；所求乎朋友先施之，未能也。

——《中庸》

注释

〔1〕违：去，离。

〔2〕丘：孔子（名丘）的自称。在这一段之前有"子曰"二字。

〔3〕求：责求。

〔4〕所求乎臣以事君：先秦时期不只在国家层面称君、臣，有时在家主与家臣乃至官属上下级之间也称君、臣。

译文

忠恕离道不远，不愿意别人施之于自己的事，也不要施之于别人。君子之道有四个方面，我还一个也没做到：所责求于儿子要做的，用来事奉父，没有做到；所责求于臣要做的，用来事奉君，没有做到；所责求于弟要做的，用来事奉兄，没有做到；所责求于朋友要做的，我先以此施之于朋友，没有做到。

解析

"忠恕违道不远"，这是从求仁的工夫上说，意谓按忠恕的方式去做就可以达到仁。"施诸己而不愿，亦勿施于人"，即是"己所不欲，勿施于人"，乃恕也，但《中庸》说"忠恕违道不远"，可见忠

仁者爱人 以德立人

与恕是相互联系、内在统一的，往往说恕时已包含忠在内，说忠时已包含恕在内，"盖恕由忠出，忠因恕行，初无二致"（史伯璿《四书管窥》卷七）。"君子之道四"，即如何处理父子、君臣、兄弟、朋友之间的关系。"丘未能一焉"，这是孔子的谦辞，同时也表示若要真正做到这四个方面是不容易的，类似于说子贡的"非尔所及也"。"所求乎子以事父"等四个方面，是一种反身责己的思维（如我欲子之孝我，我亦应以孝事父，下仿此），即我希望别人如何待我，我亦应如何待人，这四个方面的应该如何，都是从忠恕引申而来。

君子有诸己而后求诸人〔1〕，无诸己而后非诸人〔2〕。所藏乎身不恕〔3〕，而能喻〔4〕诸人者，未之有也。

——《大学》

注释

〔1〕有诸己而后求诸人："求"，责求。"有善于己，然后可以责人之善。"（朱熹《大学章句》）

〔2〕无诸己而后非诸人："非"，指责、批评。"无恶于己，然后可以正人之恶。"（朱熹《大学章句》）

〔3〕恕：推己以及人。

〔4〕喻：晓谕。

译文

君子在善的方面首先自己做到了，而后可以责求于他人；在恶的方面首先自己不这样做，而后可以指责、纠正他人。如果自身不是推己以及人，而让别人晓谕，是不可能的。

解析

这段话也是一种反身责己的思维，对于施政者的教化民众来说尤其如此。如孔子所说："政者，正也。子帅以正，孰敢不正？"（《论语·颜渊》）"其身正，不令而行；其身不正，虽令不从。"（《论语·子路》）施政者的这种率先正己而后正人，也是一种推己以及人的"恕"。就是说，施政者要求别人做到的，首先自己要做到；施政者要求别人不能做的，首先自己不这样做。如果施政者自身不

仁者爱人　以德立人

正，则"虽令不从"。如朱熹《大学章句》所说："推己以及人，所谓恕也；不如是，则所令反其所好，而民不从矣。"

所恶[1]于上，毋以使下；所恶于下，毋以事上；所恶于前，毋以先后；所恶于后，毋以从前；所恶于右，毋以交于左；所恶于左，毋以交于右。此之谓絜矩之道[2]。

——《大学》

注释

〔1〕恶：憎恶，不喜欢。

〔2〕絜矩之道："絜"，度量；"矩"，画方形的工具；引申为规则，实现道德和谐的规范。"絜矩之道"也就是忠恕之道。

译文

不愿意上面做的事，就不要施之于下面；不愿意下面做的事，就不要施之于上面；不愿意前面做的事，就不要施之于后面；不愿意后面做的事，就不要施之于前面；不愿意右面做的事，就不要施之于左面；不愿意左面做的事，就不要施之于右面。这就叫做絜矩之道。

解析

这里的上下、前后、左右是喻指一切人际关系，处理这些关系都要按照"己所不欲，勿施于人"的原则。对上而言，我是下；对下而言，我是上。故不愿意上面做的事，就不要施之于下面；不愿意下面做的事，就不要施之于上面。前后、左右的关系也是如此。如朱熹《大学章句》所说："不欲上之无礼于我，则必以此度下之心，而亦不敢以此无礼使之；不欲下之不忠于我，则必以此度上之

仁者爱人　以德立人

131

心，而亦不敢以此不忠事之。至于前后、左右，无不皆然。则身之所处，上下、四旁、长短、广狭，彼此如一，而无不方矣。"所谓"度上之心""度下之心"，就是将心比心地推己以及人，如此才能"己所不欲，勿施于人"。朱熹《大学章句》说：依此处理一切人际关系则"所操者约，而所及者广，此平天下之要道也"。所谓"所操者约"，就是说它是正确处理人际关系的基本原则；所谓"所及者广"，就是说它是正确处理一切人际关系的普遍原则。因此，它是"平天下之要道"，这个"道"就是能使一切人际关系达到道德和谐的忠恕之道或"絜矩之道"。

反身而诚〔1〕，乐莫大焉。强〔2〕恕而行，求仁莫近焉。

——《孟子·尽心上》

注释

〔1〕诚：真实无妄，真诚无伪。

〔2〕强：勉强，努力。

译文

反省自身而真诚无伪，是人生最快乐的。努力按照恕道而行，是求仁最切近的。

解析

《中庸》有云："诚者，天之道也；诚之者，人之道也。"朱熹《中庸章句》解释"诚者，真实无妄之谓"，而"诚之"就是人要努力做到"诚"。孟子说："诚者，天之道也；思诚者，人之道也。"（《孟子·离娄上》）"思诚"就是反思或反省自身而诚，这是"人道之当然"，践行了此"道"便是人生最快乐的。"强恕而行，求仁莫近焉"，这是从求仁的工夫上说，意同于《中庸》所谓"忠恕违道不远"。"恕，推己以及人也。"（朱熹《孟子集注》）忠恕之道就是将心比心地推己以及人，如曾子"吾日三省吾身"中的"为人谋而不忠乎"（《论语·学而》）。钱穆《论语新解》说："尽己之心以待人谓之忠，推己之心以及人谓之恕。"这所谓"忠恕"也就是以"诚"待人了。能够努力按照忠恕之道来待人行事，便是求仁最切近的。

仁者爱人　以德立人

居下位而不获于上〔1〕，民不可得而治也。获于上有道：不信于友，弗获于上矣。信于友有道：事亲弗悦，弗信于友矣。悦亲〔2〕有道：反身不诚，不悦于亲矣。诚身〔3〕有道：不明乎善，不诚其身矣。

——《孟子·离娄上》

注释

〔1〕获于上：得到上级的信任。

〔2〕悦亲：使父母高兴。

〔3〕诚身：使自身真诚。

译文

处于下级的地位而不能得到上级的信任，是不可能治理好民众的。得到上级的信任有道：（要先取信于朋友，）如果不能得到朋友的信任，也就不能得到上级的信任。取信于朋友有道：（要先孝亲使父母高兴，）如果不能使父母高兴，也就不能取信于朋友。使父母高兴有道：（要先有孝亲的诚心，）如果内心不诚，也就不能使父母高兴。使自身真诚有道：（要先明白什么是善，）如果不明白什么是善，也就不能使自身真诚。

解析

这同样是反身责己的思维。如同"所求乎子以事父""所求乎弟以事兄"，这是从上下的关系而言；而"不信于友，弗获于上"等等，则是从修身、齐家、治国、平天下的顺序而言。只有反身而诚，才能孝亲使父母高兴；只有使父母高兴，才能取信于朋友；只有取信于朋友，才能得到上级的信任；只有得到上级的信任，才能治理好民众。推己以及人，反思自己与上级的关系，先要反省自己是否值得信任，如果自己不能取信于朋友，那就无怪乎不能得到上级的信任。这里的原则是先要自己做好，然后才可以处理好与他人的关系。因此，在恕道中包含着"严于律己，宽以待人"的精神，故而在"恕"字中也有宽恕的意思。"诚身有道：不明乎善，不诚其身矣。"善就是仁。这意味着能否"反身而诚""强恕而行"，也取决于自己是否确立了求仁的人生价值取向。

爱人不亲反其仁〔1〕，治人不治反其智，礼人不答〔2〕反其敬。行有不得〔3〕者，皆反求诸己；其身正，而天下归之。

——《孟子·离娄上》

注释

〔1〕爱人不亲反其仁："我爱人而人不亲我，则反求诸己，恐我之仁未至也。智、敬仿此。"（朱熹《孟子集注》）

〔2〕答：报答，回敬。

〔3〕不得：没有达到愿望。

译文

我爱人而人不亲近我，则反省自己是否仁有未至；我治理百姓而百姓没有得到治理，则反省自己是否智有未达；我以礼待人而人没有回敬我，则反省自己是否施礼未敬。凡自己的行事没有达到自己的愿望，都要反省自身；自己身正，而天下人归往。

解析

从后面一句"其身正，而天下归之"看，这段话是针对执政者而言，但前面的几句也具有普遍意义。仁者爱人，但如果我爱人而人不亲近我，那就要反省自己是否仁有未至；如果我治理百姓而百姓没有得到治理，那就要反省自己是否智有未达；如果我以礼待人而人没有回敬我，那就要反省自己是否施礼未敬。凡自己的行事没有达到自己的愿望，都要反身责己。执政者如此执政，"其身正，而天下归之"，这是"极言其效也"（朱熹《孟子集注》）；

而对于一般人来说，这段话说的也是处理人际关系的一种普遍适用的方式。

桀纣〔1〕之失天下也，失其民也；失其民者，失其心也。得天下有道：得其民，斯得天下矣；得其民有道：得其心，斯得民矣；得其心有道：所欲〔2〕与之聚之，所恶〔3〕勿施尔也。

——《孟子·离娄上》

注释

〔1〕桀纣：桀是夏朝末年的暴君，纣是商朝末年的暴君。

〔2〕所欲：由己之所欲推及民之所欲。

〔3〕所恶："恶"，憎恶。由己之所不欲推及民之所不欲。

译文

桀纣之所以失天下，是因为失其民；之所以失其民，是因为失去民心。得天下有道：得其民，就可以得天下；得其民有道：得民心，就可以得其民；得民心有道：民之所欲，厚施于民；民所不欲，勿施于民。

解析

在战国中期孟子提出了得民心者得天下，失民心者失天下，主张以"仁政""王道"来统一天下。执政者如何才能得民心？孟子指出：按照推己以及民的忠恕之道来治理国家，就可以得民心。也就是说，由己之所欲推及民之所欲，而厚施于民；由己之所不欲推及民之所不欲，而勿施于民。朱熹《孟子集注》因汉代的晁错说："人情莫不欲寿，三王生之而不伤；人情莫不欲富，三王厚之而不困；人情莫不欲安，三王扶之而不危；人情莫不欲逸，三王节其力而不尽。""三王"是理想的夏、商、周三代之王。理想的君主就应像三代之王那样，因人情之同然，由己之所欲推及民之欲寿、欲富、欲安、欲逸，那就应使人民得其寿、富、安、逸；反之，由己之所不欲推及民之所不欲，就不要施之于民。忠恕之道是处理一切人际关系的道德准则，当然也包括理想的君、民关系。孟子将忠恕之道用于君、民关系，就是提出了"所欲与之聚之，所恶勿施尔也"，这也可以说是"古之人所以大过人者，无他焉，善推其所为而已矣"（《孟子·梁惠王上》）。

君子有三恕：有君不能事，有臣而求其使，非恕也；有亲不能报〔1〕，有子而求其孝，非恕也；有兄不能敬，有弟而求其听令，非恕也。士明于此三恕，则可以端身矣。

——《荀子·法行》

注释

〔1〕报：回报，报恩。

译文

君子应该在三个方面实行恕道：如果不能事君，却责求自己的下臣事奉自己，就不是恕；如果对自己的父母不能报恩，却责求自己的儿子行孝，就不是恕；如果不能尊敬自己的兄长，却责求自己的弟弟听命于自己，就不是恕。士人明白了这三个方面的恕，就可以修己正身了。

解析

荀子指出了"君子有三恕"，他是从这"三恕"的反面即"非恕"来说明这"三恕"的道理。"有君不能事，有臣而求其使"，这不符合"己所不欲，勿施于人"的原则：我不愿意臣下不事奉我，那么我就不应该不事奉君主（如同《大学》所说的"所恶于下，毋以事上"）；由此引申出来，就是我应首先事奉君主，然后才能责求臣下事奉我。同样，"有亲不能报，有子而求其孝""有兄不能敬，有弟而求其听令"也是"非恕"，正确的方式应该是：我应首先孝敬自己的父母，然后才能责求儿子孝敬我；我应首先尊敬自己的兄长，然后才能责求弟弟尊敬我。这里的君臣、父子、兄弟三种人际关系网络，带有一定的时代局限性，但把这些关系抽象成"己"（自己）与"人"（他人）的关系，所以"忠恕之道"具有道德规则的普遍性。当时的社会也不只这三种人际关系，荀子说"士明于此三恕，则可以端身矣"，其中也意味着由这三种人际关系引申到其他人际关系，普遍地实行恕道，就可以修己正身了。

苟能述《春秋》之法〔1〕，致行其道，岂徒除祸哉！乃尧舜之德也。故世子〔2〕曰："功及子孙，光辉百世，圣人之德，莫美于恕。"

——《春秋繁露·俞序》

注释

〔1〕述《春秋》之法："述"，传承，遵循。《春秋》，儒家的"六经"之一，相传是孔子删述鲁国的史书而作。

〔2〕世子：即世硕，孔子的再传弟子。

译文

如果能够遵循《春秋》的大法，践行其道，岂止是除祸患！乃如尧舜之大德。所以世子说："其功德传及子孙，光耀百世，圣人之德，恕是最美的。"

解析

董仲舒是汉代的《春秋》公羊学大家，对孔子所作的《春秋》极为推崇，所谓："有国家者不可不学《春秋》，不学《春秋》，则无以见前后旁侧之危，则不知国之大柄，君之重任也。""《春秋》之道，大得之则以王，小得之则以霸。"以《春秋》的经义宏旨治国，不仅可以免除国家的祸患，而且其功德可比于尧舜。董仲舒引世子曰"功及子孙，光辉百世，圣人之德，莫美于恕"，实际上也正是董仲舒本人的观点。"功及子孙，光辉百世"，是对孔子所作《春秋》经的赞美、推崇；"圣人之德，莫美于恕"，则充分表达了对恕道的高度重视。

上奢侈，刑又急〔1〕，皆不内恕〔2〕，求备于人。故次以《春秋》，缘人情，赦小过，而《传》〔3〕明之曰："君子辞也。"〔4〕孔子明得失，见成败，疾时世之不仁，失王道之体，故缘人情，赦小过，《传》又明之曰："君子辞也。"

——《春秋繁露·俞序》

注释

〔1〕刑又急：言其用刑之多。

〔2〕内恕："'己所不欲，勿施于人。''己'，内也；'人'，外也。恕由内发，故言'内恕'。"（钟肇鹏《春秋繁露校释》）

〔3〕《传》：指《春秋公羊传》。

〔4〕"君子辞也"：见于《春秋公羊传》，意为君子的言辞书写方式。

译文

君主奢侈，用刑繁多，都不是实行推己以及人的恕道，而是求全责备于人。所以接着论述《春秋》，依据人情，赦免人的小过失，而《公羊传》明言："这是君子的言辞书写方式。"孔子明了政事的得失，洞见历史的成败，嫉恨当时社会风气的不仁，丧失了王道的根本，所以依据人情，赦免人的小过失，《公羊传》又明言："这是君子的言辞书写方式。"

解析

这是针对君主的自身不正，生活奢侈，而严苛于臣民，用刑繁

仁者爱人 以德立人

143

多，都没有按照推己以及人的恕道来治理国家，不是严于律己，而是求全责备于人。孔子所作《春秋》对历史的记述是"缘人情，赦小过"，而《公羊传》明确地说："这是君子的言辞书写方式。"孔子之所以采取了这样的书写方式，是因为他明了政事的得失，洞见历史的成败，"疾时世之不仁，失王道之体"。从《春秋》的"缘人情，赦小过"，就是警示统治者要实行恕道，严于律己，宽以待人，这是与董仲舒主张"任德而远刑"（《春秋繁露·天辨在人》）相符的。

仁至难言，故止曰"己欲立而立人，己欲达而达人，能近取譬，可谓仁之方也已。"欲令如是观仁，可以得仁之体。

——《二程遗书》卷二上

译文

仁的含义最难说，所以孔子只说"己欲立而立人，己欲达而达人，能近取譬，可谓仁之方也已。"这就是要让人由此来认识仁，可以领会得仁之根本。

解析

这是宋代理学家程颢的一段语录。因为仁的含义十分丰富，而孔子回答弟子问仁经常是因材施教，随机应答，所以仁的含义最难说。孔子只说："己欲立而立人，己欲达而达人，能近取譬，可谓仁之方也已。"这就是要让人由此来认识仁，可以领会得仁之根本。程颢主张"学者须先识仁"（《二程遗书》卷二上），而认识"仁之体"要以"己欲立而立人，己欲达而达人"的忠恕之道为门径。"仁之体"可以说就是"爱之理"，而忠恕之道就是"仁之用"，由忠恕之道可以"观仁"而"得仁之体"，便是由"用"而达"体"。

孔子曰："仁者己欲立而立人，己欲达而达人，能近取譬，可谓仁之方也已。"尝谓孔子之语仁以教人者，唯此为尽，要之不出于公也。

——《二程遗书》卷九

┃译文┃

孔子说："仁者己欲立而立人，己欲达而达人，能近取譬，可谓仁之方也已。"我曾说孔子讲仁以教导人，只有这句话说得最到位，要之不出于公的意思。

┃解析┃

这段话是理学家程颐所说。他认为孔子解说仁的含义以教导人，只有"仁者己欲立而立人，己欲达而达人，能近取譬，可谓仁之方也已"说得最到位。程颐以"公"释仁，认为"仁之道，要之只消道一公字……公而以人体之，故为仁"（《二程遗书》卷十五）；他说忠恕之道"要之不出于公也"，意味着忠恕之道最能体现仁的意思。程颐又说："恕则仁之施，爱则仁之用也。"（同上）"仁之施"与"仁之用"基本上等价，据此可以说，"恕"相当于"爱"，亦可理解为，忠恕之道最足以体现"仁者爱人"。

以责人之心责己则尽道，所谓"君子之道四，丘未能一焉"者也；以爱己之心爱人则尽仁，所谓"施诸己而不愿，亦勿施于人"者也。

——《正蒙·中正》

译文

以责求他人之心来责己，就能履行君子之道，孔子所说"君子之道四，丘未能一焉"就是讲这个意思；以爱己之心来爱人，就可以仁至义尽，所谓"施诸己而不愿，亦勿施于人"就是讲的这个意思。

解析

这是理学家张载解说《中庸》所谓"忠恕违道不远，施诸己而不愿，亦勿施于人"和孔子所说"君子之道四，丘未能一焉"。忠恕之道之所以是一以贯之的行仁之方，就是因为它内在蕴含着以责求他人之心来责己、以爱己之心来爱人的伦理精神。把这种伦理精神付诸道德实践，就是严于律己，宽以待人，己立立人，己达达人，"己所不欲，勿施于人"。

凡人责人处急，责己处缓，爱己则急，爱人则缓，若拽转头来，便自道理流行。因问："'施诸己而不愿，亦勿施诸人'，此只是'恕'，何故子思〔1〕将作'忠恕'说？"曰："忠、恕两个离不得。方忠时，未见得恕；及至恕时，忠行乎其间。'施诸己而不愿，亦勿施诸人'，非忠者不能也。故曰：'无忠，做恕不出来。'"

——《朱子语类》卷六十三

▎注释▎

〔1〕子思：孔子之孙，名孔伋，字子思，相传《中庸》是子思所作。

▎译文▎

凡人责求他人处急，责求自己处缓，爱自己则急，爱他人则缓，如果转过头来，换位思考，便自有道理流行。于是有弟子问："'施诸己而不愿，亦勿施诸人'，这只是说'恕'，为什么子思将此称作'忠恕'？"答："忠、恕两个是不能分离的。在实行忠时，（似乎）没有见到恕；在实行恕时，忠是行乎其间的。'施诸己而不愿，亦勿施诸人'，只有忠者才能这样做。所以说：'如果没有忠，就做不到恕。'"

▎解析▎

朱熹在这里说的"若拽转头来，便自道理流行"，就是一种换位思考，体现了人际关系的"交互主体性"。忠恕之道之所以是正确处理人际关系的最基本、最普遍的道德准则，就是因为它的换位思考，体现了人际关系的"交互主体性"。有弟子问：《中庸》说"忠恕违道不远"，但是后面只说了"施诸己而不愿，亦勿施于人"，似乎只说了"恕"，而没有说"忠"。朱熹指出，忠、恕两个是不能分离的。"方忠时，未见得恕"，实际上"恕"也是行乎其间的。"己欲立而立人，己欲达而达人"，内在地也包含着自己不愿意不立、不达，就不应让别人不立、不达。在实行恕时，忠是行乎其间的，如果没有"己欲立而立人，己欲达而达人"的精神，也是不会做到"己所不欲，勿施于人"的。因此，"忠"与"恕"是从正反两个方面讲的相互规定、相互补充、内在统一的一"道"。

门人有问，而以忠恕告之者，盖以夫子之道不离乎日用之间，自其尽己而言则谓之忠，自其及物〔1〕而言则谓之恕，本末上下皆所以为一贯，惟下学而上达焉，则知其未尝有二也。

——《朱文公文集》卷六十七《忠恕说》

注释

〔1〕及物：指推己及人。

译文

（孔子说"吾道一以贯之"。）门人有问"何谓也"，曾子之所以告之以"忠恕"，是因为孔子之道不离于人伦日用之间，自其尽己而言叫做"忠"，自其推己及人而言叫做"恕"，本末上下都是一以贯之，只有从下学而上达，则知道"忠"与"恕"未曾离而为二。

解析

朱熹在《论语集注》中解释"忠恕"为"尽己之谓忠，推己之谓恕"。所谓"尽己""推己"实际上意无二别，"尽己"是尽己之心以待人，"推己"是推己之心以及人，合而言之，都是将"爱人"之心付诸实行，简言之都是"能近取譬"，推己及人。孔子之道不离于人伦日用之间，如《中庸》所说："道不远人。人之为道而远人，不可以为道。"道德本是发自人之内心的正确处理人际关系的行为准则，而忠恕之道就是正确处理人际关系的一种最平实、最基本、最普遍的道德准则。

国英[1]问："曾子三省[2]虽切，恐是未闻一贯[3]时工夫。"先生曰："一贯是夫子见曾子未得用功之要，故告之。学者果能忠恕上用功，岂不是一贯？'一'如树之根本，'贯'如树之枝叶。未种根，何枝叶之可得？体用一源，体未立，用安从生？谓'曾子于其用处盖已随事精察而力行之，但未知其体之一'，此恐未尽。"

——《王阳明全集》卷一《传习录上》

注释

〔1〕国英：王阳明弟子。

〔2〕曾子三省：《论语·学而》记载曾子曰："吾日三省吾身：为人谋而不忠乎？与朋友交而不信乎？传不习乎？"

〔3〕一贯：即孔子所说"吾道一以贯之"（《论语·里仁》）

译文

国英问："曾子说的三省吾身虽然切要，但可能是没有听到孔子所说'吾道一以贯之'时的工夫。"先生说："一贯是孔子见曾子没有得到用功之要，所以告诉曾子。学者如果能在忠恕上用功，岂不就是一贯？'一'就如树的根本，'贯'就如树的枝叶。如果没有种根，哪里会有枝叶？体用一源，如果体没有立，用从何处生？说'曾子在其用处已随事精察而力行之，但不知道其体是一'，这可能说得不对。"

仁者爱人 以德立人

151

▎解析▎

这是王阳明回答弟子问。因为曾子有"吾日三省吾身"之说，他在听到孔子说"吾道一以贯之"之后又说"夫子之道，忠恕而已矣"，所以国英认为"曾子三省"可能是"未闻一贯时工夫"。王阳明对国英之问有所首肯，但重点是指出，学者如果能在忠恕上用功，就已是"一贯"。他用树的根本与枝叶的关系，说明"体用一源"。"体未立，用安从生？"这一方面强调了"体"的重要，另一方面也委婉地反驳了所谓曾子在用处已随事精察力行，但"未知其体之一"的观点，意谓如果曾子是"体未立"，那么如何能在用处已随事精察力行呢？既然曾子在用处已随事精察力行，那么曾子就不是"体未立"。从王阳明的这篇答问看，他认为忠恕是涵盖"体""用"的，此所以忠恕是"一以贯之"。

仁者以天地万物为一体，莫非己也，故曰："己欲立而立人，己欲达而达人。"……"有一言而可以终身行之者，其恕乎"，"强恕而行，求仁莫近焉"，"恕"之一言，最学者所吃紧。其在吾子，则犹对病之良药，宜时时勤服之也。

——《王阳明全集》卷八《书王嘉秀请益卷》

译文

仁者的境界是"以天地万物为一体"，没有在己之外的，所以说："己欲立而立人，己欲达而达人。"……（孔子与子贡对话时所说）"有一言而可以终身行之者，其恕乎"，（孟子所说）"强恕而行，求仁莫近焉"，"恕"之一言，是学者用功最要吃紧的。"其在吾子"（指请益者王嘉秀），"恕"就像对病之良药，应该经常服用之。

解析

王阳明以仁者的境界为"以天地万物为一体"，而认为"己欲立而立人，己欲达而达人"是仁者的境界所应实行的。他又引孔、孟所说"有一言而可以终身行之者，其恕乎""强恕而行，求仁莫近焉"，认为"恕"是学者用功最为紧要的，从而勉励请益者要像"对病之良药"一样经常服用之。要之，王阳明对"忠恕"给予了极高的重视。

仁者爱人 以德立人

153

圣人顺其血气之欲，则为相生养之道。于是视人犹己，则忠；以己推之，则恕；忧乐于人，则仁；出于正，不出于邪，则义；恭敬不侮慢，则礼；无差谬之失，则智；曰忠恕，曰仁义礼智，岂有他哉！

——《孟子字义疏证》卷上

154

译文

圣人依循出于人性"血气心知"的欲望，而确立了人的相互生养之道。于是视人如己，则忠；推己及人，则恕；忧乐同情于他人，则仁；行为出于正，而不出于邪，则义；恭敬而不侮辱怠慢他人，则礼；没有差错荒谬的过失，则智。圣人之道，曰忠恕，曰仁义礼智，难道还有其他的吗！

解析

清代的乾嘉学派大师戴震以人的"血气心知"为人性，肯定欲望的合理性，认为圣人所确立的"道"就是人的"相生养之道"，由此衍生出"忠恕"和"仁义礼智"。"忠"就是视人如己，"恕"就是推己及人。他将"忠恕"与"仁义礼智"并列，充分说明他对"忠恕"的高度重视。

《中庸》曰："忠恕违道不远。"孟子曰："强恕而行，求仁莫近焉。"盖人能出于己者必忠，施于人者以恕，行事如此，虽有差失，亦少矣。凡未至乎圣人，未可语于仁，未能无憾于礼义，如其才质所及，心知所明，谓之忠恕可也。圣人仁且智[1]，其见之行事，无非仁，无非礼义，忠恕不足以名之，然而非有他也，忠恕至斯而极也。故曾子曰："夫子之道，忠恕而已矣。"

——《孟子字义疏证》卷下

注释

〔1〕仁且智：《孟子·公孙丑上》引子贡说："学不厌，智也；教不倦，仁也。仁且智，夫子即圣矣。"

译文

《中庸》说："忠恕违道不远。"孟子说："强恕而行，求仁莫近焉。"人能出于己心者一定是忠，推己而施于人者就是恕，如此行事，即使有差失，也是少的。凡没有达到圣人境界的人，难以说已经是仁人，也难以说对礼义做得无亏欠，但就其个人才质所及，心知所明了，称为"忠恕"是可以的。圣人"仁且智"，其见之行事，无非是仁，无非是礼义，用忠恕还不足以称圣人，但圣人也不是另有他途，而是忠恕做到了极处。所以曾子说："夫子之道，忠恕而已矣。"

解析

戴震以天地间的"生生之德"释仁，强调仁就是"欲遂其（己）

生，亦遂（他）人之生"（《孟子字义疏证》卷上）。他对"仁"的界说，就已体现了忠恕之道的思想。儒家对"圣人"的界定，有谓"仁且智"就是圣人，孔子在回答子贡问时说"博施于民而能济众"就已"必也圣乎！尧舜其犹病诸！""圣"是仁的最高境界。相比于"圣"而言，忠恕之道是平实的，所谓"能近取譬，可谓仁之方也已"。虽然忠恕之道是平实的，但是戴震指出，圣人也不是另有他途，忠恕做到极处就是圣，此所以"夫子之道，忠恕而已矣"。戴震对于"圣"与忠恕之关系的理解，是与他认为"道德之盛，使人之欲无不遂，人之情无不达"（《孟子字义疏证》卷下）相符合的。

第四篇

仁者以天地万物为一体

儒家的仁爱思想不仅是普遍地『爱人』，而且兼及『爱物』。这在孟子的思想中就是『仁民而爱物』，在宋代理学家的思想中就是『民，吾同胞；物，吾与也』。中国文化自西周以来就形成了『惟天地，万物父母；惟人，万物之灵』的思想。因为『惟人，万物之灵』，所以『人者，天地之心也』，『天地之性（生）人为贵』。因为人与万物都是天地所生，所以『乾称父，坤称母』，人类社会与自然界就如同一个大家庭的共同体。人作为『天地之心』，其觉悟就应达到『仁民爱物』『民胞物与』，乃至『大其心则能体天下之物』『仁者以天地万物为一体』的至仁境界。

惟〔1〕天地，万物父母；惟人，万物之灵。

——《古文尚书·泰誓上》

注释

〔1〕惟：文言发语词，用于句首，无实际意义。

译文

天地是万物的父母，（在天地所产生的万物中）人是万物之灵。

解析

中国文化大约在殷周之际就产生了天地是人与万物的父母的思想，在天地所产生的万物中"惟人，万物之灵"。这一思想在先秦时期被儒、道等家普遍接受，而且在秦以后的中国文化中流传深远。天地是人与万物的父母，人生存于自然界之中，人类社会与自然界就如同一个大家庭。"惟人，万物之灵"，就是说人有自我意识、精神活动和道德观念，"故人者，天地之心也"（《礼记·礼运》），"天地之性（生）人为贵"（《孝经》）。儒家的"仁民爱物"和"仁者以天地万物为一体"的思想，是与这样的自然观和人生、社会观相联系或以其为基础的。

道生一〔1〕，一生二，二生三，三生万物。万物负阴而抱阳，冲气〔2〕以为和。

——《老子》第四十二章

注释

〔1〕道生一：此"一"指气。因《老子》书中又有以"一"指"道"的思想，所以学界对"道生一"有不同的解释。

〔2〕冲气：阴阳二气的交冲合和。

译文

"道"产生一（气），一产生二（天地），二产生三（和气），三产生万物。万物都包含阴阳两个对立面，阴阳二气交冲而成和谐状态。

解析

学界对"道生一"有不同的解释。而"一生二"当就是由一气之阴阳分化出天地，即"清阳者薄靡而为天，重浊者凝滞而为地"（《淮南子·天文训》）。"二生三，三生万物"，即由天地发出的阴阳二气冲和而产生万物。如果省略关于"道生一"的思想分歧，在中国哲学史上普遍接受了由一气分化出天地，再由天地合气而产生万物的思想。"天"在中国文化中本指最高的"神"（帝）或最高的范畴，自老子提出了"有物混成，先天地生"（《老子》第二十五章），即天地不是固有的，而是从一气之阴阳分化出来的。尽管如此，万物是由天地合气而产生，这仍是儒、道等家普遍接受的思想。

易有太极〔1〕，是生两仪〔2〕，两仪生四象〔3〕，四象生八卦〔4〕，八卦定吉凶，吉凶生大业。是故法象〔5〕莫大乎天地，变通莫大乎四时，悬象著明莫大乎日月，崇高莫大乎富贵。

——《易传·系辞上》

注释

〔1〕易有太极："易"指宇宙的变易、演化，从筮法象术上说是指《周易》。对"太极"有不同的解释，从后面的"两仪"是指天地来说，"太极"只能是内含阴阳的混沌之一气，因为在天地之先必然是有"气"，若从"无"或"理"则不能直接生出天地。

〔2〕两仪：唐李鼎祚《周易集解》引汉虞翻注："太极，太一也，分为天地，故生两仪也。"从筮法象术上说，"两仪"是指揲蓍程序"大衍之数"的"分而为二以象两"（《易传·系辞上》）；从宇宙演化论上说是指天地，与后面所说的"是故法象莫大乎天地"相符。

〔3〕四象：从筮法象术上说，"四象"是指揲蓍程序的"揲之以四以象四时"。《周易集解》引虞翻注："四象，四时也；两仪谓乾坤也。乾二五之坤，成坎、离、震、兑。震春，兑秋，坎冬，离夏。"与后面所说的"变通莫大乎四时"相符。

〔4〕四象生八卦：从筮法象术上说，"四象生八卦"是指揲蓍程序的"十有八变而成卦"。《周易集解》引虞翻注："乾二五之坤，则生震、坎、艮；坤二五之乾，则生巽、离、兑。"据此，"四象生八卦"亦是从乾坤生出"六子卦"。

〔5〕法象：有形的物象。《庄子·则阳》说："天地者，形之大者也；阴阳者，气之大者也。"

‖译文‖

　　宇宙的变易有"太极"（一气），由此生出"两仪"（天地），从"两仪"生出四时（震春，兑秋，坎冬，离夏），从四时生出八卦（亦即从乾坤生出"六子卦"），由八卦确定吉凶，从对吉凶的判断而产生大业。所以物象最大的是天地，变通最大的是四时，悬象最明的是日月，事业最崇高的是富贵。

‖解析‖

　　《周易》本为卜筮之书，孔子"晚而喜《易》"，认为"不占而已"（《论语·子路》），"我观其德义耳也"（马王堆帛书《要》），他把《周易》提升为一部讲宇宙和人生哲理的经书。《易传》相传为孔子所作，近现代学者考证其作于战国时期，受到孔子和老子思想的影响。"易有太极"一段话，实际上是使用了"两套语言"，可从两方面来理解：一是从筮法象术上说，是对"大衍之数五十"（《易传·系辞上》）一段话的简写，是讲揲蓍成卦、判断吉凶的程序；二是从宇宙演化论上说，是讲从一气分化出天地，然后由天地的合气而产生万物的思想。这与《老子》所说的"一生二，二生三，三生万物"大致相符。

乾，天也，故称乎父；坤，地也，故称乎母。

——《易传·说卦》

▌译文▐

乾的卦义是天，所以称为父；坤的卦义是地，所以称为母。

▌解析▐

乾、坤是《周易》八卦中的两卦，代表天、地。在战国时期，乾、坤被称为"父母卦"。而其他的六卦，即震（雷）、巽（风）、坎（水）、离（火）、艮（山）、兑（泽）被称为"六子卦"，它们都是乾（天）、坤（地）所生，即："震一索而得男，故谓之长男；巽一索而得女，故谓之长女；坎再索而得男，故谓之中男；离再索而得女，故谓之中女；艮三索而得男，故谓之少男；兑三索而得女，故谓之少女。"（《易传·说卦》）乾、坤两卦与其"六子卦"的关系如同一个大家庭，从三爻组成的八卦又可衍生出六爻的六十四卦，从而构成《周易》的卦象和宇宙论系统。《易传》说："天地感而万物化生。"（《咸卦·象传》）"天地絪缊，万物化醇。男女构精，万物化生。"（《系辞下》）"有天地，然后万物生焉。"（《序卦》）这就是以天地为父母，由天地合气而产生万物的思想。

仁者爱人 以德立人

163

阴阳于人，不翅〔1〕于父母。……今一以天地为大炉，以造化〔2〕为大冶，恶〔3〕乎往而不可哉！

——《庄子·大宗师》

注释

〔1〕不翅：即不啻，如同。

〔2〕造化：自然界运转变化。

〔3〕恶：同"乌"，疑问词。

译文

由天地所发出的阴阳之气对于人来说，如同父母。……如今把天地作为一个大炉，把自然的造化作为一个大冶匠，无论是人还是物，又造成什么不可以呢！

解析

庄子有"齐生死""齐万物"的思想。他认为，"人之生，气之聚也。聚则为生，散则为死。若死生为徒，吾又何患！故万物一也。……故曰：通天下一气耳。"（《庄子·知北游》）他说"阴阳于人，不翅于父母"，又作出以天地为大炉，以自然的造化为大冶匠的比喻，就是说人与万物都是由天地所发出的阴阳之气而产生，故而"（人与）万物一也"。《庄子·达生》篇明言："天地者，万物之父母也。"在长沙马王堆出土的黄老帛书《黄帝四经》中也有云："黄帝曰：'夫民仰天而生，恃地而食，以天为父，以地为母。'"（《十大经·果童》）"父母之行备，则天地之德也。"（《经法·君正》）。

在战国时期，以天地为人与万物的父母的思想是被普遍接受的，对以后中国文化的发展也具有深远而重要的影响。

吾闻之〔1〕：民受天地之中〔2〕以生，所谓命也。是以有动作礼义威仪之则，以定命也。能者养以之福，不能者败以取祸。

——《春秋左传》成公十三年

注释

〔1〕吾闻之：这段话是春秋时期的周卿士刘康公所说。

〔2〕天地之中：在西周时期已有"天生烝民，有物有则，民之秉彝，好是懿德"（《诗经·大雅·烝民》）的思想，其所谓"则"是指行为准则、道德规范。此处的"天地之中"可以理解为人所禀受的天地中和之气，因而人有"动作礼义威仪之则"。

译文

我听说：民是禀受了"天地之中"而产生的，这就是所谓"命"。因此，人有动作礼义威仪的行为准则、道德规范，这是来履行人所禀受的"命"的。能履行这个"命"的就养以致福，不能履行的就败以得祸。

解析

在天地所产生的人与万物中，为什么"惟人，万物之灵"，或者说，人为什么有"心"的精神活动？这个问题从宗教、哲学和科学等不同的维度可以作出不同的回答，迄今也仍在探索之中。而在中国传统哲学看来，这是因为人禀受了天地的中和之气或天地间的精华、优秀之气，所以"天地之生，人为贵""人者，天地之心也"。刘康公所说的"民受天地之中以生，所谓命也"，近似于《中庸》

所谓"天命之谓性",《中庸》又说"喜怒哀乐之未发谓之中,发而皆中节谓之和"。可以说,在春秋时期的思想中已有人之性善论的萌芽。

故人者，其天地之德〔1〕，阴阳之交〔2〕，鬼神之会〔3〕，五行之秀气〔4〕也。

——《礼记·礼运》

注释

〔1〕天地之德：天地之生养万物，是有"大德"的，所以《易传·系辞下》说："天地之大德曰生。"

〔2〕阴阳之交：唐孔颖达《礼记正义》疏："阴阳则天地也。据其气谓之阴阳，据其形谓之天地。独阳不生，独阴不成，二气相交乃生，故云'阴阳之交'也。"

〔3〕鬼神之会：孔颖达《礼记正义》疏："鬼谓形体，神谓精灵……必形体精灵相会，然后物生，故云'鬼神之会'。"元陈澔《礼记集说》："会者，妙合而凝也。"

〔4〕五行之秀气：战国中后期，"五行"（木、火、土、金、水）被配在四时、四方，被认为是阴阳所生，故成为"五行之气"。"秀气"即精华、优秀的气。陈澔《礼记集说》："形生神发，皆其秀而最灵者，故曰'五行之秀气'也。"

译文

人秉承了天地之德，是阴阳二气相交，形体精灵相会，由五行之秀气产生的。

解析

《礼记·礼运》篇说："人者，天地之心也。"即人是天地间有意识自觉、道德观念的生物。人之所以成为"万物之灵"，就是因为人禀受了天地间的阴阳五行之精华、优秀之气。因为"五行"是阴阳所生，所以"五行之秀气"即是阴阳五行之秀气。《礼运》篇对人为万物之灵作出的解释，也被后来的思想家所继承。如宋代理学家周敦颐的《太极图说》，在讲到"乾道成男，坤道成女，二气交感，化生万物，万物生生，而变化无穷焉"之后，接着就讲："惟人也，得其秀而最灵。形既生矣，神发知矣，五性感动而善恶分，万事出矣。"这里的"得其秀而最灵"，就是说人禀受了阴阳五行之"秀气"，故能为万物之灵。人之"灵"就灵在"形既生矣，神发知矣"，这同于荀子所说的"天功既成，形具而神生"（《荀子·天论》）。因为人是"天地之心"，所以人也就担负了认识世界、实现道德自觉，乃至达到"以天地万物为一体"之道德境界的使命。

子钓而不纲〔1〕，弋不射宿〔2〕。

——《论语·述而》

注释

〔1〕不纲：纲是网上的大绳，上面悬挂多钩，横断水流，可以一举获取多鱼。"不纲"就是不用这种大网捕鱼。

〔2〕弋不射宿：弋是用生丝系矢而射。宿，止歇，此处指归巢歇宿的鸟。

译文

孔子钓鱼，不用横断水流的大网；射鸟，不射归巢歇宿的鸟。

解析

捕鱼、射鸟是古人日常生活中的常见活动，孔子也不外于此。但是孔子钓鱼，不用那种横断水流的大网捕鱼；射鸟，不射归巢歇宿的鸟。这可以从古人的生态环境保护意识中得到解释，也可以看出孔子在低限度维持人的日常生活所需时，对于鱼、鸟等生命有一种关爱、怜悯之情。孔子说："智者乐水，仁者乐山。"（《论语·雍也》）在他的思想中也有一种人与自然相互感通的意识。儒家的"仁民而爱物"思想应是源于孔子的这种意识。与孔子的"弋不射宿"相似，唐代诗人白居易有《咏鸟》诗云："谁道群生性命微，一般骨肉一般皮。劝君莫打枝头鸟，子在巢中望母归。"这种人、鸟性情相通，由爱人而兼及爱物的思想也是儒家思想传承中的一个主流意识。

君子之于物〔1〕也，爱之而弗仁；于民〔2〕也，仁之而弗亲。亲亲而仁民，仁民而爱物。

——《孟子·尽心上》

注释

〔1〕物，此处指万物。

〔2〕民，此处"民"相对于"物"而言，是指所有的人。

译文

君子对于万物，是爱之而不仁；对于人民，是仁之而不亲。所以，君子是亲近亲人而仁爱人民，仁爱人民而爱护万物。

解析

这段话是孟子对于儒家仁爱思想的一个典型表述。"亲亲而仁民"，即以家庭成员之间的亲亲之情为普遍爱人的基础；"仁民而爱物"，即不仅普遍地爱人，而且兼及爱物。所谓"于物也，爱之而弗仁；于民也，仁之而弗亲"，表示儒家的仁爱思想在亲、民、物之间的"爱有差等"。作为动词使用的"亲""仁""爱"在这里有差等之意，但无严格的区分，所以"统而言之则皆仁，分而言之则有序"（朱熹《孟子集注》）。如孟子所说"仁者爱人，有礼者敬人"（《孟子·离娄下》），此处"爱人"也相当于"仁民"。孟子又有"万物皆备于我矣""上下与天地同流"（《孟子·尽心上》）之说，在其"明于庶物，察于人伦"（《孟子·离娄下》）、"仰不愧于天，俯不怍于人"（《孟子·尽心上》）的高尚道德境界中已含有"仁者以天地万物为一体"的思想。

仁者爱人　以德立人

礼有三本：天地者，生之本〔1〕也；先祖者，类之本〔2〕也；君师者〔3〕，治之本也。……故礼上事天，下事地，尊先祖而隆君师。是礼之三本也。

——《荀子·礼论》

注释

〔1〕生之本：即产生人与万物之本。

〔2〕类之本：指族类之本。

〔3〕君师者：君主与教师。

译文

礼有三个根本：天地是产生人与万物的根本，先祖是族类的根本，君主和教师是社会治理的根本。……所以礼是上祭天，下祭地，尊敬先祖而推崇君主和教师。这就是礼之三本。

解析

荀子在这里说的"礼有三本"，就是后世民间普遍流行的"天、地、君、亲、师"祭祀牌位。荀子说"天地合而万物生，阴阳接而变化起"（《荀子·礼论》），就是由天地合气而产生人与万物，所以"天地者，生之本也"。"尊先祖"是中国文化重视家庭、家族或宗族的传统。"隆君师"包括尊重君主和教师，这是社会教化和治理的根本。荀子虽然有"自然之天""明于天人之分"（《荀子·天论》）的思想，但在其"礼有三本"的思想中也含有"天人合一"的思想因素。他所谓"天地者，生之本也"，不仅具有自然的意义，而且具有伦理价值的意义。

水火有气而无生，草木有生而无知，禽兽有知而无义，人有气、有生、有知，亦且有义，故最为天下贵也。

——《荀子·王制》

译文

水火（等无机物）有气而没有生命，草木（等植物）有生命而没有知觉，禽兽（等动物）有知觉而没有道德，人有气、有生命、有知觉，也有道德，所以是天下最高贵的。

解析

水火、草木、禽兽、人，是中国古代对天地所生万物的无机物、植物、动物和人类的划分，这些都是天地合气所生，所以气是天下万物共同的本原。天下万物又分为不同的层级，因为人不仅有气、有生命、有知觉，而且有道德，所以人处于最高层级，是天下万物中最高贵的。荀子所说的人"最为天下贵"，也就是"惟人，万物之灵""天地所生，人为贵"。"贵"在中国古代相当于"最有价值"的意思。荀子说："天职既立，天功既成，形具而神生"（《荀子·天论》），此处的"神"就是人的精神活动。"心居中虚，以治五官，夫是之谓天君。"（同上）有了这个"天君"，也就有了人能够"化性起伪"而产生"仁义法正"的潜能。荀子虽然持性恶论的观点，但"涂（途）之人也，皆有可以知仁义法正之质，皆有可以能仁义法正之具"，乃至"涂之人可以为禹"（《荀子·性恶》）。这里的"可以知""可以能"，就是因为"形具而神生"，人具有水火、草木、禽兽所不具有的精神活动和认知能力。

仁者爱人 以德立人

173

天地者，万物之本，先祖之所出也，广大无极，其德昭明，历年众多，永永无疆。

——《春秋繁露·观德》

|译文|

天地是万物的根本，是先祖之所出，其广大无垠，功德昭明，历年长久，永存无疆。

|解析|

以天地为"万物之本"，天地亦是"先祖之所出"，此即由天地产生人与万物的思想。这一思想在先秦和秦以后的思想家中是一直传续的。董仲舒说："天者，百神之大君也。"（《春秋繁露·郊语》）"察于天之意，无穷极之仁也。"（《春秋繁露·王道通三》）他虽然把"天"神化了，但是此"天"仍然与地、人、物有着"存有的连续性"。他直言"天之意"就是"无穷极之仁也"，这也延续了先秦时期"天地之大德曰生"的思想，乃至宋代的理学家就以"生"释仁。

乾称父，坤称母〔1〕；予兹藐焉〔2〕，乃混然中处。故天地之塞，吾其体〔3〕；天地之帅，吾其性〔4〕。民，吾同胞；物，吾与〔5〕也。

——《正蒙·乾称上》

注释

〔1〕乾称父，坤称母：此句出自《易传·说卦》："乾，天也，故称乎父；坤，地也，故称乎母。"

〔2〕予兹藐焉："予"，我，在此亦泛指人。"藐"，小。

〔3〕天地之塞，吾其体："塞"，充满。此句源出《孟子·公孙丑上》："我善养吾浩然之气……其为气也，至大至刚，以直养而无害，则塞于天地之间。"

〔4〕天地之帅，吾其性：此句源出《孟子·公孙丑上》："夫志，气之帅也；气，体之充也。"张载说："天地之气，虽聚散、攻取百涂，然其为理也顺而不妄。"（《正蒙·太和》）此处"天地之帅"应即天地间"顺而不妄"的理。

〔5〕与：同伴、朋友。

译文

乾称为父，坤称为母。我之渺小，乃混然处于天地之中。充满天地的气，是我之形体；天地间"顺而不妄"的理，是我之本性。所有的人，都是我的同胞兄弟；所有的物，都是我的同伴、朋友。

▌解析▌

张载所说"乾称父，坤称母"，见于张载《正蒙·乾称上》的第一段。这一段原称《订顽》，书于横渠学堂双牖之右，后由二程改称为《西铭》，并给予极高的评价，说此篇"意极完备，乃仁之体也"，"仁孝之理备于此"（《二程遗书》卷二上）。所谓"乾称父，坤称母"，就是自先秦时期一直传续的人与万物都是天地所生，天地便是人与万物的父母的思想。"予兹藐焉"，是从人之个己的"小我"而言，但其"混然中处"，就把个己的"小我"同宇宙的"大我"联系在一起了。"天地之塞，吾其体；天地之帅，吾其性"，这一方面表明人与万物有着共同的根源，另一方面也表明人与万物在"性"上存在着"通蔽开塞"的差异（张载说："凡物莫不有是性，由通蔽开塞，所以有人、物之别；由蔽有厚薄，故有智愚之别。"见《张子语录·后录下》）因为人与万物都是天地所生，而人与万物又存在着差异，所以儒家的仁爱思想既有"仁者无不爱"的普遍之爱，又有"爱有差等"的区别。这样就表述为：所有的人，都是我的同胞兄弟；所有的物，都是我的同伴、朋友。从实质上说，张载的"民胞物与"和孟子的"仁民爱物"表达了同一个意思，而"同胞"和"物与"又在情感上体现了更为亲密的关系。

大其心则能体〔1〕天下之物，物有未体，则心为有外。世人之心，止于闻见之狭。圣人尽性，不以见闻梏其心，其视天下无一物非我，孟子谓尽心则知性知天〔2〕以此。

——《正蒙·大心》

注释

〔1〕体：体认，体知，就像"置心在物中，究极其理"的一种直觉之知，张载称其为"德性所知"。

〔2〕尽心则知性知天：出自《孟子·尽心上》："尽其心者，知其性也；知其性，则知天矣。"

译文

弘大人的心就能体知人与天下之物同体，如果物有未能同体的，那就是自己的心界有外了。世人之心，局限在闻见的狭小范围。圣人则充分实现自己的性，不以见闻限制自己的心，其视天下之物没有在我之外的，孟子所说尽心则知性知天就是这个意思。

解析

张载主张"大其心"，又说"思尽其心者，必知心所从来而后能"（《正蒙·大心》）。他持气本论的观点，认为"太虚即气"，"由太虚有天之名，由气化有道之名，合虚与气有性之名，合性与知觉有心之名"（《正蒙·太和》）。由此可知，"心"在张载哲学中是在天、道、性之后才有的，但"心所从来"是源于"天"，而"天大无外，故有外之心不足以合天心"（《正蒙·大心》）。此处的"天心"也就是

"天地之大德"。张载区分了"见闻之知"与"德性所知","见闻之知"局限于人的感性认知,而"德性所知,不萌于见闻"(同上)。这种"德性所知"就是如同"天大无外","其视天下无一物非我",达到与天下万物同体的境界。在此境界中,"仁民爱物"或"民胞物与"就是一种应然的道德表述。

仁者以天地万物为一体，莫非己也。认得为己，何所不至？若不有诸己，自不与己相干。如手足不仁，气已不贯，皆不属己。

—— 《二程遗书》卷二上

译文

仁者以天地万物为一体，没有与己不是同体的。认得与己同体，哪里有不爱的呢？如果不是与己同体，也就自然不是与己相干。就像自己的手足麻痹不仁，气已不贯通，就都不属己了。

解析

程颢力主"仁者以天地万物为一体"，他所谓"莫非己也"，也就是张载所说"其视天下无一物非我"的意思。有了这样一种境界，也就"仁者无不爱"。这里的关键是能否达到"以天地万物为一体"，如果不是与己同体，那也就与己不相干。程颢用一己的"小我"同宇宙的"大我"作比喻。自己的手足当然是与己同体的，但是如果患而病麻痹不仁，身体中的气就达不到那里，于是自己的手足也就感觉不是与己同体的。同样，对于宇宙的"大我"来说，人与天地万物本来都是"一气流通"而同体的，如果不能觉悟到与天地万物是一体，那就是精神上的患病而麻痹不仁。这也就是程颢所说的"仁者浑然与物同体"，"医家以不认痛痒谓之不仁，人以不知觉、不认义理为不仁，譬最近"（《二程遗书》卷二上）。

仁者爱人　以德立人

若夫至仁，则天地为一身，而天地之间，品物万形为四肢百体。夫人岂有视四肢百体而不爱者哉？圣人，仁之至也，独能体是心而已，曷尝支离多端而求之自外乎？

——《二程遗书》卷四

▍译文▍

如果达到至仁的境界，就是以天地为一身，而天地间有品物万形，就像人有四肢百体。人岂有视自己的四肢百体而不爱的呢？圣人就是达到了仁之至的境界，所以就能体认这种以天地万物为一体的心境，如此而已，何曾支离多端而向外求索呢？

▍解析▍

圣人达到了"至仁"即仁之最高的境界，这种境界就是以天地万物为一体。个体之"小我"的一身有四肢百体，人没有不爱的；天地间的万物万形就是宇宙之"大我"的四肢百体，如果达到以天地万物为一体的境界，"其视天下无一物非我"，那当然就能爱及天下的万物万形。程颢主张"学者须先识仁"（《二程遗书》卷二上），这种"识仁"不是向外求索，而是"反身而诚"，"向内做工夫"，体认人与天地万物为一体的境界。

余正叔〔1〕谓："无私欲是仁。"曰："谓之无私欲然后仁，则可；谓无私便是仁，则不可。盖惟无私欲而后仁始见，如无所壅底而后水方行。"方叔曰："与天地万物为一体是仁。"曰："无私，是仁之前事；与天地万物为一体，是仁之后事。惟无私，然后仁；惟仁，然后与天地万物为一体。"

——《朱子语类》卷六

注释

〔1〕余正叔：朱熹弟子。

译文

余正叔说："没有私欲是仁。"（朱熹）说："说无私欲然后仁，是可以的；说无私便是仁，则不可。惟无私欲而后才有仁的境界，就像河渠底下没有土泥壅塞而后水流才畅行。"余方叔说："与天地万物为一体是仁。"（朱熹）说："无私，是仁之前的事；与天地万物为一体，是仁之后的事。惟无私，然后仁；惟仁，然后与天地万物为一体。"

解析

朱熹认为，没有私欲可以说是达到仁的条件，而如果只是没有私欲，那还不能说就是仁。因为没有私欲只是一种内在的心理状态，它还没有关乎与外界事物的关系问题。如一些"看破红尘""心如槁灰"者，他心中已无私欲，但并不是仁的境界。朱熹说"无私欲而后仁始见"，首先有私欲就不是仁，而无私欲达到"公"的境界，就是仁。因为"公"已关乎如何处理自己与他人和万物的关系问题。"与天地万物为一体是仁",朱熹对此说是肯定的。他同时强调:"无私,是仁之前的事;与天地万物为一体,是仁之后的事。"在处理与他人的关系时,能够无私而公,就是仁;进而能达到与天地万物为一体,不仅爱人而且兼及爱物,就是"至仁"即仁的最高境界。朱熹此说兼顾了程颐的以"公"释仁,也肯定了程颢的"仁者以天地万物为一体"。

人、物并生〔1〕于天地之间……惟人也，得其形气之正，是以其心最灵，而有以通乎性命之全体，于并生之中〔2〕又为同类而最贵焉，故曰"同胞"，则其视之也，皆如己之兄弟矣。物则得夫形气之偏，而不能通乎性命之全，故与我不同类，而不若人之贵，然原其体性之所自，是亦本之天地而未尝不同也，故曰"吾与"，则其视之也，亦如己之侪辈〔3〕矣。

——《朱子全书》第十三册《西铭解》

注释

〔1〕并生：一并、一起产生。

〔2〕并生之中：即天地所生的人与万物之中。

〔3〕侪辈：同辈、伙伴。

译文

人与物都是生于天地之间……只有人是得到形气之正，所以其心最灵，而可以通晓性命之全体，在天地所生的人与万物之中又为同类而最高贵，所以说是"同胞"，看待他们，就像是自己的兄弟。物则得的形气之偏，而不能通晓性命之全，所以和我不是同类，而不如人之高贵，但原察物的体性之所出，它们也是生于天地而没有不同，所以说是"吾与"，看待它们，就也如自己的同辈伙伴。

解析

朱熹的《西铭解》是对张载《西铭》的注解，上面一段话就是对"民，吾同胞；物，吾与也"一句的注解。《西铭》首言"乾称父，

仁者爱人 以德立人

坤称母", 即人与万物都是天地所生。在朱熹哲学中, 人与万物都禀受了"天地之性"或"本源之性"("性即理也"), 但人与万物所禀受的"形气"有不同, 故其对"本源之性"的显露就有不同, 此即为"气质之性"。《西铭解》中说的"形气"之正与偏, 就是讲"气质之性"的不同。因为人得"形气之正", 所以"其心最灵, 而有以通乎性命之全体", 而物得"形气之偏", 所以不能通晓"性命之全"。这是人与物的"类"的区别, 因有此区别, 所以人之所爱的方式就有"差等"之序。在《西铭》中就表述为"民, 吾同胞; 物, 吾与也", "同胞"如己之兄弟, "吾与"如己之同辈伙伴。这种既有共同又有差等的爱, 在程朱理学中就是"理一而分殊"。

人之一身固是父母所生，然父母之所以为父母者即是乾坤。若以父母而言，则一物各一父母；若以乾坤而言，则万物同一父母矣。……古之君子惟其见得道理真实如此，所以"亲亲而仁民，仁民而爱物"[1]，推其所为，以至于"能以天下为一家，中国为一人，而非意之也"[2]。

——《朱文公文集》卷三十六《答陆子美》

注释

[1]"亲亲而仁民，仁民而爱物"：引自《孟子·尽心上》。

[2]"能以天下为一家，中国为一人，而非意之也"：引自《礼记·礼运》篇。所谓"非意之也"，就是说不是意想出来的，而是以此为根据的。

译文

每个人的一身固然都是父母所生，但父母之所以为父母是因为有乾坤。若以父母而言，则每一物有各自的父母；若以乾坤而言，则乾坤就是万物共同的父母。……古之君子只因其见得道理真实如此，所以"亲亲而仁民，仁民而爱物"，推其所为，以至于"能以天下为一家，中国为一人，而非意之也"。

解析

在朱熹写成《西铭解》后，陆九韶（字子美）曾提出批评，有谓"人、物只是父母所生，更与乾坤都无干涉"。朱熹在《答陆子美》的书信中对此批评作了答复。他在信中说"父母之所以为父母者即是乾坤"，意为天地是产生万物、夫妇、父子的根源，即《易传·序卦》所说"有天地然后有万物，有万物然后有男女，有男女然后有夫妇，有夫妇然后有父子……"若无天地，也就没有夫妇、父子了。因此，每一物都有各自的父母，而乾坤便是万物共同的父母。这就是《西铭》首言"乾称父，坤称母"的原因。朱熹又说"古之君子惟其见得道理真实如此"，所以才能"亲亲而仁民，仁民而爱物"，推其所为，以至于"能以天下为一家，中国为一人，而非意之也"。这里所引的两句话，一出于《孟子》，一是出于《礼记·礼运》篇，在儒家学者中是无可置疑的。朱熹认识到，以天地为人与万物的父母，正是儒家从亲亲之情推扩到"仁民爱物"或"民胞物与"，乃至"以天下为一家，中国为一人"这种普世道德的一个理论根据。

仁者以天地万物为一体，使有一物失所，便是吾仁有未尽处。

——《王阳明全集》卷一《传习录上》

▍译文▍

仁者以天地万物为一体，若使有一物不得其所，便是人的仁心（良知）有未尽处。

▍解析▍

王阳明从"致良知"的意义上肯定"仁者以天地万物为一体"。其释"致知格物"为"致吾心之良知于事事物物也……致吾心之良知者，致知也；事事物物皆得其理者，格物也。"（《王阳明全集》卷二《传习录中》）"格者，正也。正其不正，以归于正也。"（《传习录上》）在此意义上说，若使有一物不得其所，便是"格物"的工夫未到，也就是"吾仁有未尽处"。

仁者爱人　以德立人

大人者，以天地万物为一体者也，其视天下犹一家，中国犹一人焉。若夫间形骸而分尔我〔1〕者，小人矣。大人之能以天地万物为一体也，非意之也，其心之仁本若是，其与天地万物而为一也。岂惟大人，虽小人之心亦莫不然，彼顾自小之耳。

——《王阳明全集》卷二十六《大学问》

注释

〔1〕间形骸而分尔我：局限于自己的肉体形骸而区分你我。

译文

大人是以天地万物为一体，其视天下如一家，视中国如一人。如果局限于自己的肉体形骸而区分你我，那就是小人。大人之所以能以天地万物为一体，不是意想出来的，而是其心中的仁爱本来如此，与天地万物是合一的。岂止是大人，虽小人之心也无不如此，他只是把自己看小了。

解析

儒家的《四书》之一《大学》是王阳明最为重视的经典，对《大学》文本和意义的重新诠释也是其与朱熹学说的重要不同。朱熹解释"大学"为"人生八岁"入小学，"十有五年"入大学（朱熹《大学章句序》）。而王阳明解释"大学"为"大人之学"，此"大人"是相对于"小人"而言，是以道德水平的高低来划分，"大人"就是道德高尚的人。"大人"的道德境界就是"以天地万物为一体，其视天下犹一家，中国犹一人"，这是被人心中固有的仁爱所决定的，其所谓"心之仁本若是",也就是心中的"良知"本来如此。王阳明说"知是心之本体"(《传习录上》),就是说"良知"是心之本然的善。"良知"是人人都具有的,所以"虽小人之心亦莫不然"。"小人"之所以为"小人",是因为他们仅从自己的肉体形骸来区分你我,这是把自己看小了。若从人人具有的"良知"看,其"见孺子之入井,而必有怵惕恻隐之心焉",对鸟兽之哀鸣、草木之摧折,甚至瓦石之毁坏,也都有悯恤顾惜之心,这就是"一体之仁","虽小人之心亦必有之"(《大学问》)。

仁者爱人　以德立人

189

禽兽与草木同是爱的，把草木去养禽兽，又忍得。人与禽兽同是爱的，宰禽兽以养亲，与供祭祀，燕宾客，心又忍得。至亲与路人同是爱的，如箪食豆羹，得则生，不得则死，不能两全，宁救至亲，不救路人，心又忍得。这是道理合该如此。

—— 《王阳明全集》卷三《传习录下》

▌译文▐

禽兽与草木都是人所爱的，但是把草木去喂养禽兽，这又忍得。人与禽兽也都是爱的，但是宰杀禽兽来奉养亲人，用来祭祀，宴飨宾客，心中又忍得。至亲与陌路之人也都是爱的，但是如果有干粮豆羹，得之则生，不得则死，不能两全，那么先救至亲，不救路人，心也忍得。这是道理合该如此。

▌解析▐

儒家虽然以天地万物为一体，对于人与万物无所不爱，但是儒家的仁爱毕竟是现实社会生活中的普世道德，在现实社会生活中有着"道理合该如此"的生活秩序，从而也就有着儒家的"爱有差等"。如孟子所说："君子之于物也，爱之而弗仁；于民也，仁之而弗亲。亲亲而仁民，仁民而爱物。"（《孟子·尽心上》）这个爱的"差等"之序在儒家思想中也是贯彻始终的。总体来说，儒家的仁爱是以孝悌或亲亲之情为本始，由此扩而充之，就是"仁者爱人"的人类普遍之爱，进而就是"以天地万物为一体"，达到"仁民爱物"或"民胞物与"的至仁境界。这在现代社会中，对于重视家庭伦理，实现社会的整体和谐，乃至建构人类命运共同体和保护自然生态环境，都是具有重要现实意义的。

第五篇

以德立人

中国传统文化以崇尚道德为人生、社会的最高价值取向，儒家最重视道德修养和道德教化，其为学的目标首要就是『以德立人』。孔子说：『志于道，据于德，依于仁，游于艺。』君子之学是『为己』，即首先是为了提升自己的道德修养，确立自身的道德人格，由『修己以敬』，才能『修己以安人』。儒家重视『义利之辨』，认为道义的价值高于功利的价值。先秦儒家的『孔颜之乐』『仁以为己任』『我善养吾浩然之气』和『大丈夫』精神等，都成为以后历代志士仁人的楷模。《易传》所谓『立人之道曰仁与义』，就是『以德立人』之意。秦以后的『静以修身，俭以养德』『廓然而大公』『涵养、致知、力行』交相并进，以及『知行合一』等，都是传统文化中『以德立人』的精义。

太上有立德，其次有立功，其次有立言。虽久不废，此之谓不朽。

——《左传》襄公二十四年

译文

最高的有立德，其次有立功，再次有立言。虽然历经长久而不废弃，这就是不朽。

解析

这段话是春秋时期的鲁国大夫叔孙豹所说。"不朽"本来是人死之后灵魂继续存在的宗教概念，而在中国文化中它先是转化为宗法传承、祖宗牌位香火不断、能够光宗耀祖的概念，叔孙豹则指出，真正的"不朽"是"太上有立德，其次有立功，其次有立言"。"太上"就是最高，在中国文化中最高的价值是"立德"，其次是"立功"和"立言"，这三者都是对人类社会作出了重要的具有长久影响的贡献，所以被称为"三不朽"。道德可以说是中国文化的最高价值，所以若要成为真正的人，首先是要"以德立人"，这是道德主体要使自己"成人"的追求，也是道德主体通过"立德"而为社会作出了重要的具有长久影响的贡献。"立功"和"立言"也很重要，而在中国文化看来这二者也是以"立德"为根底。能够在"立德""立功"和"立言"三个方面都作出贡献，达到"三不朽"，这是中国文化对一个人的最高评价。

子曰："志于道〔1〕，据于德〔2〕，依于仁〔3〕，游于艺〔4〕。"

——《论语·述而》

注释

〔1〕志于道："志"是心之所向往，"道"是人生所当行之路。

〔2〕据于德："据"是据守、坚守。"德者，得也，得其道于心而不失之谓也。"（朱熹《论语集注》）"道行在外，德修在己，求行道于天下，先自据守己德，如行军作战，必先有根据地。"（钱穆《论语新解》）

〔3〕依于仁："依"是依据、不违。"仁"毕竟是儒家道德的最高范畴，所以"志于道，据于德"的道德指向是"依于仁"。

〔4〕游于艺："游"是悠游、涵泳。"艺"是生活中具体的知识和技艺，如在孔子时期主要指"礼乐之文"和"射、御、书、数"等。

译文

孔子说："立志于道，据守于德，依据于仁，还要悠游、涵泳，学习一些具体的知识和技艺。"

解析

人生首先要立志，要做一个有道德的人，走人生的当行之路，据守心中的道德准则，依据"仁者爱人"来修养和行事，并且要学习一些具体的知识和技艺。这是孔子为当时的从学者指出的"学以成人"的方向。正如朱熹所说："盖学莫先于立志，志道则心存于正而不他，据德则道得于心而不失，依仁则德性常用而物欲不行，游艺则小物不遗而动息有养。学者于此，有以不失其先后之序、轻重之伦焉，则本末兼该，内外交养，日用之间，无少间隙，而涵泳从容，忽不自知其入于圣贤之域矣。"（《论语集注》）《论语》记载孔子教学设有四科，即"德行""言语""政事"和"文学"（《论语·先进》），这四科也体现了孔子的教学是以"德行"为先，而也要学习一些具体的能为社会作出贡献的知识、本领和才能。这对于古今的教育和"学以成人"都具有重要的意义。

子曰："仁远乎哉？我欲仁，斯仁至矣。"

——《论语·述而》

┃译文┃

孔子说："仁德离我们远吗？我有志于仁，仁就来了。"

┃解析┃

儒家以"仁"为道德的最高范畴，"仁"既是心之德，又是社会交往中的道德准则，它是切近于我们自己的，所以《中庸》也说："道不远人。人之为道而远人，不可以为道。""仁"作为自我道德的自觉和社会交往中的道德行为，一定是出于道德主体的自由意志，而强制或非出于己愿的行为则不是真正的道德。孔子说："三军可夺帅也，匹夫不可夺志也。"（《论语·子罕》）匹夫之"志"就是人人具有的而他人所无法剥夺的自由意志。孔子又说："为仁由己，而由人乎哉？"（《论语·颜渊》）"为仁由己"就是为仁出于道德主体的自由意志。由此可见，自我的立志，即是否"志于道，据于德，依于仁"，对于选择什么样的人生道路是至为关键的。

子曰："古之学者为己〔1〕，今之学者为人〔2〕。"

——《论语·宪问》

注释

〔1〕为己：在此处是指为自己"学以成人"而学。

〔2〕为人：在此处是指为炫耀于人或出人头地而学。

译文

孔子说："古之学者是为己而学，今之学者是为人而学。"

解析

因为孔门教学是以"德行"为先，而"德行"首先是修养自身的人格，使自己成为道德高尚的人，所以孔子肯定"古之学者是为己"。当然，这里的"为己"有其特殊的意义，在道德修养上首先是"修己以敬"，有此道德的人格才能"修己以安人"（《论语·宪问》），因此，这里的"为己"也内在地包含着能够"安人""利民"的道德指向。如朱熹《论语集注》引程子曰："古之学者为己，其终至于成物。"而"今之学者为人"是为了炫耀于人或出人头地而学，其终是为了自己谋利而学，这样就丧失了自己的道德人格。如朱熹《论语集注》引程子曰："今之学者为人，其终至于丧己。"

子曰："君子喻于义〔1〕，小人喻于利〔2〕。"

——《论语·里仁》

注释

〔1〕喻于义："喻"是通晓，追求。"义"在《论语》中泛指道德或道义（将仁、义并列，始于《墨子》，其后孟子等多将仁、义并列）。"喻于义"是说通晓、明辨是非善恶，而有志于道德。

〔2〕喻于利：计较和追求私人的利益。

译文

孔子说："君子所通晓和追求的是道义，小人所计较和追求的是私利。"

解析

关于"君子"和"小人"的区分，有从社会地位上讲，也有从道德评价上讲。如果从社会地位上讲，那么这里的"小人喻于利"是就当时的农、工、商等庶民阶层而言，这并无道德评价的意义，因为农、工、商等阶层为了追求自身利益而务农、做工、经商，是不可避免、理所当然的，孔子也主张"因民之所利而利之"（《论语·尧曰》），对"博施于民而能济众"（《论语·雍也》）给予极高的评价。如果从道德评价上讲，那么"小人喻于利"是针对当时的读书人（士人）和官僚阶层中那些谋求私利的人而言，而"君子喻于义"则是主张读书人和已经做官的人应该追求道义，而不应该追求私利。这对于在当今市场经济的社会中如何划定公私合理性的界限仍是有重要意义的。农、工、商等社会阶层在市场经济活动中本应追求利益的最大化，但学者和官员则不应把学坛和官场也视为"市场"，不应以公谋私，而应追求道义，追求社会整体利益的最大化。

子曰："富与贵，是人之所欲也；不以其道得之，不处〔1〕也。贫与贱，是人之所恶也；不以其道得之〔2〕，不去也。君子去仁，恶〔3〕乎成名？君子无终食之间〔4〕违仁，造次必于是〔5〕，颠沛〔6〕必于是。"

——《论语·里仁》

注释

〔1〕处：安处，接受。

〔2〕得之：此处"得之"的本意应是"去之"，"去"是脱离，摆脱。

〔3〕恶：音 wū，意为"何"。

〔4〕终食之间：吃完一顿饭的时间。

〔5〕造次必于是："造次"是仓促匆忙。"是"在此处指"仁"。

〔6〕颠沛：颠仆困顿。

译文

孔子说："富与贵，是人人所愿望的；不以正道的方式而得到它，君子是不会安处接受的。贫困与下贱，是人人所厌恶的；不以正道的方式而脱离它，君子是不会脱离的。如果君子违离了仁德，又何以成名呢？君子不会在吃完一顿饭的时间违离仁德，在仓促匆忙中也一定依守于仁，在颠仆困顿时也一定依守于仁。"

解析

"义利之辨"是儒家道德修养的重要原则。孔子并不一概反对"利"，而是反对在违反道义的前提下追求"利"。"富与贵"是人人所愿望得到的"利"，但不以正道的方式而得之，孔子是反对的。"贫与贱"是人人所厌恶而想摆脱的"害"，但不以正道的方式而摆脱它，孔子也是反对的。趋利避害是人之常情，但它以不违背道义为前提。这里说的"道"或"道义"，最根本的就是"仁"。因此，君子在时时刻刻、任何情况下都要依守于仁而不能违离。

子曰："饭疏食饮水〔1〕，曲肱〔2〕而枕之，乐亦在其中矣。不义而富且贵，于我如浮云。"

——《论语·述而》

注释

〔1〕饭疏食饮水："饭"在此处作动词，即吃饭。"疏食"，粗食。"饮水"在古代一般指饮冷水。

〔2〕曲肱：弯着胳膊。

译文

吃粗食饮冷水，弯着胳膊而枕之，此中也有所乐。不符合道义而得到富贵，这对于我就像浮云一样。

解析

这段话正可以理解前面所说："富与贵，是人之所欲也；不以其道得之，不处也。贫与贱，是人之所恶也；不以其道得〔去〕之，不去也。""饭疏食饮水，曲肱而枕之"正是处于贫贱之中，若要违背道义而脱离这种贫贱，孔子是拒绝的。"不义而富且贵"正是"不以其道得之"，孔子将此看作如浮云一样，与自己是不相干的。道义是孔子选择是否可以脱离贫贱而处于富贵的行为准则，因此，虽在贫贱之中，但孔子仍有一种"乐"，这种"乐"当然不是喜欢贫贱，而是另有一种恪守道义的"道义之乐"。孔子之所以有这样一种"乐"，实是因为他把道义或仁德作为人生的最高价值取向。他在社会生活中恪守并实现了这样一种人生的最高价值，于是便在精神上产生了这样一种道义的精神愉悦。

仁者爱人　以德立人

子曰："贤哉，回〔1〕也！一箪〔2〕食，一瓢饮，在陋巷。人不堪其忧，回也不改其乐。贤哉，回也！"

——《论语·雍也》

注释

〔1〕回：即孔子的弟子颜回，又称颜渊。

〔2〕箪：盛食品的竹筐。

译文

孔子说："贤哉，颜回！一筐饭，一瓢冷水，居住在陋巷里。别人都不能忍受这种贫贱的忧苦，而颜回却不改其乐。贤哉，颜回！"

解析

颜回在孔门中为"德行"第一，他的"一箪食，一瓢饮，在陋巷……不改其乐"，同于孔子的"饭疏食饮水，曲肱而枕之，乐亦在其中矣"，故受到孔子的高度称赞。朱熹《论语集注》引程子曰："颜子之乐，非乐箪瓢陋巷也，不以贫窭累其心而改其所乐也，故夫子称其贤。"又曰："箪瓢陋巷非可乐，盖自有其乐尔。'其'字当玩味，自有深意。"二程在十五六岁时曾受学于周敦颐（字茂叔），后来回忆："昔受学于周茂叔，每令寻仲尼、颜子乐处，所乐何事？"这个"孔颜乐处"的问题受到宋代理学家的高度重视。如果质言之，孔、颜所"乐"就是"道义之乐"。作为宋代理学先驱的范仲淹在早年曾有诗云："瓢思颜子心还乐，琴遇钟君恨即销。"

（《睢阳学舍抒怀》）晚年又曾说："人苟有道义之乐，形骸可外，何必居室乎！"（《范文正公年谱》）因为这种"乐"是道义的，所以它也内在地包含着对社会的忧患意识和责任担当精神。孔、颜之"乐"不是避世清高，而是如孔子对颜回所说："用之则行，舍之则藏，惟我与尔有是夫。"（《论语·述而》）这里的"用"是出仕做官而为民谋福利，而"舍"就是没有得到出仕做官的机遇，在这样的情况下就是"贫贱不能移"，"不改其乐"。

曾子曰：“吾日三省〔1〕吾身：为人谋而不忠〔2〕乎？与朋友交而不信〔3〕乎？传不习〔4〕乎？”

——《论语·学而》

注释

〔1〕省：“三”在此处指多数，也可指下述的三个方面。“省”，反省。

〔2〕忠：“尽己之谓忠”（朱熹《论语集注》），即忠恕之道的“忠”。

〔3〕信：诚信。

〔4〕传不习：“传”在此处指老师的传授。“习”不仅是知识的复习，而且是道德的实践，可以说是“习行”。

译文

曾子说：“我每天多次反省自己：为别人着想办事是否尽心尽力了呢？与朋友相交是否做到诚信了呢？老师传授的学业是否习行了呢？”

解析

儒家重视道德修养，尤其重视反省自身，所谓“向内做功夫”。曾子所说，每天多次反省自身，主要有三个方面：一是为别人着想办事是否尽心尽力了？这是要履行忠恕之道；二是与朋友相交是否做到诚信了？这是要履行五伦中的“朋友有信”；三是老师传授的学业是否习行了？这是注重道德修养中的“知行合一”。这三个方面都是生活中经常发生的，曾子时时反省、检讨自己，可见其修身之诚，律己之严。如朱熹《论语集注》所说："曾子以此三者日省其身，有则改之，无则加勉，其自治诚切如此，可谓得为学之本矣。而三者之序，则又以忠、信为传习之本也。"此处"忠、信"指"三省吾身"的前两方面。

子曰："士志于道，而耻恶衣恶食者，未足与议也。"

——《论语·里仁》

译文

孔子说："士人有志于道，而又以自己吃粗粮穿破衣为耻，这种人是不足以和他议论共事的。"

解析

士人是中国古代的知识阶层，在中国古代"士农工商"的社会结构中居于"四民之首"的位置。孔子以前是"学在王官""世卿世禄"的世袭制，孔子开创民间教育，使"学术下移"，民间有了读书人，又倡"举贤才"（《论语·子路》），"学而优则仕"（《论语·子张》），主张把士人中的贤能人才选拔到行政官员的岗位。这样就对士人和已入仕的官员提出了道德修养和行政能力的要求，所谓"君子喻于义"主要指此。孔子教导士人应该有志于社会的道义和理想，承担社会的责任，而不应该谋取私利，不应该追求物质利益的享受。士人能否进入行政官员的行列，一方面取决于自己的德行和才能，而更多的是被当时政治环境的清浊和机遇所决定。因此，士人要有"用之则行，舍之则藏"，虽在贫贱之中而恪守道义、"不改其乐"的道德操守。这对于那些追求物质享受而"耻恶衣恶食者"是不能做到的，所以他们"未足与议也"。孔子还曾说："士而怀居，不足以为士矣！"（《论语·宪问》）"怀居"是追求生活的安逸，这样是不足以为士的。

子曰："君子之于天下也，无适〔1〕也，无莫〔2〕也，义之于比〔3〕。"

——《论语·里仁》

注释

〔1〕适：适从。朱熹《论语集注》："适，专主也。"又引谢氏曰："适，可也。"

〔2〕莫：朱熹《论语集注》："莫，不肯也。"又引谢氏曰："莫，不可也。"

〔3〕比：比邻。朱熹《论语集注》："比，从也。"

译文

孔子说："君子对于天下的事情，没有专主可做的，也没有一定不可做的，只有一种选择，就是服从于道义。"

解析

中国古代认为"天下者乃天下人之天下"，天下的事情就是社会公众的事务。君子对于天下的事情，没有必可做和必不可做的，只有服从于道义，即唯义是从。道义就是公平、正义，社会的公义，亦是儒家的道德原则和社会理想。君子以道德修养为本而又承担社会的责任，道德修养与社会责任的统一，就是孔子所主张的对于天下的事情，唯义是从。

仁者爱人　以德立人

曾子曰："士不可以不弘毅〔1〕，任重而道远。仁以为己任，不亦重乎？死而后已，不亦远乎？"

——《论语·泰伯》

注释

〔1〕弘毅：宏大、刚毅。

210

译文

曾子说："士人不可以不弘大、刚毅，其责任重大而使命道远。以实现仁德于天下为己任，不是重大吗？到死方休，不是道远吗？"

解析

曾子受孔子的教育，不仅重视孝悌、修身、忠恕，而且更体会到士人所应该承担的社会责任。因为有此重任在身，"任重而道远"，所以士人的人格应该宏大、刚毅。"仁以为己任"就是以广施仁德于天下为己任；担此重任，而且以一生为职志，"死而后已"，此所以为"任重而道远"。这是何等高尚的道德人格和情怀！自孔子、曾子之后，这种高尚的道德人格和情怀，塑造了中国历史上无数的志士仁人，他们成为中华民族的脊梁！

子曰："见贤思齐焉，见不贤而内自省也。"

——《论语·里仁》

译文

孔子说："看见贤人就应该想着如何向他看齐，看见不贤的人就应该反省自身（是否自己也有类似的毛病）。"

解析

儒家的道德修养一方面重视反省自身，另一方面也重视学友、同人等之间的相互观摩，取长补短，日进其德。"见贤思齐"和"见不贤而内自省"是道德修养进步的一个重要动力。《论语·学而》首言："学而时习之，不亦说（悦）乎？有朋自远方来，不亦乐乎？"当与儒家重视道德的习行和学友之间的相互观摩有关。至于"人不知而不愠，不亦君子乎"，因为道德修养本是提升自己道德人格的"为己"之学，所以"人不知"而不愠怒，这对于君子也是应然的。

仁者爱人　以德立人

子曰："君子欲讷〔1〕于言，而敏于行。"

——《论语·里仁》

注释

〔1〕讷：说话迟缓、谨慎。

译文

孔子说："君子说话要迟缓、谨慎，而习行做事要敏捷。"

解析

道德修养本是"知行合一"的学问。《尚书·说命中》有云："非知之艰，行之惟艰。"就是说对于道德修养，知之不是难事，而行之是艰难而重要的。在中国历史上有主张"先知后行"者，也有主张"先行后知"者，当然更有主张"知行并进"者，尽管此观点不同，但主张"知行合一"或"知"与"行"的统一，是共同的观点。

子曰："有德者必有言，有言者不必有德。仁者必有勇，勇者不必有仁。"

——《论语·宪问》

▌译文▐

孔子说："有德的人一定有其言，而有言的人不一定有其德。仁者一定有勇，而勇者不一定有仁。"

▌解析▐

有德者心知力行，虽然不看重于言，但也一定有其言，故古人常以"道德"与"文章"并称；有言者不一定有德，故"三不朽"中的"立言"是与道德和事功相联系的，如果徒有其言，并不受到古人的重视。"有仁者必有勇"，即有仁者一定是勇于道德的实践，能够见义勇为，如果徒有勇气，则其行为失去规范，不免走向鲁莽灭裂。儒家有"仁""智"并举之说，也有以"仁、智、勇"为"三达德"之说，对此都是重视的，而"仁"以为统率。

子曰："君子和而不同，小人同而不和。"

———《论语·子路》

┃译文┃

孔子说："君子与他人之间的关系，是和谐而不苟同；小人与他人之间的关系，是苟同而不和谐。"

┃解析┃

儒家重视社会和谐，故《论语·学而》记载有子说："礼之用，和为贵。"关于中国古代的"和""同"之辨，《国语·郑语》记载西周的史官史伯说："和实生物，同则不继。""以他平他谓之和，故能丰长而物归之；若以同裨同，尽乃弃矣。"即以多种不同因素的结合而得其平衡叫做"和"，而"同"就是相同因素的聚集，简单相加。和谐能够产生新的事物，而"以同裨同"则不能继之长久，乃至"尽乃弃矣"。孔子说的"君子和而不同，小人同而不和"，有其道德意义，如朱熹《论语集注》引尹氏曰："君子尚义，故有不同；小人尚利，安得而和？""尚义"是崇尚道义，君子在彼此之间保持相对的独立性，"我不欲人之加诸我也，吾亦欲无加诸人"（《论语·公冶长》）。这是以忠恕之道而求彼此间的和谐。"小人尚利"是追求个人的私利，其苟同于他人是为了谋取私利，一旦有利益之争，就是"同而不和"。

子曰：“志士仁人〔1〕，无求生以害仁，有杀身以成仁。”

——《论语·卫灵公》

注释

〔1〕志士仁人：“志士，有志之士。仁人，则成德之人也。”（朱熹《论语集注》）

译文

孔子说：“有志之士和成德之仁者，（在面临生死考验时）不会贪生怕死而损害仁德，只有牺牲自身而成就仁德。”

解析

儒家把道德视为人生的最高价值，故孔子有“朝闻道，夕死可矣”（《论语·里仁》）之说，道德的价值高于自我生命的价值。当面临生死考验，志士仁人不会贪生怕死而损害仁德，只有牺牲自身而成就仁德。如后来孟子所说：“生，亦我所欲也；义，亦我所欲也，二者不可得兼，舍生而取义者也。”（《孟子·告子上》）儒家肯定生命的价值，但当自我的生命与道义发生了冲突，儒家选择的是“舍生而取义”。后来，“杀身成仁”“舍生取义”激励中国历史上许多志士仁人在面临生死考验时不惜慷慨献身，做出从容就义的壮举。

王子垫〔1〕问曰:"士何事?"孟子曰:"尚志。"曰:"何谓尚志?"曰:"仁义而已矣。杀一无罪,非仁也。非其有而取之,非义也。居恶〔2〕在?仁是也。路恶在?义是也。居仁由义,大人〔3〕之事备矣。"

——《孟子·尽心上》

注释

〔1〕王子垫:齐王之子,名垫。

〔2〕恶:音 wū,意为"何"。

〔3〕大人:本指公、卿、大夫等官员,在孟子思想中指道德高尚的人。

译文

齐王之子垫问:"士做什么事?"孟子答道:"士要高尚其志。"垫又问:"什么是高尚其志?"孟子答:"只是仁义而已。如果杀了一个无罪的人,就是不仁;如果不是自己所有的而窃取之,就是不义。所居何在?仁便是。所行何在?义便是。居于仁,行走于义,大人之事就全备而无缺了。"

解析

士人不同于"农、工、商贾",王子垫问:士人是做什么的?孟子答:士人应该高尚其志。这与孔子所说"士志于道"是思想一致的。对于儒家来说,高尚其志就是要遵循和恪守"仁义"而已。仁者爱人,所以"杀一无罪"就是不仁。义者人之所当行,所以"非其有而取之”就是不义。孟子曾说：“仁，人之安宅也；义，人之正路也。”(《孟子·离娄上》) 能够“居仁由义”，也就是居于人之安宅，践履人之正路，一切都“由仁义行”(《孟子·离娄下》)，所谓“大人之事”也就是如此了。

公都子〔1〕问曰："钧〔2〕是人也，或为大人，或为小人，何也？"孟子曰："从其大体为大人，从其小体为小人。"曰："钧是人也，或从其大体，或从其小体，何也？"曰："耳目之官不思，而蔽于物；物交物，则引之而已矣。心之官则思，思则得之，不思则不得也。此天之所与我者，先立乎其大者，则其小者不能夺也。此为大人而已矣。"

——《孟子·告子上》

注释

〔1〕公都子：孟子弟子。

〔2〕钧：同"均"，全，都。

译文

公都子问："同样是人，有的成为大人，有的成为小人，为什么呢？"孟子回答："依从人之大体的就成为大人，依从人之小体的就成为小人。"又问："同样是人，有的从其大体，有的从其小体，为什么呢？"孟子答："耳目等感官不会思考，就被外物所蒙蔽；其与外物相接触，便被引向迷途了。心的官能是思考，〔对于人的本性之善〕思则得之，不思则不得。这是天所赋予人的。人要先把这个大者确立起来，那么其小者便不能夺去本性之善。这样就成为大人了。"

解析

孟子区分了人之"大体"和"小体"，"大体"是心之能思考的理性官能，"小体"是耳目等感觉器官。因为耳目等感官不会思考，所以就被外物所蒙蔽，把人引向了追求物质欲望的迷途。心之官能是思考，对于人的本性之善，"思则得之，不思则不得也"。人要"先立乎其大者"，也就是先确立人的道德理性，那么"其小者不能夺"，就不会被物质欲望所牵引而失去人的本性之善。这样就成为"从其大体"的"大人"。孟子提出了性善论，而在现实生活中人之善与不善是被人的"从其大体"和"从其小体"所决定。这样就突出了人的道德理性与物质欲望的关系问题，开启了中国思想史中的"理欲之辨"。

孟子曰："养心莫善于寡欲。其为人也寡欲，虽有不存〔1〕焉者，寡矣；其为人也多欲，虽有存焉者，寡矣。"

——《孟子·尽心下》

注释

〔1〕存：即《孟子·尽心上》所谓"存其心，养其性"的"存"。朱熹《孟子集注》："存，谓操而不舍。"

译文

孟子说："修养心性的最好办法是减少物质欲望。他的欲望减少了，那么他的善性即使有所丧失，也不会多；如果他的欲望很多，那么他的善性即使有所保存，也是极少的。"

解析

道德理性与物质欲望的矛盾，就是人的"从其大体"与"从其小体"的矛盾。孟子认为，"人之所以异于禽兽者几希，庶民去之，君子存之。"（《孟子·离娄下》）人之所以为人，人之所以异于禽兽，就是因为人的本性之善，天赋予了人的"心之官则思"的理性官能，这是人之"大体"。"从其大体"就是保持人之所以异于禽兽者。如果"从其小体"，只是追求感性的物质欲望，那么"饱食煖衣，逸居而无教，则近于禽兽"（《孟子·滕文公上》）。"理欲之辨"与"人禽之辨"是联系在一起的。若要保持人之所以为人，就要弘扬人的道德理性，"先立乎其大者"，虽然物质欲望不可无，但要以道德理性来节制物质欲望。

仁者如射〔1〕：射者正己而后发，发而不中，不怨胜己者，反求诸己而已矣。

——《孟子·公孙丑上》

注释

〔1〕射：比赛射箭。

译文

仁者如同比赛射箭：射箭的人先端正自己而后发射，如果发而不中，不埋怨胜过自己的人，而是反求诸己的过错。

解析

"反求诸己"就是反省自身的过错，这是提升自己道德水平的方法。孟子用"仁者如射"对此作了形象而生动的说明。孟子又说："反身而诚，乐莫大焉。"（《孟子·尽心上》）就是说能够真诚地反省自身，做到"仰不愧于天，俯不怍于人"（同上），这是人生最大的快乐。

仁者爱人 以德立人

（公孙丑〔1〕曰：）"敢问夫子恶〔2〕乎长？"曰："我知言〔3〕，我善养吾浩然之气。""敢问何谓浩然之气？"曰："难言也。其为气也，至大至刚；以直养而无害，则塞于天地之间。其为气也，配义与道；无是，馁矣。是集义所生者，非义袭而取之也。行有不慊于心，则馁矣。"

——《孟子·公孙丑上》

注释

〔1〕公孙丑：孟子弟子。

〔2〕恶：音 wū，何，哪。

〔3〕知言：明辨言辞的是非善恶。

〔4〕浩然之气：朱熹《孟子集注》："浩然，盛大流行之貌。气，即所谓体之充者。本自浩然，失养故馁，惟孟子为善养之以复其初也。"

译文

（公孙丑问：）"请问老师有哪方面的长处？"孟子说："我能明辨言辞的是非善恶，也善于修养我的浩然之气。"公孙丑又问："请问什么叫浩然之气？"孟子说："难以说明白。这种气，是最广大、最刚健的；以正直培养而不伤害它，就能充满于天地之间。这种气，必须与义和道相配合；如果没有义和道，就气馁了。这是由义的集聚而产生的，不是由义偶然袭取的。如果行为中有愧疚之心，它就气馁了。"

┃解析┃

　　孟子说的"浩然之气"，自谓"难言也"，后人对"浩然之气"的解释虽多，也难得确解。朱熹说："浩然，盛大流行之貌。"这种状态既可形容物理空间的广大流行，又可形容精神状态的意志饱满充实，如《孟子》书中有孟子游说齐王而不遇，"予然后浩然有归志"（《孟子·公孙丑下》）。朱熹说："气，即所谓体之充者。"这也有其根据，因为在此前孟子明说："夫志，气之帅也；气，体之充也。"（《孟子·公孙丑上》）然而孟子在此处说的"浩然之气"显然不只是充体之气，其"至大至刚""配义与道""是集义所生"，能够"塞于天地之间"，这明显是一种道德极其高尚的精神境界。盖中国古代把人的"形"与"神"也视为一个统一的整体，人的充体之气经过道德的涵养可以产生一种高尚的精神境界，这种精神境界亦可达到与宇宙之气和万物的合一，所谓"万物皆备于我矣"（《孟子·尽心上》）。

尊德乐义，则可以嚣嚣〔1〕矣。故士穷不失义，达不离道。穷不失义，故士得己焉；达不离道，故民不失望焉。古之人得志，泽加于民；不得志，修身见于世。穷则独善其身，达则兼善天下。

——《孟子·尽心上》

┃注释┃

〔1〕嚣嚣："自得无欲之貌"（赵岐《孟子注》）。

┃译文┃

尊崇道德，以义为乐，这样就可以自得其乐了。所以士在穷困时不失掉义，在富贵发达时不离开道。在穷困时不失掉义，所以士能得己而不丧失自我；富贵发达时不离开道，所以使百姓不致失望。古代的人得志，就惠泽普施于百姓；不得志，就修养自身品德而昭显于世。穷困则独善其身，富贵发达则兼善天下。

┃解析┃

孔子和孟子都曾周游列国，游说各国君主，宣传自己的政治主张，但都没有得到重用。这种经历使他们对士人的"仕"与"隐"以及在不同的境遇中如何恪守自己的道德信念，都有很深的感受。孔子说的"用之则行，舍之则藏"，孟子说的"士穷不失义，达不离道"，都是他们既胸怀政治的抱负，又恪守道德的信念，无论在何种境遇中都"不改其乐"的内心表达。与孔子的温良敦厚相比，孟子更带有士人的"英气"。孟子说的"穷则独善其身，

达则兼善天下"，也被以后的士人所效仿，成为他们立身处世的
警语箴言。

居天下之广居，立天下之正位，行天下之大道〔1〕；得志与民由之，不得志独行其道；富贵不能淫，贫贱不能移，威武不能屈〔2〕。此之谓大丈夫。

——《孟子·滕文公下》

注释

〔1〕广居、正位、大道：朱熹《孟子集注》："广居，仁也。正位，礼也。大道，义也。"

〔2〕淫、移、屈：朱熹《孟子集注》："淫，荡其心也。移，变其节也。屈，挫其志也。"

译文

居于"仁"这个天下之广居，立于"礼"这个天下之正位，行于"义"这个天下之大道；得志就与民共由之，不得志就独自恪守自己的原则；富贵不能侵蚀我之心，贫贱不能改变我之志，威武不能曲折我之节。这才叫做大丈夫。

解析

这段话是孟子针对"为纵横之术"的景春所说。景春认为公孙衍、张仪等纵横家取得的权势，"一怒而诸侯惧，安居而天下熄"，这可以称为"大丈夫"。孟子则从仁义道德的立场，解说了什么是真正的"大丈夫"。"居天下之广居，立天下之正位，行天下之大道"，简言之，即孟子说的"居仁由义"；"得志与民由之，不得志独行其道"，就是孟子说的"得志，泽加于民；不得志，修身见于世。穷则独善其身，达则兼善天下"。而"富贵不能淫，贫贱不能移，威武不能屈"，这成为以后中国历代士人所追求和景仰的"大丈夫"伟大人格。

故天将降大任于是人也，必先苦其心志，劳其筋骨，饿其体肤，空乏〔1〕其身，行拂乱〔2〕其所为，所以动心忍性〔3〕，曾〔4〕益其所不能。

——《孟子·告子下》

注释

〔1〕空乏：穷困。

〔2〕拂乱：违逆、扰乱。朱熹《孟子集注》："拂，戾也，言使之所为不遂，多背戾也。"

〔3〕动心忍性：竦动其心，坚忍其性。

〔4〕曾：同"增"。

译文

所以天将要把重大任务落到某人身上，一定先苦恼他的心志，劳动他的筋骨，饿赢他的体肤，穷困他的身子，使之所为多违逆扰乱他的心意，用这些来竦动其心，坚忍其性，从而增益他的能力。

解析

孟子列举前哲往贤所经历的各种曲折、困苦，总结出能担当历史大任者一定经历了各种磨炼，"所以动心忍性，增益其所不能"。孟子也自感是能担当历史大任者，他曾说："夫天未欲平治天下也；如欲平治天下，当今之世，舍我其谁也？吾何为不豫哉！"（《孟子·公孙丑下》）"豫，悦也。"（朱熹《孟子集注》）因为孟子有这种"舍我其谁"的担当精神、豪迈气概，所以他对自己所经历的各种挫折也能慨然面对。而"天将降大任于是人也"一席话，也激励了中国历史上的许多贤哲、豪杰不畏艰难困苦，百折不挠，经受各种历练，终于成就了推动历史发展的大事业。

昔者圣人之作《易》也，将以顺性命[1]之理。是以立天之道曰阴与阳，立地之道曰柔与刚，立人之道曰仁与义。兼三才而两之[2]，故《易》六画而成卦。

——《易传·说卦》

注释

〔1〕性命：本性和必然规律。

〔2〕兼三才而两之："三才"在义理上指天、地、人，在象数上指易卦之三爻。"两之"即易卦之上下两卦相重，由此形成每卦六爻的六十四卦。

译文

古时圣人作《易》，是为了顺应世间事物的本性和必然规律。所以立天之道是阴与阳，立地之道是柔与刚，立人之道是仁与义。兼三爻而两卦相重，所以《周易》是每卦六爻而成六十四卦。

解析

《周易》经、传都是"推天道以明人事"（《四库全书总目·经部·易类总序》）。讲天道之"阴阳"，地道之"刚柔"，最终要落实到"立人之道曰仁与义"。"立人之道"就是要确立人生、社会的根本准则和价值标准，将此确定为"仁与义"也就是"以德立人"的意思。《易传》说："生生之谓易"（《系辞上》），"天地之大德曰生"（《系辞下》）。天地的产生万物而且生生不已之"大德"正是人应该效法的榜样，所以"立人之道曰仁与义"也是"与天地合其德"

（《易传·文言》）。如果说讲"天地之大德"是"为天地立心"，那么将"仁与义"确立为人生、社会的根本准则和价值标准就是"为生民立命"。

天地变化，圣人效之。

——《易传·系辞上》

天行健〔1〕，君子以自强不息。

——《易传·乾·象传》

地势坤〔2〕，君子以厚德载物。

——《易传·坤·象传》

注释

〔1〕天行健：天之运行不息，具有阳刚强健的品格。

〔2〕地势坤："地，坤之象……言其势之顺，则见其高下相因之无穷，至顺极厚而无所不载也。"（朱熹《周易本义》）

译文

天地的变化，圣人效法之。

天之运行刚健，君子应该自强不息。

地之柔顺博厚而无所不载，君子应该厚德载物。

解析

"天地变化，圣人效之"，可以说是《易传》思想的总原则，即由"天地变化"（"乾坤并建""阴阳相交"）的六十四卦推衍出人世的诸种道德。就乾、坤两卦而言，最重要的就是"天行健，君子以自强不息"，"地势坤，君子以厚德载物"。"天行健"与"地势坤"是讲"天地变化"，而君子以"自强不息""厚德载物"就是对"天地变化"的效法。"自强不息"就是刚健自强，奋斗不已，无论经过多少艰难曲折，都勇于克服，永不失前进的信心；"厚德载物"就是崇尚道德，宽容博大，"以天下为一家，中国为一人"，"民，吾同胞；物，吾与也"。"自强不息""厚德载物"不仅是君子之德，而且它对于中华民族之重要，乃至成为中华民族生生不息、奋斗不已的"中华精神"。

故人莫贵乎生，莫乐乎安；所以养生安乐者，莫大乎礼义。人知贵生乐安而弃礼义，辟〔1〕之是犹欲寿而殁颈〔2〕也，愚莫大焉。

——《荀子·强国》

注释

〔1〕辟：同"譬"，譬如。

〔2〕殁颈：自杀。

译文

所以人没有比生命更可贵的，没有比安康更可乐的；人之所以能养生、安乐者，没有比礼义更重要的。人知道以生命为贵，以安康为乐，却抛弃礼义，这就像要长寿却殁颈自杀一样，愚蠢到极点了。

解析

荀子肯定生命和安乐的价值，但他强调人之所以能养生安乐，最重要的在于有礼义。如果抛弃礼义，只是追求养生、安乐，那么适得其反，就像人要长寿却殁颈自杀一样，愚蠢之极。荀子由此论证了礼义的重要，只有重视礼义，才能保障人的生命和安乐。荀子主张"隆礼义而审贵贱"（《荀子·王霸》），"明分使群"（《荀子·富国》），"爱民而安，好士而荣"（《荀子·君道》），这样才能民富国强。

义与利者，人之所两有也。虽尧舜不能去民之欲利，然而能使其欲利不克〔1〕其好义也。虽桀纣不能去民之好〔2〕义，然而能使其好义不胜其欲利也。故义胜利者为治世，利克义者为乱世。

——《荀子·大略》

注释

〔1〕克：胜过。

〔2〕好：音 hào，喜好。

译文

义与利是人所都有的两个方面。即便是尧舜也不能去掉民的欲利之心，但是能使民的欲利不胜过好义。即便是桀纣也不能去掉民的好义之心，但是能使民的好义不胜其欲利。所以义胜过利者就是治世，利胜过义者就是乱世。

解析

荀子虽然持性恶论，但是肯定义与利是人所都有的两个方面。尧舜和桀纣是中国上古时期典型的圣君和暴君，圣君治下为治世，暴君治下为乱世。然而荀子对此又作了新的理解：尧舜不能去掉民的欲利之心，其治下之所以为治世，是因为能使民的欲利不胜过好义。桀纣不能去掉民的好义之心，其治下之所以为乱世，是因为能使民的好义不胜其欲利。质言之，义胜过利的是治世，利胜过义的是乱世。荀子的主张当然是"义胜利"，这就是"以义制利"（《荀子·正论》)，以道节欲（《荀子·正名》："欲虽不可去，求可节也"），也就是个人的利益应该服从于社会的公义，感性的欲求应该受到道德的节制，从而使道德居于社会的主导地位。

见善，修然必以自存〔1〕也；见不善，愀然〔2〕必以自省也。善在身，介然必以自好〔3〕也；不善在身，菑然必以自恶〔4〕也。故非我而当〔5〕者，吾师也；是我而当者，吾友也；谄谀我者，吾贼〔6〕也。故君子隆〔7〕师而亲友，以致恶其贼。

——《荀子·修身》

注释

〔1〕修然必以自存："修然"，认真整肃的样子。"存"，存养，在此意为吸取别人的长处。

〔2〕愀然："愀"，音 qiǎo。"愀然"，戒慎恐惧的样子。

〔3〕介然必以自好："介然"，意志坚定的样子。"好"，音 hào，喜好，珍视。

〔4〕菑然必以自恶："菑"，音 zī，同"缁"，黑色，引申为污染的意思。"菑然"，被污染的样子。"恶"，音 wù，厌恶。

〔5〕非我而当："非"，否定，批评。"当"，正确，正当。

〔6〕贼：害。

〔7〕隆：尊崇。

译文

看到善的行为，一定要肃然而吸取别人的长处；见到不善的行为，一定要惧然而反省自己是否有同样的错误。有善的品行在身，一定要意志坚定地自己珍视；有不善的品行在身，一定自惭形秽地自己感到厌恶。所以批评我而说得对的，是我的老师；肯定我而说得对的，是我的朋友；阿谀奉承我的，是害我的人。所以君子要尊崇老师而亲善朋友，以致厌恶那些奉承而害自己的人。

┃解析┃

　　荀子持性恶论，由此他也更重视人之后天的"积思虑，习伪故"，以至"化性而起伪，伪起而生礼义"（《荀子·性恶》）。《荀子》书的首篇是《劝学》，其中讲道："古之学者为己，今之学者为人。君子之学也，以美其身；小人之学也，以为禽犊。"第二篇即为《修身》，而开篇的首段就是"见善，修然必以自存也……"可见他对学养、修身的重视。在《修身》篇他还讲："故人无礼则不生，事无礼则不成，国家无礼则不宁。""士君子不为贫穷怠乎道。""礼者，所以正身也；师者，所以正礼也。"尊崇师道、重视礼义是荀子一贯的思想。对于学养、修身的重视，与荀子认为"涂（途）之人可以为禹"是契合的。在《性恶》篇荀子说："今使涂（途）之人伏术为学，专心一志，思索孰（熟）察，加日县（悬）久，积善而不息，则通于神明，参于天地矣。"所谓"专心一志""积善而不息"，与《修身》篇的思想是一致的。

天之生人也，使人生义与利。利以养其体，义以养其心。心不得义，不能乐；体不得利，不能安。义者，心之养也；利者，体之养也。体莫贵于心，故养莫重于义，义之养生人大于利。……夫人有义者，虽贫能自乐也；而大无义〔1〕者，虽富莫能自存。吾以此实〔2〕义之养生人，大于利而厚于财也。

——《春秋繁露·身之养重于义》

注释

〔1〕大无义：有版本作"无大义"。按，此句前有"人甚有利而大无义"句，"甚"与"大"应是互文同义，故对"大无义"可作"甚无义"来理解。

〔2〕实：证实，验证。"实，犹验也。"（苏舆《春秋繁露义证》）

译文

天之产生人，使人有义与利。利是养人的身体，义是养人的心。如果心不得义，就不能乐；如果身体不得利，就不能安。义是养心的，利是养身体的。身体中没有比心更珍贵的，所以养人没有比义更重要的，义之养人要大于利。……人有义，虽然贫穷却能自乐；而人甚无义，虽然富有却不能自保。我由此验证义之养人，要大于利而厚于财。

解析

董仲舒肯定义与利是伴随着天产生人而有的。利是养人的身体，义是养人的心。如果心不得义，就不能乐；如果身体不得利，就不能安。因此，这两个方面都是不可或缺的。但是，心也是人体中的一部分，而且是最珍贵的一部分，所以养人没有比义更重的，义之养人的价值要大于利。"义利之辨"源于先秦儒学，而秦以后的儒学也继承之。义重于利，必须以道德统率和节制人的物质欲望，是儒家一贯的思想。董仲舒说："夫人有义者，虽贫能自乐也；而大（甚）无义者，虽富莫能自存。"这也是被历代人事兴衰所证实的经验教训。

仁人者，正其道不谋其利，修其理〔1〕不急其功。

——《春秋繁露·对胶西王越大夫不得为仁》

注释

〔1〕修其理："修与循同，谓行事循理之所当然。"（苏舆《春秋繁露义证》）

译文

有仁德的人，正道而行，不谋取（不正当的）利益；循理做事，不急于取得功效。

解析

见于《春秋繁露》的"正其道不谋其利，修其理不急其功"这两句，在《汉书·董仲舒传》中作"正其谊（义）不谋其利，明其道不计其功"。按董仲舒的思想，他并不完全排斥功利。如他说："天常以爱利为意……王者亦常以爱利天下为意……""圣人之为天下兴利也，其犹春气之生草也。"（《春秋繁露·王道通三》）可见"不谋其利"应理解为不谋取不正当的或少数人的私利。他说："圣人积聚众善以为功……圣人致太平，非一善之功也。"（《春秋繁露·考功名》）这应正是"不急其功"的意思。因此，这两句应以见于《春秋繁露》的"正其道不谋其利，修其理不急其功"为准，而《汉书》本传所记"正其谊（义）不谋其利，明其道不计其功"把道义与功利完全对立起来，并不符合董仲舒的思想。

仁者爱人　以德立人

勿以恶小而为之，勿以善小而不为。惟贤惟德，能服于人。

——《三国志·蜀书二·先主传》

┃译文┃

不要因为恶小而为之，不要因为善小而不为。只有贤和德，能使人信服。

┃解析┃

这是刘备临终前告诫儿子刘禅的遗诏。如果把这里的"恶""善"理解为错事和好事，那么前两句可译为：凡事不要认为错误不大而去做，也不要认为好事太小就不值得做。也就是说，立德修身要谨小慎微，从小事做起。不要做恶事或错事，即便是小的错事也不要做；要做善事或好事，即便是小的好事也不要不做。戒小恶，可以防大恶；行小善，可以积为大善。这对于"以德立人"具有普遍意义。

夫君子之行，静以修身，俭以养德。非淡泊〔1〕无以明志，非宁静无以致远。

——《诸葛亮集·诫子书》

注释

〔1〕淡泊：恬淡寡欲。

译文

君子的立身行事，要以宁静来修身，以节俭来养德。不恬淡寡欲就不能明确志向，不宁静修身就不能达到远大的目标。

解析

诸葛亮的这篇《诫子书》，强调"静以修身，俭以养德"。孟子说："养心莫善于寡欲。""寡欲"就是不要贪欲，在日常生活中就是要节俭，不要奢侈。唯节俭才能淡泊，唯淡泊才能明确人生的志向，才能不被贪欲引入人生的迷途。诸葛亮说："夫学须静也，才须学也，非学无以广才，非志无以成学。"（《诫子书》）"宁静"就是不要浮躁，内心不要被喧嚣的外物所干扰。"静以修身"，"学须静也"，修身包括学养，由此才能"广才""明志"，这样才能达到远大的目标。诸葛亮的《诫子书》，言辞隽永，意义深切，成为以后广为流传的立身格言。

名之与实，犹形之与影也。德艺周厚〔1〕，则名必善焉；容色姝丽〔2〕，则影必美焉。今不修身而求令名〔3〕于世者，犹貌甚恶而责妍影〔4〕于镜也。

——《颜氏家训·名实》

注释

〔1〕德艺周厚：德行和才艺周备笃厚。"艺"如孔子所说"游于艺"的"艺"，是说除了道德修养之外，还要学习一些具体的知识、才艺，以用于日常生活，为社会作出贡献。

〔2〕姝丽：美丽。

〔3〕令名：美名，好名声。

〔4〕妍影：美影，靓影。

译文

名与实的关系，就像形与影的关系一样。德行和才艺周备笃厚，则必然有好的名声；容色美丽，则镜中的影像一定是美的。如今有人不修身却求在世上有美名，这就像形貌丑陋却要在镜中得到靓影一样。

解析

《颜氏家训》是南北朝齐梁时期的颜之推所作，此书开隋代以后"家训"著作之先，对后世的社会风俗有重要影响。此书内容广博，且喻理于事，引大量史事于家训之中，计有二十篇，《名实》是其一。古有"名者实之宾"之说，颜之推以形与影的关系来说明实与名的关系。他告诫子孙"君子当守道崇德"(《颜氏家训·省事》),又须通晓世务,"会当有业"(《颜氏家训·勉学》),成为"国之用材"(《颜氏家训·涉务》)。这就是他所主张的"德艺周厚",此为立身处世的"名之实"。反之,就是"不修身而求令名",这是"贪名""窃名",名实不符,有违修身之诚,终不免身败名裂。

不以物喜，不以己悲〔1〕。居庙堂之高〔2〕，则忧其民；处江湖之远〔3〕，则忧其君。是进亦忧退亦忧〔4〕，然则何时而乐耶？其必曰先天下之忧而忧，后天下之乐而乐乎！噫，微斯人〔5〕，吾谁与归！

——《范文正公集》卷十一《岳阳楼记》

▌注释▐

〔1〕不以物喜，不以己悲：不因外物（之得）而喜，不因自己（之失）而悲，即把自己的利益得失置之度外。

〔2〕居庙堂之高：指在朝廷中做官。

〔3〕处江湖之远：指在偏远的地方做官。

〔4〕进亦忧退亦忧："进"指被提拔到朝廷中做官，"退"指被贬到地方做官。

〔5〕微斯人："微"，没有。"斯人"，指文中讲到的"古仁人"，即孔、孟等先秦儒家。

▌译文▐

不因外物（之得）而喜，也不因自己（之失）而悲。在朝廷中做官，就为百姓担忧；在偏远的地方做官，就为君主担忧。这样就是进也忧，退也忧。那么，什么时候才会乐呢？古仁人必定说："先于天下人的忧而忧，后于天下人的乐而乐。"唉！如果没有这样的人，我又能归往谁呢！

解析

《宋史·范仲淹传》说:"(范仲淹)每感激论天下事,奋不顾身。一时士大夫矫厉尚风节,自仲淹倡之。"欧阳修在《范公神道碑铭并序》中说:"公少有大节,于富贵贫贱,毁誉欢戚,不一动其心,而慨然有志于天下。"朱熹也曾说:"且如一个范文正公,自做秀才时便以天下为己任,无一事不理会过。一旦仁宗大用之,便做出许多事业。"(《朱子语类》卷一二九)所谓"愤不顾身","于富贵贫贱,毁誉欢戚,不一动其心",就是将自己的利益得失置之度外,这也就是"不以物喜,不以己悲"。"慨然有志于天下","以天下为己任",也就是范仲淹的"先天下之忧而忧,后天下之乐而乐"。范仲淹在仕途中因为"每感激论天下事",曾经四进四退,他的最后一次进退就是在朝中主持"庆历新政",而终因得罪了一部分权贵而使新政夭折,《岳阳楼记》就写于他的第四退时。虽然在政治上遭此打击,但他忧国忧民,"以天下为己任"的志向和情怀不改。实际上,范仲淹不仅有"忧",而且他还有一种当下的自足之"乐",这就是他早年在《睢阳学舍抒怀》中说的"瓢思颜子心还乐",以及晚年说的"人苟有道义之乐,形骸可外,何必居室乎"(《范文正公年谱》)。在儒家的高尚道德境界中,"孔颜之乐"与"天下忧乐"是结合在一起而"忧乐圆融"的。

仁者爱人 以德立人

247

御孙〔1〕曰："俭，德之共也。侈，恶之大也。"共，同也，言有德者皆由俭来也。夫俭则寡欲，君子寡欲则不役于物〔2〕，可以直道而行；小人〔3〕寡欲则能谨身节用，远罪丰家。故曰："俭，德之共也。"侈则多欲，君子多欲则贪慕富贵，枉道速祸；小人侈欲则多求妄用，败家丧身，是以居官必贿，居家必盗。故曰："侈，恶之大也。"

——《传家集》卷六十七《训俭示康》

│注释│

〔1〕御孙：春秋时期鲁国的大夫，事见《左传》庄公二十四年。

〔2〕不役于物：不被外物所牵引、支配。

〔3〕小人：此处"小人"从社会地位言，主要指士大夫之外的庶民。

│译文│

御孙说："节俭是共同的道德，奢侈是最大的恶端。""共"就是同，这是说有道德的人都是从节俭中来。节俭则寡欲，君子寡欲就不会被外物所牵引，就可以直道而行；小人寡欲就能立身谨慎，节约财用，避免犯罪，富裕家室。所以说，节俭是共同的道德。奢侈则多欲，君子多欲就会贪慕富贵，不走正道而很快招来灾祸；小人多欲则贪婪而妄用财富，以致败家丧身，这样的人当了官必受贿赂，不做官也必沦为盗贼。所以说，奢侈是最大的恶端。

|解析|

　　司马光著有历史巨著《资治通鉴》，他还重视家教、家训，著有《涑水家仪》和《家范》等。在其文集《传家集》中有《训俭示康》，是他写给儿子司马康的家训。司马光强调："俭，德之共也。侈，恶之大也。"这是出自春秋时期的古训，司马光对此作了新的论证。结合孟子说的"养心莫善于寡欲"，诸葛亮说的"静以修身，俭以养德"，我们对节俭与道德的关系应有更深刻的理解。司马光说："众人皆以奢靡为荣，吾心独以俭素为美。人皆嗤我固陋，吾不以为病。"他引孔子说："与其不逊也宁固""以约失之者鲜矣""士志于道而耻恶衣恶食者，未足与议也"，以作回应。"古人以俭为美德"，这是古今之人都应引起重视的。司马光又说："顾人之常情，由俭入奢易，由奢入俭难。"(《训俭示康》)因为"由俭入奢易"，所以这更应警戒人们防微杜渐，力戒奢侈，以为节俭廉政之美德。

仁者爱人　以德立人

为学大益，在自求变化气质，不尔皆为人之弊，卒无所发明，不得见圣人之奥。故学者先须变化气质，变化气质与虚心相表里。

——《经学理窟·义理》

▍译文▍

为学之大益，在于自我修养而变化气质，不然的话都是人为之弊端，最终于德性无所发明，不能见圣人道理之深奥。所以学者需先要变化气质，而变化气质与虚心是相表里的。

▍解析▍

宋代理学家张载对人性有"天地之性"与"气质之性"之说。"天地之性"是源于"太虚为清"的本源之性，"气质之性"则是"形而后"因不同气质之偏而产生的。张载说"性于人无不善"（《正蒙·诚明》），这是指纯善的"天地之性"；又说："形而后有气质之性"，"人之刚柔、缓急、有才与不才，气之偏也"（同上），这是指"善恶混"即不是纯善的"气质之性"。张载所说的"变化气质"就是要通过自我修养而反归到纯善的"天地之性"，也就是他所说："形而后有气质之性，善反之则天地之性存焉。"（同上）"变化气质"要通过自我修养，张载说："修持之道，既须虚心，又须得礼，内外发明，此合内外之道也。"（《经学理窟·气质》）"虚心"是去掉主观的杂念，这是内心的修养；"得礼"是依循礼而行事，这是实践于外的修养。这两方面内外夹持，使人的道德趋于至善。

夫天地之常，以其心普万物而无心；圣人之常，以其情顺万事而无情。故君子之学，莫若廓然而大公，物来而顺应。

——《二程文集》卷二《答横渠先生定性书》

译文

天地之常道，是以其心普惠万物而没有私心；圣人之常道，是以其情顺应万事而没有私情。所以君子之学，莫如廓然而大公，物来而顺应。

解析

程颢的这篇《答横渠先生定性书》是与张载讨论如何"定性"的问题。"性"是内在于心的本源之善性，但是"性"不是一个死物，所以张载说"性未能不动"，然而"性"一动就会与外物相接触，受到外物的干扰，即张载所说"犹累于外物"。程颢对这个问题的答复是"性之无内外"，也就是说"性"既是内在于心，又是与外物相通的。由此说来，所谓"定性"，就是"动亦定，静亦定，无将迎，无内外"。在此意义上，"定性"就没有"动"而受到外物干扰的问题。那么，"性"如何才能不会被因外物而起的私欲所牵引呢？这就必须有"廓然而大公"的道德修养。"廓然而大公"本可以形容"天地之化，廓然无穷"，"天地之心"就是天地的生物之心，实就是天地的生物之理。天地之心是普惠万物而没有私心，圣人之情是顺应万事而没有私情，那么君子的学养就应像天地—圣人那样"廓然而大公，物来而顺应"。因此，如何"定性"实就是一个如何达到大公而无私的道德修养问题。

涵养须用敬，进学则在致知。

——《二程遗书》卷十八

译文

道德涵养必须持有敬的精神状态，而增长学问则在格物致知。

解析

程颐提出："涵养须用敬，进学则在致知。""敬"是一种精神状态，程颐说："所谓敬者，主一之谓敬。所谓一者，无适之谓一。""主一者谓之敬。一者谓之诚。"（《遗书》卷二十四）质言之，"敬"是一种专注、严肃、诚敬的精神状态。有了这样一种精神状态，才能提升自己的道德修养。"进学则在致知"，这包括人事和物理方面的知识，如程颐所说："穷理格物，便是致知。"（《遗书》卷十五）"物不必谓事物然后谓之物也，自一身之中，至万物之理，但理会得多，相次自然豁然有觉处。"（《遗书》卷十七）"致知在格物，格物之理，不若察之于身，其得尤切。"（同上）虽然格物包括"一草一木皆有理，须是察"（《遗书》卷十八），但是格物的重心是放在人事和性理上。因此，"涵养"与"进学"也没有明确的界限。如说："入道莫如敬，未有能致知而不在敬者。"（《遗书》卷三）"致知在所养，养知莫过于寡欲二字"（《外书》卷二）统合言之，道德修养并不排斥物理方面的知识，而是以道德修养统率对物理的认知。

涵养、致知、力行三者，便是以涵养做头，致知次之，力行次之。不涵养则无主宰。……既涵养，又须致知；既致知，又须力行。若致知而不力行，与不知同。亦须一时并了，非谓今日涵养，明日致知，后日力行也。要当皆以敬为本。

——《朱子语类》卷一一五

译文

涵养、致知和力行三者，便是以涵养为首，其次是致知，又其次是力行。如果不涵养，致知和力行就没有了主宰。……既涵养，又必须致知；既致知，又必须力行。如果致知而不力行，那就与不知相同。这三者也须一时并了，不是说今日涵养，明日致知，后日又力行。要之，应当都是以敬为本。

解析

朱熹继承了程颐的"涵养须用敬，进学则在致知"的思想。在知与行的关系问题上，程颐有"知先行后"的观点，如他说："到底，须是知了方行得。……学者固当勉强，然不致知，怎生行得？勉强行者，安能持久？"（《遗书》卷十八）朱熹也大抵接受了这一观点，所以他有"以涵养做头，致知次之，力行次之"之说，但他又说这三者"亦须一时并了"，而不是时间先后的问题。这样，他所说的"以涵养做头，致知次之，力行次之"就是一个逻辑上先后的问题。程颐讲了"涵养须用敬"，"致知在所养"，即是以涵养统率致知，朱熹又提出涵养是致知、力行的主宰，所以这三者都是"以敬为本"。

今人学问只因知行分作两件，故有一念发动虽是不善，然却未曾行，便不去禁止。我今说个知行合一，正要人晓得一念发动处便即是行了。发动处有不善，就将这不善的念克倒了，须是彻底彻根，不使那一念不善潜伏胸中，此是我立言宗旨。

——《王阳明全集》卷三《传习录下》

┃译文┃

如今人们的学问只因为把知与行分作两件事，所以心中有一念发动虽然有不善，但却没有实行，便不去禁止。我现在说个"知行合一"，正是要让人们知道一念发动处便就是行了。发动处有不善，就将这不善的念头克倒了，须是彻底彻根，不使那一念不善潜伏在心中，这是我的立言宗旨。

┃解析┃

王阳明以"致良知"为"学问大头脑"（《传习录中》），故他所说的"知行"是从道德善恶的意义上说。在此意义上，"知是行的主意，行是知的工夫；知是行之始，行是知之成"（《传习录上》），知与行是统一的一个过程，故云"知行合一"。王阳明所批评的"知行分作两件"也是从道德善恶的意义上说，如果心中有一念不善，因其未见诸行动，便不去禁止，那么就不是"诚其意"的修养工夫；而从"知行合一"的意义上说，如果心中有一念不善，就已是行之始，就应把这个不善的念头克倒，不使其潜伏在心中，那么这就是"彻底彻根"的修养工夫。王阳明的"知行合一"之说，对于人们在道德上严格要求自己，防微杜渐，内外一致，是有重要意义的。

而在道德上广义的"知行合一"，知必付诸行，也是自先秦以来儒家一贯的传统。

盖云知行者，致知、力行之谓也。其为致知、力行，故功可得而分。功可得而分，则可立先后之序。可立先后之序，而先后又互相为成，则由知而知所行，由行而行则知之，亦可云并进而有功。

——《读四书大全说》卷四

译文

说知行，就是讲致知和力行。其为致知和力行，它们的功能作用是可以分开说的。功能作用可以分开说，就可以立先后之序。可以立先后之序，而其先后又是相辅相成的，所以由知而可以知所行，由行而可以先行然后知之，也可以说它们是并进而各有功能作用的。

解析

明清之际的王夫之讲知行并不限于道德修养的意义。如他说："且夫知也者，固以行为功者也；行也者，不以知为功者也。……行可兼知，而知不可兼行。"（《尚书引义》卷三）他是把"行"作为主观见诸客观的行动，而"行也者，不以知为功"，就不是以内在的道德修养作为目的。因为"行可兼知""行焉可以得知之效"，所以他有"行先知后"的观点，这也就是他讲的"可立先后之序"。虽然有先后之序，它们之间又是"互相为成""并进而有功"的辩证关系。王夫之说的"知而知所行"，就是以认识来指导实践；所谓"由行而行则知之"，就是通过实践而提高、扩充认识。在中国传统哲学中，虽然主流是以道德统率认知，而道德与认知也形成了相资互补的关系。

《新三字经·讲仁爱》①

首孝悌，仁之本。[1] 老吾老，及人老；幼吾幼，及人幼。[2]
恻隐心，人皆有。[3] 我欲仁，斯仁至。[4] 仁之义，在爱
人。[5]

行忠恕，仁之方。己欲立，而立人；己欲达，而达人。
己不欲，勿施人。[6] 由亲亲，而仁民；由仁民，而爱物。[7]
斯民也，吾同胞；斯物也，亦吾与。[8] 天人合，大美生。[9]

注释

〔1〕《论语·学而》：有子曰："孝弟也者，其为仁之本与！"有子
是孔子的学生，姓有，名若。"弟"读为"悌"（tì）。"与"通"欤"，
是感叹词。孝是孝敬父母，悌是尊敬兄长。此句意为：孝悌是仁的
本始。因此，讲仁爱首先要讲孝悌。

《论语·学而》记载孔子说："弟子入则孝，出则弟，谨而信，汎爱
众而亲仁。""汎"同"泛"，"泛爱"就是博爱。此句意为：后辈小子在
家里孝顺，在外边也尊敬长者，谨慎而守信用，泛爱众人而亲近仁者。

儒家以孝悌为仁之本始，即以家庭成员之间真挚的亲亲之情为仁
爱的本源，这从道德发生、道德实践和道德评价上说都具有重要意义。
在世界各大宗教代表人士于 1993 年发表的《全球伦理宣言》中有言："只
有在个人关系和家庭关系中已经体验到的东西，才能够在国家之间及宗

---

① 笔者曾作有《新三字经与社会主义核心价值观》（广东人民出版社 2015 年版），
对"讲仁爱、重民本、守诚信、崇正义、尚和合、求大同"分别以三字经的形式
作了阐发。现将其"讲仁爱"部分附录于下。

仁者爱人　以德立人

教之间的关系中得到实行。"

〔2〕《孟子·梁惠王上》:"老吾老,以及人之老;幼吾幼,以及人之幼。……故推恩足以保四海,不推恩无以保妻子。"意为:尊敬自己的父母兄长,也要扩及尊敬他人的父母兄长;慈爱自己的子女,也要扩及慈爱他人的子女。"推恩"就是家庭成员之间亲亲之情的扩充,孟子强调,仅有亲亲之情是不够的,只有扩充而普遍地爱人,才是真正达到了仁。

〔3〕《孟子·告子上》:"恻隐之心,人皆有之。"所谓"恻隐之心",又称为"不忍人之心",也就是不忍他人伤痛受苦的同情之心。孟子认为,这种同情之心是人人都生而具有的。孟子举例说:"所以谓人皆有不忍人之心者,今人乍见孺子将入于井,皆有怵惕恻隐之心。非所以内交于孺子之父母也,非所以要誉于乡党朋友也,非恶其声而然也。由是观之,无恻隐之心,非人也。"(《孟子·公孙丑上》)意为:所有人都天生具有不忍他人伤痛受苦的同情之心,比如今人突然看到一个小孩将要掉入井中,心中就会产生那种惊悚伤痛的同情之心。这种同情之心,不是因为他与这个小孩的父母有较亲近的关系,也不是因为他要在邻里朋友间得到好的声誉,更不是因为他讨厌小孩掉井的那种声音,而是人天生本来就具有的。由此来看,如果没有不忍他人伤痛受苦的同情之心,那就不是人了。

〔4〕《论语·述而》:"子曰:'仁远乎哉?我欲仁,斯仁至矣。'"意为:孔子说:"仁离每个人并不远。我要是真想行仁,那么仁就可以达到。"《论语·颜渊》又记载孔子说:"为仁由己,而由人乎哉?"意为:你要是想做个仁人,那是取决于你自己的道德选择,而不是被别人所决定的。

《论语·雍也》记载:"冉求曰:'非不说子之道,力不足也。'子曰:'力不足者,中道而废,今女画。'"冉求,孔门弟子之一,字子有,故又称冉有。"说"读为"悦"。"女"读为"汝"。"子之道"就是孔子所讲的仁道。此句意为：冉求说："我不是不喜欢您的仁道，但是我不能实行，因为我的能力有不足。"孔子说："能力不足的人是停在半路，可现今是你自己给自己画地为限而不行仁。"《论语·里仁》记载孔子说："有能一日用其力于仁矣乎？我未见力不足者。"因为"为仁由己"，"我欲仁，斯仁至矣"，所以这里只有自己选择的问题，而没有能力不足的问题。

〔5〕《论语·颜渊》："樊迟问仁。子曰：'爱人。'"《孟子·离娄下》："仁者爱人，有礼者敬人。"韩愈《原道》："博爱之谓仁"。康有为《论语注·颜渊》："仁者无不爱，而爱同类之人为先。……盖博爱之谓仁。孔子言仁万殊，而此以'爱人'言仁，实为仁之本义也。"此"爱人"也就是爱人类所有的人。《孟子·尽心上》："亲亲，仁也；敬长，义也。无他，达之天下也。"意为：亲亲之情是仁的本始，尊敬年长是义的本始。没有别的，将亲亲、敬长加以扩充，达到爱天下所有的人，那就是仁了。

〔6〕《论语·里仁》："子曰：'参乎！吾道一以贯之。'曾子曰：'唯。'子出，门人问曰：'何谓也？'曾子曰：'夫子之道，忠恕而已矣。'""参"指孔子的弟子曾参（shēn），他又被尊称为曾子。此句意为：孔子说："曾参啊！我讲的仁道有个一以贯之的方法。"曾子说："是。"孔子出去后，门徒问曾子："刚才说的是什么意思？"曾子回答："夫子讲的仁道，一以贯之的就是要实行忠恕。"

朱熹《论语集注·里仁》："尽己之谓忠，推己之谓恕。"意为：能够尽己之心帮助他人就是忠，能够推己及人就是恕。

《论语·雍也》记载孔子说："夫仁者，己欲立而立人，己欲达而达人。能近取譬，可谓仁之方也已。""已"同"矣"，句末助词。此句意为：所谓仁者，就是自己要有所成立而也要使他人有所成立，自己要有所发达而也要使他人有所发达。能够由近及远，推己及人，这可以说是行仁的方法。

《论语·卫灵公》："子贡问曰：'有一言而可以终身行之者乎？'子

仁者爱人 以德立人

曰：'其恕乎！己所不欲，勿施于人。'"子贡，孔门弟子之一，复姓端木，名赐，字子贡。此句意为：子贡问："有一句话而可以终身奉行的吗？"孔子答："是恕啊！自己不愿意的事，就不要把这种事施加于他人。"《论语·公冶长》："子贡曰：'我不欲人之加诸我也，吾亦欲无加诸人。'子曰：'赐也，非尔所及也。'""赐"是子贡的名。此句意为：子贡说："我不愿意别人强加于我，我也不强加于别人。"孔子说："赐，这还不是你所达到的。"因为"己所不欲，勿施于人"说起来容易，但真正做起来并不容易，所以孔子激励子贡说"非尔所及也"。

忠恕之道在《大学》中又被称为"絜（xié）矩之道"，朱熹《大学章句》说此道"所操者约，而所及者广，此平天下之要道也"。"所操者约"指它是人际间最基本的道德规律，"所及者广"指它是人际间最普遍的道德原则，因其最基本、最普遍，所以它被称为道德的"黄金规律"。

在世界各大宗教代表人士发表的《全球伦理宣言》中说："数千年以来，人类的许多宗教和伦理传统都具有并一直维系着这样一条原则：己所不欲，勿施于人！或者换用肯定的措词，即：你希望人怎样对待你，你也要怎样待人！这应当在所有的生活领域中成为不可取消的无条件的原则，不论是对家庭、社团、种族、国家和宗教，都是如此。"

〔7〕《孟子·尽心上》："亲亲而仁民，仁民而爱物。"意为：由家庭成员之间的亲亲之情扩充到爱所有的人，由爱所有的人还可延及泛爱万物。

〔8〕张载《正蒙·乾称》（此篇又被称为《西铭》）："民，吾同胞；物，吾与也。"意为：天地间所有的人，都是我的同胞兄弟；天地间所有的物，也都如同我的邻居朋友。程颢、程颐《河南程氏遗书》卷二上："医书言手足痿痹为不仁，此言最善名状。仁者以天地万物为一体，莫非己也。"意为：医书把手足麻痹称为"不仁"，这是对仁与不仁的最好比喻。仁者是以天地万物为一体的，没有什么东西不和自己相通关联。王阳明《大学问》："大人者，以天地万物为一

体者也，其视天下犹一家，中国犹一人焉。"意为：有仁之觉悟的大人是把天地万物看成和自己是一体的，他视天下之人为一家，视中国所有之人为一人。观此可知，儒家的仁爱精神不仅具有个人修身、社会道德的意义，而且具有生态环境保护的意义。

〔9〕《管子·五行》："人与天调，然后天地之美生。"中国传统哲学的一个主要特点是"天人合一"，各家都主张人与自然相协调，这样才能"富有""日新"，"崇德而广业"（《周易·系辞上》），天地间才会有大美的事物产生。

译文

讲仁爱首先是孝悌，也就是要孝敬父母，尊敬兄长，这是仁的本始。尊敬自己的父母兄长，也要扩及尊敬他人的父母兄长；慈爱自己的子女，也要扩及慈爱他人的子女。不忍他人伤痛受苦的同情之心，是人人都天生具有的。我要是真想行仁，那么仁就可以达到。仁的本义，就是要普遍地爱人。按照忠恕之道来行事，这是践行仁的方法。自己要有所成立，也要使别人有所成立；自己要有所发达，也要使别人有所发达。凡是自己不愿意的事，就不要把这种事强加于别人。由亲亲之情而达到普遍爱人，由普遍爱人还可延及泛爱万物。天地间所有的人，都是我的同胞兄弟；天地间所有的物，也都如同我的邻居朋友。天人合一，人与自然相协调，天地间就会有大美产生。

责任编辑：洪　琼

版式设计：顾杰珍

图书在版编目（CIP）数据

仁者爱人　以德立人／李存山 编著 . —北京：人民出版社，2022.5

（典亮世界丛书）

ISBN 978－7－01－024149－4

I.①仁…　II.①李…　III.①品德教育－中国－通俗读物　IV.① D648-49

中国版本图书馆 CIP 数据核字（2021）第 258747 号

仁者爱人　以德立人

RENZHEAIREN YIDELIREN

李存山　编著

人民出版社 出版发行

（100706　北京市东城区隆福寺街 99 号）

北京中科印刷有限公司印刷　新华书店经销

2022 年 5 月第 1 版　2022 年 5 月北京第 1 次印刷

开本：710 毫米 ×1000 毫米 1/16　印张：16.75

字数：260 千字

ISBN 978－7－01－024149－4　定价：77.00 元

邮购地址 100706　北京市东城区隆福寺街 99 号

人民东方图书销售中心　电话（010）65250042　65289539

引 言

一、关于研究方法

本人理解儒家的方法来自于明代大哲学家王阳明。

（一）我心为本

阳明先生于贵州龙场受难，"始知圣人之道，吾性自足，向之求理于事物者误也"①。本人也把儒家思想视为我心固有之理，以我心之是非为是非。诚如阳明先生所说："夫学贵得之

_____

① 《王阳明全集》卷33《年谱》，上海古籍出版社1992年版，第1228页。

心，求之于心而非也，虽其言之出于孔子，不敢以为是也，而况其未及孔子者乎？求之于心而是也，虽其言之出于庸常，不敢以为非也，而况其出于孔子者乎？"①

德国的存在主义者雅斯贝尔斯也强调，哲学史只是一种手段，目的是唤起当下的自我苏醒。雅斯贝尔斯非常强调要以自己的尝试，去跟哲学家们一同体验真正的哲学。他说，对传统的权威我们不能简单地去服从它。"我们的使命是，以自己的经验通过传统发现自我，并在传统的根源中找到自我的根源。""因此，一旦历史唤醒了我，它就变成了自我的一面镜子：在映象中，我可以观察自己，我自己在思考什么？"②总之，研究前人是为了发现自我，深刻地领悟自我的现状。一旦脱离我的是非，我的生活，对前人的认识毫无意义。同样，在读这本小册子时，读者主要不是掌握字里行间的逻辑和增加知识，而是要体悟自己的生活和工作，用自己的生活和工作来印证书中讲的道理。

儒家历史绵延两千多年，学说繁多，典籍浩如烟海。其中相当多的字句玄奥艰深，晦涩模糊，令后人难以读通。儒家绝非成心如此，这可能是由于其处境艰难、思维方式超前、古今语言差别，及图书资料散失、资料保留不完整所致。所以，想

---

① 《王阳明全集》卷2《传习录》中《答罗整庵少宰书》，上海古籍出版社1992年版，第76页。
② 卡尔·雅斯贝尔斯：《大哲学家》，李雪涛译，社会科学文献出版社2005年版，第14页。

穷尽儒家之文意，恐遥遥无期。为了尽快让儒家的智慧在今日发挥作用，姑先认定"人同此心，心同此理"，我就是儒家，儒家与我"同此心"、"同此理"，以我心之是非为是非来理解儒家。也就是像雅斯贝尔斯那样，在儒家身上找到自我，找到我的合理行为的根。李雪涛先生引用了南宋大慧宗杲普觉禅师的一句话："无著云：曾见郭象注庄子，识者云：却是庄子注郭象。"① 我们今天在使用我注儒家方法的同时，也应该使用儒家注我的方法来领会儒家。

（二）"知行合一"

阳明先生认为，知离不开行。"未有学而不行者也。如言学孝，则必服劳奉养，躬行孝道，然后谓之学。岂徒悬空口耳讲说，而遂可以谓之学孝乎？学射，则必张弓挟矢，引满中的。学书，则必伸纸执笔，操觚染翰。尽天下之学，无有不行而可以言学者。则学之始，固已即是行矣。笃者，敦实笃厚之意。义行矣。而敦笃其行，不息其功之谓尔。"② 阳明先生所云"良知"类似佛教禅宗于日用间体任佛性。禅宗认为，"搬柴运水无非佛事"、"在在处处上皆是道场"，以致有驴鸣狗叫拉屎撒尿皆有"西来大意"之说。阳明也赋诗："不离日用常行内，直造先

① 卡尔·雅斯贝尔斯：《大哲学家》，李雪涛译，社会科学文献出版社2005年版，第15页。
②《王阳明全集》卷2《传习录》中《答顾东桥书》，上海古籍出版社1992年版，第45页。

天未画前。"①"饥来吃饭倦来眠，只此修行玄更玄。"②有一属官，心慕阳明心学，说："此学甚好，只是簿书讼狱繁难，不得为学。"阳明答："我何尝教尔离了簿书讼狱，悬空去讲学？尔既有官司之事，便从官司的事上为学……簿书狱讼之间，无非实学；若离了事物为学，却是著空。"③"郡务虽繁，然民人社稷，莫非实学。"④……"政事虽剧，亦皆学问之地。"⑤

　　同理，儒家思想也须能在生活中整体的领悟。本人以为，必须用生活介入的方法领会儒家。脱离社会生活，整日埋首于书斋，儒家永远是不可知的"自在之物"。而对于从事实际工作的人来说，以自己的工作和生活介入研读，儒家很快会成为展示其内心"良知"的"为我之物"。梁漱溟先生1928年在广州中山大学讲演时，向听众郑重声明："我始终不是学问中人，也不是事功中人。我想了许久，我是什么人？我大概是问题中人！"⑥梁先生岂能不是学问中人！但梁先生是为解决社会问题而谈论学术的人，他的学术著作颇受做实际工作的人的欢迎。本人岂敢仰视

① 《王阳明全集》卷2《传习录》中《答顾东桥书》，上海古籍出版社1992年版，第45页。

② 《王阳明全集》卷20《外集二·答人问道》，上海古籍出版社1992年版，第791页。

③ 《王阳明全集》卷3《传习录》下，上海古籍出版社1992年版，第94—95页。

④ 《王阳明全集》卷5《文录二·答路宾明阳》，上海古籍出版社1992年版，第192页。

⑤ 《王阳明全集》卷4《文录一·答徐成久》，上海古籍出版社1992年版，第145页。

⑥ 《看学人自传，窥世纪风雨》，《南方都市报》2005年2月7日。

梁漱溟先生！然而在这里也斗胆模仿梁先生带着关心社会问题的心态解读儒家，以为这样才有助于我们读懂儒家。

二、"诸子百家"——儒家产生的背景

春秋战国时代，诸子百家活跃。"诸子"是指活跃于当时的有名的思想家，"百家"是指不同的学派。当时对诸子百家的论述较集中的文献有《庄子·天下篇》《荀子·非十二子篇》《韩非子·五蠹篇》。"诸子百家"都指谁？历史上有不同的说法。西汉初期司马迁的父亲司马谈所列举的是儒、法、道、阴阳、名、墨六家。西汉末年刘歆和东汉班固所列举的是儒、法、道、阴阳、纵横、小说、名、墨、农、杂十家。但是，他们都丢掉了相当重要的一家——兵家。

关于诸子百家的时间界定，学界一般放在春秋战国。本人以为这种界定不够严格。严格说，把截止时间放在汉武帝"罢黜百家，独尊儒术"比较确切。因为汉代的前七十年，最高统治者还没有确定官方意识形态，百家的争鸣仍在延续。

"诸子百家"产生于春秋时期，当时的社会急剧动荡，社会结构中的几个方面都发生了大的变化。

（一）经济结构的变化

经济结构的变化是从生产力开始的。春秋时期，铁器开始大量出现。春秋初期，管仲向齐桓公建议："美金以铸剑戟，试诸狗马；恶金以铸鉏夷斤斸，试诸壤土。"①"美金"是铜，"恶金"就是铁。《管子》中的《轻重乙》篇也提到春秋时代的齐国向农民贷放铁农具，"请以什伍农夫赋耜铁"②。春秋中叶，齐灵公命令叔夷去管理的"造铁徒"有四千之多。③另外，在当时经济还不发达的南方也已经使用铁器。在今江苏六合属于春秋晚期的吴国墓葬中，发现了一件铁器。④在长沙早期楚墓中，也发现了铁削和铁口锄。⑤

铁器的出现使生产力大大提高，也推动了生产关系的转变。铁器出现之前人们使用的生产工具有石器、木器、蚌器，效率非常低下。劳动者只能用大规模的群体合作来弥补生产工具之低劣。《诗经》中记载"十千维耦"⑥、"千耦其耘"⑦，

---

① 《国语·齐语·管仲论足甲兵》,史仲文主编：《中华经典藏书》，北京出版社1999年版，第6830页。

② 赵守正：《管子注释》下册《轻重乙》,广西人民出版社1987年版。

③ 《中国古代史》上册，刘泽华等编著，人民出版社1979年版，第100页。

④ 江苏文物管理委员会、南京博物院：《江苏六合程桥东周墓》，《考古》1965年第3期。

⑤ 湖南省博物馆：《长沙整墓》，《考古学报》1959年第1期。

⑥ 《诗经·周颂·噫嘻》,史仲文主编：《中华经典藏书》，北京出版社1999年版，第224页。

⑦ 《诗经·周颂·载芟》，史仲文主编：《中华经典藏书》，北京出版社1999年版，第227页。

透露了大规模集约劳作的信息。在这种劳动方式中，奴隶们逃跑的意识并不强烈，因为没有养活自己的能力。铁器的出现就不一样了，劳动者个人用铁制作的生产工具有能力个人开垦土地。于是，逃亡者日益增加。《诗经》中"硕鼠硕鼠，无食我黍。三岁贯女，莫我肯顾。逝将去女，适彼乐土。乐土乐土，爰得我所。硕鼠硕鼠，无食我麦。三岁贯女，莫我肯德。逝将去女，适彼乐国。乐国乐国，爰得我直。硕鼠硕鼠，无食我苗。三岁贯女，莫我肯劳。逝将去女，适彼乐郊。乐郊乐郊，谁之永号"[①]，表达了奴隶憎恨剥削者——"硕鼠"（古籍中用老鼠比喻剥削者非只此一处，比如《太平经》卷67说："此大仓之粟，本非独鼠有也；少内之钱财本非独以给一人也。"[②]），却无能力反抗，从而企图逃亡，追求幸福生活的意识。为了调动劳动者的积极性，一些奴隶主开始调整生产关系，实行劳役地租制。孟子所说"方里而井，井九百亩，其中为公田。八家皆私百亩，同养公田。公事毕，然后敢治私事"[③]，虽然是对他的理想的村社生活的设想，但这种劳动成果的分成方式——劳役地租在当时无疑是存在的。《国语》中记载："先王制土，

[①]《诗经·魏风·硕鼠》，史仲文主编：《中华经典藏书》，北京出版社1999年版，第158页。

[②]《太平经》，史仲文主编：《中华经典藏书》，北京出版社1999年版，第2653页。

[③]《孟子·滕文公上》，史仲文主编：《中华经典藏书》，北京出版社1999年版，第1132页。

籍田以力。"①先做公事，就是先给主人做事。"雨我公田，遂及我私。"②这句诗与劳役地租制的逻辑是一致的。但是，随之而来的问题是劳动者在主人土地里工作时缺乏积极性。周贵族单襄公批评陈国"田在草间，功成而不收"③，老子批评贵族"朝甚除，田甚芜，仓甚虚"④，这都说明旧的生产关系需要变更。于是，劳役地租制开始向实物地租制转化。管仲治齐，实行"相地而衰征"⑤。鲁宣公十五年，鲁实行"初税亩"。⑥生产关系的转化是不平衡的。一般说来，大贵族待遇高，享受的特权多，改革的积极性不大；小贵族待遇低，没有什么特权，生活水平不是很高，经不住农奴们的怠工闹事，改革的主动性就比较强。所以贵族中有人愿改，有人不愿改，而且改的人主动性程度也不同。有人愿早改，有人拖得比较晚，有人改得较彻底，有人改得不彻底。由此而引起了政治上的动荡。

---

① 《国语·鲁语下·仲尼非难》，史仲文主编：《中华经典藏书》，北京出版社1999年版，第6825页。

② 《诗经·小雅·大田》，史仲文主编：《中华经典藏书》，北京出版社1999年版，第195页。

③ 《国语·国语中·单襄公论陈必亡》，史仲文主编：《中华经典藏书》，北京出版社1999年版，第6797页。

④ 《道德经》第53章，史仲文主编：《中华经典藏书》，北京出版社1999年版，第2345页。

⑤ 《国语·齐语·管仲佐政》，史仲文主编：《中华经典藏书》，北京出版社1999年版，第6829页。

⑥ 《左传·宣公十五年》，史仲文主编：《中华经典藏书》，北京出版社1999年版，第658页。

（二）社会政治结构的变化

由于生产关系变更不平衡，主动变更、变更早、变更较彻底的贵族很快就富裕起来了。"彼其之子，不称其服"[1]，这句话反映了一些地位不高，但变更的主动性强的人很快富裕起来，穿着时髦，但气质、文化素质跟不上，受人诟病。这类人当时不在少数。他们有钱以后，当然不满足于眼前政治地位。物质实力会转化成人脉和军事上的实力。"齐侯与晏子坐于路寝。公叹曰：美哉室！其谁有此乎？晏子曰：敢问何谓也？公曰：吾以为在德。对曰：如君之言，其陈氏乎！陈氏虽无大德，而有施于民。豆区釜钟之数，其取之公也薄，其施之民也厚。公厚敛焉，陈氏厚施焉，民归之矣。诗曰：'虽无德与女，式歌且舞。'陈氏之施，民歌舞之矣。后世若少惰陈氏而不亡，则国其国也已。"[2]陈氏以一个外来人凭什么能住比王宫还壮丽的房子？凭什么比君主更得民心？钱，他有的是钱。大斗借出，小斗收回，厚施于民，谁不以他为德高，谁不为他欢歌乐舞。这样高的威信，政治地位能不上升吗？经过变更生产关系而富裕起来的贵族，一方面是为了维护既得的经济利益，一方面也是为了满足更大的贪欲，开始在政治上有大的举动。

---

[1]《诗经·曹风·侯人》，史仲文主编：《中华经典藏书》，北京出版社1999年版，第169页。
[2]《左传·昭公二十六年》，史仲文主编：《中华经典藏书》，北京出版社1999年版，第808页。

于是卿大夫凌驾于诸侯之上，"陪臣执国命"的事层出不穷。晋国在晋悼公、晋平公时虽然连续多年称霸，但国内大权却掌握在几个中军将领手里。如韩厥、知罃、荀偃、士匄、赵武、韩起、魏舒、范鞅、赵鞅等。鲁国政治操纵在三桓（季孙氏、孟孙氏、叔孙氏）手里，郑国操纵在七穆（郑穆公七个公子之后），卫有孙、宁两家（皆卫武公之后），宋有华、向、乐、皇（皆宋戴公之后），齐有国、高、崔、庆、鲍、田诸家。原有的高级贵族落魄无着。天子是最高级的贵族。西周周天子强大时，有权力干预诸侯内政，惩罚不满意的诸侯。周夷王曾烹齐哀公而立其弟静。①周宣王派兵伐鲁，杀伯御而立其弟孝公。②到春秋时代，天子要向诸侯朝聘，周桓王在位二十多年，五聘于鲁。晋文公称霸会诸侯，居然以臣召君，叫周襄王给他点缀场面。周平王和周桓王死后连丧葬费都出不起，只好找诸侯化缘。郑庄公的军队竟敢对抗天子军队，射中了周桓王的肩膀。③诸侯一级的贵族也遭受劫难。宣公二年，晋赵穿攻杀晋灵公；成公十八年，晋栾书、中行偃弑晋厉公；襄公二十五年，卫孙林父、宁殖逐卫献公；襄公二十五年，齐崔杼弑齐庄公；昭公二十五年，鲁季孙如意逐鲁昭公；齐陈成子弑齐简公。以后还出现了三家分晋、田氏代齐。整个局面是"社稷无常奉，君臣

---

① 《史记卷32·齐太公世家》，中华书局1951年版。

② 《国语·周语上·穆仲论鲁侯孝》，史仲文主编：《中华经典藏书》，北京出版社1999年版，第6788页。

③ 《左传·桓公五年》，史仲文主编：《中华经典藏书》，北京出版社1999年版，第553页。

无常位"①，而政治上的变化进一步影响到思想。

（三）社会群体构成的变化

政治经济的变化导致了社会群体构成的变化：首先，阶级结构发生了变化。原来大体上只有奴隶和奴隶主两大阶级，现在又出现了农奴和农奴主，农民和地主。其次，既出现了大量的破落贵族，又出现了大量的新贵。再其次，职业的构成呈现多样化。原来只有农牧业和一些手工业，现在随着经济的发展，产业多样化，职业种类多了。除农夫之外，还出现了职业工商业者、职业官僚、职业军人、职业政客、职业谋士、职业教师、职业艺术工作者。

（四）文化的地域特色凸显来，并汇聚到中原相互交流

当时的地域特色有：齐鲁文化、燕齐文化、燕赵文化、三晋文化、秦文化、郑卫文化、荆楚文化、吴越文化、宋文化，还有北方游牧民族的文化。

以上经济、政治、社会群体构成的变化和地域特色文化的发展，必然在思想领域出现各种不同的声音。百家争鸣由此产生。

---

① 《左传·昭公三十二年》，史仲文主编：《中华经典藏书》，北京出版社1999年版，第815页。

三、儒家所承继的传统思想资源

在儒家出现之前的夏、商、西周三世，遗留下来许多思想资料，成为儒家表达自己观点的思想资源。其内容有：

（一）"日"、"天"、"上帝"

这些观念属于追根意识。"时日曷丧，予及汝皆亡。"[①] "日"是万物之根，作为最高的统治者夏桀就自称为"日"。老百姓痛恨夏桀，所以诅咒"日"。《尚书》里大量出现"天"、"天命"、"天道"、"天罚"等字眼。关于"上帝"，甲骨文中出现很多。"帝令雨足年——帝令雨弗其足年。"[②]这是说"上帝"决定雨水是否充足。"帝其降我堇——帝不降我堇。"[③]"帝其乍王祸——帝弗乍王祸。"[④]"上帝"能决定人的福祸。追根的思维方式后来衍生为儒家对"道"、"圣"、"人性"等不同领域的根本性问题的讨论。

---

① 《尚书·汤誓》，史仲文主编：《中华经典藏书》，北京出版社1999年版，第89页。

② 陈梦家：《殷墟卜辞综述》，《前》1、50、10，中华书局1988年版。

③ 陈梦家：《殷墟卜辞综述》，《乙》7793。

④ 陈梦家：《殷墟卜辞综述》，《乙》1707、48610。

（二）阴阳观念

周人在治国安邦上已经讲求阴阳协调。"论道经邦，燮理阴阳。"①八卦的构成就是以阴阳为基础。周幽王二年，三川地震，伯阳父针对此发表议论："周将亡矣！夫天地之气，阳伏而不能出，阴迫而不能烝，于是，不失其序；若过其序，民乱之也有地震。今三川实震，是阳失其所而镇阴也。阳失而在阴，川源必塞；源塞，国必亡。"②这是用阴阳世界观解读地震。阴阳观念后成为儒家经常使用的重要范畴，大都用来表达自然和人横向结构、纵向发展的和谐与稳定。

（三）五行观念

周初武王拜访箕子，即得到了五行的说法。"五行：一曰水，二曰火，三曰木，四曰金，五曰土。水曰润下，火曰炎上，木曰曲直，金曰从革，土爰稼穑。润下作咸，炎上作苦，曲直作酸，从革作辛，稼穑作甘。"③后来周史伯用五行论证和而不同的思想："夫和实生物，同则不继。以他平他谓之和，故能丰长而物归之；若以同裨同，尽乃弃矣。故先王以土与金

---

① 《尚书·周官》，史仲文主编：《中华经典藏书》，北京出版社1999年版，第117页。
② 《国语·周语上·伯阳父改川竭而国亡》，史仲文主编：《中华经典藏书》，北京出版社1999年版，第6789页。
③ 《尚书·洪范》，史仲文主编：《中华经典藏书》，北京出版社1999年版，第102页。

木水火杂，以成百物。"①五行也被儒家当作重要范畴。

（四）气

气的概念不见于《诗》《书》，但在《国语》《左传》中大量出现。后被儒家用来描绘自然和人类之事，表达刚健、柔和、贯通、实体等含义。

（五）民本

"民可近，不可下。民惟邦本，本固邦宁。"②"天聪明，自我民聪明；天明畏，自我民明畏。"③随国季梁说："夫民，神之主也，是以圣王先成民而后致力于神。"④民本观念后来也成为儒家的主要政治理念。

---

① 《国语·郑语·史伯论兴衰》，史仲文主编：《中华经典藏书》，北京出版社1999年版，第6895页。
② 《尚书·王子之歌》，史仲文主编：《中华经典藏书》，北京出版社1999年版，第84页。
③ 《尚书·皋陶谟》，史仲文主编：《中华经典藏书》，北京出版社1999年版，第88页。
④ 《左传·桓公六年》，史仲文主编：《中华经典藏书》，北京出版社1999年版，第554页。

第一讲
关于儒和儒家

一、何为儒？

关于儒，我们后人的说法是指读书人。这缘于中国封建社会中期以后科举制的形成。官方规定，做官得考试，而考题和答案标准均出自儒家经典，于是读书人纷纷诵读儒家经典。久而久之，儒成了读书人的代称。其实，先秦时期的儒并非简单就是读书人，而首先是一种职业。什么职业？墨子在批评儒者时有过比较详细的描绘。他指责儒者"繁饰礼乐以淫人，久丧伪哀以谩亲"①。墨子还记载了孔子的一件事："孔某之齐见

---
① 《墨子·非儒下》，史仲文主编：《中华经典藏书》，北京出版社1999年版，第4318页。

景公，景公说，欲封之以尼溪，以告晏子。晏子曰：'不可夫儒浩居而自顺者也，不可以教下；好乐而淫人，不可使亲治；立命而怠事，不可使守职；宗丧循哀，不可使慈民；机服勉容，不可使导众。孔某盛容修饰以蛊世，弦歌鼓舞以聚徒，繁登降之礼以示仪，务趋翔之节以观众，博学不可使议世，劳思不可以补民，累寿不能尽其学，当年不能行其礼，积财不能赡其乐，繁饰邪术以营世君，盛为声乐以淫遇民，其道不可以期世，其学不可以导众。今君封之，以利齐俗，非所以导国先众。'"①墨子的批评和记载透露出的信息是，儒是个职业，专门从事礼仪方面的工作。司马迁也对儒有一番评价："夫儒者以《六艺》为法。《六艺》经传以千万数，累世不能通其学，当年不能究其礼……"②这一说法也透露出儒从事的工作包括礼仪。礼仪工作在当时十分重要。古代和今天都重视礼仪，也都重视法，但古代社会以礼仪为主，今日社会以法为主。比如，年轻人结婚，男女双方愿意，双方家族也满意。选择了良辰吉日，抬花轿、接新娘、拜天地、入洞房，亲戚朋友、乡亲邻里都来吃喜酒，热热闹闹。按照古代规矩，礼仪上已过关，两人就是夫妻了。可是在今天仍不能被承认为夫妻，因为还没有到有关部门进行法律登记，没领结婚证，同居就是不合法。

礼仪和法律虽然都是社会规范，但仍有很大的不同。礼仪

---

① 《墨子·非儒下》，史仲文主编：《中华经典藏书》，北京出版社1999年版，第4319页。

② 《史记·太史公自序》，中华书局1959年版。

是要满足每一个人根据身份所规定的情感的抒发、自发的倾向的实现、价值和尊严的体现。法所注重的是由理性所确定的人群整体的公正。礼仪照顾的是每一个人，所以比较琐碎。一句话、一个动作、一个眼神、一个表情、衣服的颜色、手持的物品、所站立的姿势和位置……稍有不慎，说不定就伤害了谁。轻则个人之间心存芥蒂，重则家族之间引起冲突。当时各家族每年要搞的礼仪活动有很多，婚丧嫁娶、祭祀百神、敬拜祖先、社会交往，要做到使每一个人感觉到体面、愉快、有尊严。儒这个职业可以做到这一点，避免或减少不愉快的事情发生。儒操办礼仪时固然烦琐，但能够照顾到尽可能多的人的情感与尊严。

二、何为儒家？

关于儒家，还是要从儒谈起。儒分君子儒和小人儒，小人儒只知混饭吃，为了混饭，有时不讲原则，甚至不惜用篡改礼违反礼来讨好主人。

君子儒就不同了。他们的最高目标不是维持生计，而是要进行改造社会的活动。他们同情苦难深重的民众，对统治者奢侈腐化、残酷剥削民众深恶痛绝。他们整理古代文化，对古代的礼仪文化进行深入的研究，创立出一整套礼乐文明思想。他们想用自己的礼乐文明思想改造社会，解除民众苦难，实现自己的社会大同理想。这些仁人君子走在一起，形成了一个文化派别，就是儒家。所以，概括地说，儒家就是由君子儒形成的文化派别。

第二讲
儒家文化的重要性

儒家文化对于中华民族来说是一种非常重要的文化。

一、儒家文化一直是中华民族的主流文化

两千多年来，儒家文化一直是中华民族的主流文化。梁启超说："我们批评一个学派，一面要看它的继续性，一面要看它的普遍性。自孔子以来，直至于今，继续不断的，还是儒家势力最大；自士大夫以至台舆皂隶普遍崇敬的，还是

儒家信仰最深。所以我们可以说，研究儒家哲学，就是研究中国文化。"①有人可能会说，儒家的文化主流地位是统治者确定的，是统治者一直将它定为官方思想。本人以为，这种说法没有注意到，一种思想能够占据主流地位，首先是由于人民的选择。在中国历史上，统治者也大力褒扬过其他思想，比如梁武帝萧衍对佛教的推崇在南朝达到顶峰。梁武帝青年时代曾经信奉道教，登基第三年便率僧俗两万人举行大法会，宣布自己"舍道归佛"。他自称"三宝奴"，四次入同泰寺舍身当和尚。还手不释卷，一部《大涅槃经》烂熟于心。他讲："老子、周公、孔子等，虽是如来弟子，而化迹既邪，止是世间之善，不能革凡成圣。"所以他才要"舍邪、外，以事正、内"，并命令公卿百官，侯王宗族"宜反伪就真，舍邪入正"。（以上均参见唐道宣《集古今佛道论衡》卷甲）②尽管如此，佛教仍不能占据中国文化的主流地位。绝大部分中国民众不信佛教，许多人即使信，也是信而不虔以至中国流传"平时不烧香，急时抱佛脚"的说法。长期以来，绝大部分人一直信崇儒家思想。所以，儒家能够在两千年中长期占据主流文化地位，这首先是中国人民的选

①《梁启超文选》下《儒家哲学》，夏晓虹编，中国广播电视出版社1992年版，第348页。
② 年钟鉴、张钱：《中国宗教通史》上卷，社会科学文献出版社2000年版，第376页。

择，中华民族的选择，不能简单说成是由于统治者的提倡。我们的人民、民族是伟大的，能够选择儒家作为自己的主流文化，说明这个文化一定非常重要。

二、儒家文化是中华文明的长寿基因

雅斯贝尔斯提出了文明"轴心时代"的概念。"轴心时代"的第三个阶段即"以公元前500年左右为中心——在公元前800—前200年之间，……时至今日我们仍然赖以生存的人类精神的基础，同时又独立地在中国、印度、波斯、巴勒斯坦、希腊出现。"①这个轴心中的几种原生性文明能够经受得住其他文化的冲击，没有中断，保留得比较完整，并仍然生机盎然的只有中华文明。古代印度的婆罗门教作为一个完整的宗教不复存在，佛教在印度早已消失。后起的印度教成为主流文化，外来的伊斯兰教在印度，在波斯，也有较大影响。琐罗亚斯德教影响已很小，伊斯兰教成为占绝对统治地位的宗教。巴勒斯坦地区也成为伊斯兰教占主要地位的世界。希腊文化曾长期中断，被基督教统治。中华文明为什么能够经受住其他文明的冲击，

---

① 卡尔·雅斯贝尔斯：《大哲学家》，李雪涛主译，社会科学文献出版社2005年版，第5页。

一直延续到今天，并且影响日益增大呢？因为它有一个长寿的文化基因，这个文化基因就是儒家。

三、儒家文化对现代工业文明
发展依然起着很大的作用

有人质疑，古代儒家文化在已经发生了天翻地覆的今天还能够发挥作用吗？特别是与现代工业文明能够对接吗？笔者的回答是肯定的。20世纪70年代，欧美资本主义世界发生了大规模的经济危机。各国经济衰退、失业率大增、罢工浪潮高涨。1974年第四次阿以战争，阿拉伯国家联合起来对支持以色列的欧美世界实施石油禁运，使欧美经济危机雪上加霜。美国甚至扬言要占领中东油田。这时，东亚经济却一枝独秀。日本、韩国、新加坡和我国的台湾地区、香港地区，被称为"东亚五虎"，不但经受住西方经济危机和石油危机的冲击，而且经济高速发展，创造了东亚经济发展的奇迹。在这个奇迹创造过程中，儒家起到了相当重要的作用。比如，"五虎"中业绩最突出的日本，早就把儒家文化大量地应用到企业经营管理中。日本企业经营界的巨擘涩泽荣一先生，一手拿《论语》，一手拿算盘。在他的著作中，时不时地引用儒家名人的言论和事迹，甚至还专门开坛讲读《论语》。"东亚五虎"的业绩证明，儒家不仅能够与当代工业文明对接，而且对当代工业文明发展能够起着相当大的作用。

第三讲
关于儒家与封建礼教

　　直至今日，许多人包括一些重量级的研究国学的学者仍认为，儒家思想与马克思主义是相违背的，提倡儒家文化是历史的倒退。这些学者的逻辑前提是，儒家就意味着封建礼教，而封建礼教是吃人不吐骨头的魔鬼，是以礼杀人的软刀子。所以近代新文化运动喊出了打倒孔家店的口号。鲁迅先生在《狂人日记》中称封建礼教所讲的"仁义道德"是"吃人"。笔者完全赞同封建礼教吃人的说法，坚决反对恢复封建礼教。但是，笔者不赞成把儒家与封建礼教相等同。封建礼教是专制君主歪曲儒家制造出来作为压迫人的工具的，而儒家思想是强调爱人的。其实，封建礼教后来所鼓吹的行为准则，原本都是儒家反对的。

　　例如，关于君臣关系，一代明君唐太宗就说"君虽不君，臣不可以不臣"①，以致民间流传出更加极端的说法，君要臣死，不得不死；父要子亡，不得不亡。可是儒家实际上并不是这样看待君臣关系的。（鲁）定公问："君使臣，臣事君，如之何？"孔子对曰："君使臣以礼，臣事君以忠。"②君臣关系不是片面的。君首先对臣以礼相待，臣才谈得上忠于君主。臣子忠于君主的前提是有被礼敬的权利。孟子的说法更为激烈，他对齐宣王说："君之视臣如手足，则臣视君如腹心；君之视臣如犬马，则臣视君如国人；君之视臣如土芥，则臣视君如寇雠。"③对于不义的君主，就是不能盲目恭顺。荀子也主张下对上的服从，以讲原则者为最上乘。"入孝出弟，人之小行也；上顺下笃，人之中行也；从道不从君，从义不从父，人之大行也。"④《孟子》里有一段记载："孟子将朝王，王使人来曰：'寡人如就见者也，有寒疾，不可以风。朝，将视朝，不识可使寡人得见乎？'对曰：'不幸而有疾，不能造朝。'明日，出吊于东郭氏。公孙丑曰：'昔者辞以病，今日吊，或者不可乎？'曰：'昔者疾，今日愈，如之何不吊？'王使人问疾，医来。孟仲子对曰：'昔者有王命，有采薪之忧，不能造朝。今病小愈，趋造于朝，我不识能至否乎？'使数人要于路，曰：'请必无归，而造于朝！'不得已而之景丑氏宿焉。景子曰：'内则父子，外则君臣，人之大伦也。父子主恩，君臣主敬。丑见王之敬子也，未见所以敬王也。'曰：'恶！是何言也！齐人无以仁义与王言者，岂以仁义为不美也？其心曰是何足与言仁义也云尔，则不敬莫大乎是。'"①孟子到了齐国，齐宣王称病不看望他，他第二天也借故不去参拜齐宣王，与齐宣王较劲。他这样做就是要维护道德君子的尊严，就是要向君主宣示，权力、地位不能压倒道德君子的尊严。道德君子的尊严一定要压君主的权力和地位一头。直至汉代，大儒董仲舒仍坚持这一精神，只是方式方法不同。董仲舒的确提高了皇帝的地位，他说："唯天子受命于天，天下受命于天子，一国则受命于君。君命顺，则民有顺命；君命逆，则民有逆命。故曰：一人有庆，兆民赖之。此之谓也。"②但是，他根据当时的情况使用了恰当的方式，坚持了儒家真理对专制君主的压倒性。他说："天人相与之际，甚可畏也。国家将有失道之败，而天乃先出灾害以谴告之，不知自省，又出怪异以警惧之，尚不知变，而伤败乃至。以此见天心之仁爱人君而欲止其乱也。"③

① 《孟子·公孙丑下》，史仲文主编：《中华经典藏书》，北京出版社1999年版，第1129页。
② 《春秋繁露·为人者天第四十一》，史仲文主编：《中华经典藏书》，北京出版社1999年版，第1357页。
③ 《汉书》卷56，《董仲舒传》，中华书局1962年版。

董仲舒用来压倒专制君主的至上神的"天"，其内涵是什么？
他说："天道之大者在阴阳。阳为德，阴为刑；刑主杀而德主
生。是故阳常居大夏，而以生育养长为事；阴常居大冬，而积
于空虚不用之处。以此见天之任德不任刑也。"①董仲舒的缘
象比附的思维方式是可笑的，但政治意图是明确的，"天"的
内涵就是儒家讲仁爱（"阳"）的伦理道德，专制君主必须按
照儒家道德行事。学术界许多人把董仲舒的思想归结为谶纬神
学，这是天大的误会，也是对董仲舒的贬低。谶纬神学属于马
屁神学，专门为专制君主的举措寻找合理化的根据和理由。而
董仲舒则是想方设法论证儒家理念的至上性，特别是强调对专
制君主的压倒性。

　　对于不仁不义的君主，儒家甚至主张推翻。孟子对齐宣王
说，"贵戚之卿"对君主的态度是，"君有大过则谏，反覆之
而不听，则易位"②。荀子也夸赞推翻暴虐君主的汤武。"夺
然后义，杀然后仁，上下易位然后贞，功参天地，泽被生民，
夫是之谓权险之平，汤武是也。"③梁启超也有过类似的说法：
"有人说自汉武帝以来，历代君主皆以儒家做幌子，暗地里实
行高压政策，所以儒家学问，成为拥护专制的学问，成为奴辱
人民的学问。诚然历代帝王，假冒儒家招牌，实行专制，此种

①《汉书》卷56，《董仲舒传》，中华书局1962年版。
②《孟子·万章下》，史仲文主编：《中华经典藏书》，北京出版社1999年版，第1146页。
③《荀子·臣道》，史仲文主编：《中华经典藏书》，北京出版社1999年版，第1261页。

情形，在所难免。但是我们要知道，几千年来，最有力的学派，不惟不受帝王的指使，而且常带反抗的精神。儒家开创大师，如孔、孟、荀都带有很激烈的反抗精神……由此看来，儒家哲学也可以说是伸张民权的学问，不是拥护专制的学问；是反抗压迫的学问，不是奴辱人民的学问。所以历代儒学大师，非但不受君主的指使，而且常受君主的摧残。要把贼民之罪加在儒家身上，那真是冤透了。"①

另外，封建礼教的一些具体做法也不符合儒家精神。例如，封建礼教导致人们竞相大办丧事，甚至用毁伤自己来表达对父母的孝顺。这些早就遭到儒家反对。"礼，与其奢也，宁俭；丧，与其易也，宁戚。"②礼仪不追求奢华，丧事不主张大办，只要尽心即可。荀子批判毁伤自己表达对父母的孝心。"故量食而食之，量要而带之，相高以毁瘠，是奸人之道，非礼义之文也，非孝子之情也，将以有为者也。"③后世那些割股疗疾、割肝疗疾、守制几十年之类的极端性的做法，在荀子看来，都破坏了孝子之情，违反了儒家的礼，有着某种不可告人的目的。儒家确实非常讲求孝道，但孝的含义并非为侍奉父母摧毁自己的家业和身体。《中庸》中说："夫孝者：善继人之志，善述人之事者也。"真正的孝是善于继承先辈的好思想，

①《儒家哲学》，《梁启超文选》下，中国广播电视出版社1992年版，第351页。
②《论语·八佾》，史仲文主编：《中华经典藏书》，北京出版社1999年版，第1093页。
③《荀子·礼论》，史仲文主编：《中华经典藏书》，北京出版社1999年版，第1279页。

善于把先辈的事业发扬光大。

由上可见，新文化运动以来提出的"打倒孔家店"的口号严格讲是冤枉了孔孟儒家，是孔子、孟子等伟大的思想家代封建专制君主受过。退一步讲，即便儒家经过几千年的发展有这样那样的问题，其主体部分仍是不可抛弃的。梁启超评论"打倒孔家店"的口号说："近来有许多新奇偏激的议论，在社会上渐渐有了势力，所以一般人对于儒家哲学，一场怀疑，青年脑筋中，充满了一种反常的思想，如所谓'专打孔家店'，'线装书应当抛到茅坑里三千年'等等。此种议论，原来可比得一种剧烈性的药品。无论怎样好的学说，经过若干时代以后，总会变质，掺杂许多凝滞腐败的成分在里头。譬如人身血管变成硬化，渐渐与健康有妨碍，因此，须有些大黄芒硝一类暝眩之药泻它一泻。所以那些奇论，我也承认它们有相当的功用。但要知道，药到底是药，不能拿来当饭吃。若因为这种议论新奇可喜，便根本把儒家道术的价值抹杀，那便不是求真求善的态度了。"①梁启超的说法是公允的。

另外，对儒家思想家有些容易被当作封建礼教说法的言论需要做一些澄清。孔子说过，"唯女子与小人为难养也，近之则不孙（逊），远之则怨"②。"难养"者，难处也。所以说"近之"不行，"远之"也不行。说小人难处可以，为何又说

---

① 《儒家哲学》，《梁启超文选》下，中国广播电视出版社1992年版，第347页。
② 《论语·阳货》，史仲文主编：《中华经典藏书》，北京出版社1999年版，第1114页。

女子难处呢？于是，这成为儒家是压迫妇女的封建礼教的罪证。然而笔者以为，孔子只是说出了当时社会存在的一个现象，并没有贬低女性的意思。孔子说"女子与小人"时，只是就难于相处的意义上将两者相并列，并没有说女性在整个品性上与小人相同。女性为什么难以相处呢？对于男性来说，女性具有男性不能不亲近的一面，又有男性不能太亲近的一面。女性的柔情具有巨大的征服力，更重要的是，女性在与当时中国社会生产力相适应的一夫一妻小农家庭中是顶梁柱之一。所以，男性在感情上和物质生活上承担不起与女性疏远的成本。但是，另一方面，当时的小家庭又是大家族的一个细胞，不能够破坏大家族整体体制的稳定。可是，嫁过来的女性毕竟来自丈夫家族体制之外，小家庭建设得如何对她更加利益攸关，所以有时难免吹点枕边风，向丈夫灌输点离心意识。如，东汉名士李充的媳妇，就向李充吹分家的枕边风。"李充字大逊，陈留人也。家贫，兄弟六人同食递衣。妻窃谓充曰：'今贫居如此，难以久安，妾有私财，愿思分异。'"①李妇为了小家庭，私下积财，要丈夫与穷兄弟分家的建议是反家族体制的，后被丈夫休掉。贾谊描绘有的儿媳妇当时的情况是"借父耰锄，虑有德色；母取箕帚，立而谇语；抱哺其子，与公并倨；妇姑不相说，则反唇而相稽"②，即有的儿媳妇借给公公农具，如同恩

①《后汉书》卷32《李充传》，中华书局1965年版。
②《汉书》卷48《贾谊传》，中华书局1962年版。

赏；母亲用一下她的扫帚簸箕，就甩难听的话；站在丈夫旁边奶孩子，对丈夫一点没有恭顺的样子；动不动与妯娌小姑子拌嘴。面对女子，男子很是矛盾。离她特别近吧，她就愈发因自己在小家庭中的重要性而突破家族的礼数（即"不逊"），出现离心倾向；离她远吧，女子一怨恨，小家庭的损失是男子难以承担的。所以孔子感慨女子难以相处。总之，孔子的话没有贬低女性之意。

如果再把孔子的话与西方思想家有关女性的言论相比，我们大概能够真正懂得什么叫做贬低女性。"亚里士多德说：'丈夫像一个国君一样统治着妻子，像一个皇帝一样统治着孩子。'""在古代雅典，女主人处于未成年人的地位。法律规定的义务是，用古希腊剧作家埃斯库罗斯的话来说，做自己老爷的一条'忠实的狗'。某些古代哲学家甚至'证明'，妇女'不属于人类'。富裕的希腊奴隶主的妻子通常是足不出户的。她们被禁止出门。雅典的贵妇是在严密的监视下被饲养、监禁在自己丈夫老爷的家里。据阿里斯托芬说，甚至用体形高大的猛犬来看守她们。她们习惯于对丈夫唯命是从，做一名家庭牢笼里的囚徒，直到死去。合乎男子口味的一个理想的妻子应该是谦恭、忠实、不声不响，像蜜蜂一样吃苦耐劳。笼罩在妇女头上的歧视和诅咒到罗马帝国时期依旧保存着。妇女无权决定自己的命运。古罗马诗人卡图鲁斯建议丈夫们给这头'桀骜不驯的牲口'戴上笼头。罗马的法律禁止妇女担任任何职务

(无论是私人的，还是公共的职务)。除了奴隶制时期卫道士的詈骂之外，后来又加上了封建制时代的宗教诅咒。"① 其实，贬低女性是古代社会东西方的共同点。但与西方相比，儒家在这方面简直是微不足道的。同时，儒家在世界观上是乾坤并称，阴阳并重，在人伦上强调夫妇和顺和子女对父亲也对母亲孝顺，大大抵消了对女性的贬低。

儒家为了论证自己的观点，反驳论敌，在一些特殊的情况下，也难免说一些绝对性的话。如，有人问到："或有孤孀贫穷无托者可再嫁否？"程颐回答："只是后世怕寒饿死，故有是说。然饿死事极小，失节事极大。"② 这种话后来被统治者用来压迫妇女。当然，也被仁人志士用来激励自己不屈服于邪恶势力。这种语言出现的背景是中国封建社会中期以后，社会体制日益个人利益化，理学家为了对抗这个趋势，激愤中说出了这种极端性的话。有关这个问题，后面将详加探讨。

① ［保］基里尔·瓦西列夫：《爱的哲学》，梁萍等译，工人出版社1985年版，第70页。
② 《二程遗书》卷22下，转引自《四库全书》，上海人民出版社光碟检索版1999年版。

第四讲
儒家文化的特点

特点是比较出来的。儒家文化也正是在与其他文化的比较中显现出来的。笔者以为，儒家文化有以下几个特点需要特别注意：

一、以人为本，以民为本

以人为本是与以财富为本相对立的。《论语》里有一段记载：“厩焚。子退朝，曰：‘伤人乎？’不问马。”[①]《论语》

① 《论语·乡党》，史仲文主编：《中华经典藏书》，北京出版社1999年版，第1103页。

这段记载突出地表达了儒家以人为本的思想。马是贵族的宠物，再往低了说也是贵族的财物。在主人眼中，财物比奴隶重要。如："平公射鷃，不死，使竖襄搏之，失，公怒，拘将杀之。"①晋平公猎鹌鹑，就是因为奴隶没能抓住受伤的猎物，就要杀掉奴隶。据墨子记载，"天子杀殉，众者数百，寡者数十。将军大夫杀殉，众者数十，寡者数人"②。秦始皇死时一万多人殉葬，明代英宗以前，皇帝死了都拿活人殉葬。儒家坚决反对殉葬，痛恨殉葬。孔子时代，随着社会文明的发展，在中小贵族和平民百姓中，殉葬已不流行。但由于传统观念的影响，有人用假人——"俑"来殉葬。孔子认为，用"俑"殉葬也不行，因为"俑"仍然是人的形象。用"俑"殉葬，起码象征着对人的摧残。孟子批评梁惠王虐待民众时，引用了孔子的话："仲尼曰：'始作俑者，其无后乎！'为其象人而用之也。"③这些都表明，儒家是以人的生命存在为第一重要的事。

儒家的人本意识不仅仅包含人命大于天，反对贵族以财富压人命，还包含神灵依人而行。春秋时楚武王侵随，佯装羸弱，引诱随侯"矫举以祭"出战。随臣季梁止之。随侯却自以为有神灵保佑，必能胜楚。季梁与之发生争辩："（季梁

① 《国语·晋语八·叔白谏杀竖襄》，史仲文主编：《中华经典藏书》，北京出版社1999年版，第6881页。
② 《墨子·节葬下》，史仲文主编：《中华经典藏书》，北京出版社1999年版，第4299页。
③ 《孟子·梁惠王上》，史仲文主编：《中华经典藏书》，北京出版社1999年版，第1121页。

曰：）'所谓道，忠于民而信于神也。上思利民，忠也；祝史正辞，信也。今民馁而君逞欲，祝史矫举以祭，臣不知其可也。'公曰：'吾牲牷肥腯，粢盛丰备，何则不信！'对曰：'夫民，神之主也。是以圣王先成民，而后致力于神。故奉牲以告曰：博硕肥腯，谓民力之普存也，谓其畜之硕大蕃滋也，谓其不疾瘯蠡也，谓其备腯咸有也；奉盛以告曰：洁粢丰盛，谓其三时不害，而民和年丰也；奉酒醴以告曰：嘉栗旨酒，谓其上下皆有嘉德，而无违心也。所谓馨香，无谗慝也。故务其三时，脩其五教，亲其九族，以致其禋祀。于是乎民和而神降之福，故动则有成。今民各有心，而鬼神乏主，君虽独丰，其何福之有！君姑脩政而亲兄弟之国，庶免于难。'"[1]儒家并没有明确否定神的存在，但认为神意实质就是人意，满足人就是满足神。人的粮食丰收了，牲畜肥壮了，病害消除了，家族和睦了，再来祭祀神灵，神灵必然欣悦。靠损害人以祭祀神灵，是谓"矫举以祭"。虢国史嚚说："吾闻之：国将兴，听于民；将亡，听于神。神，聪明正直而壹者也，依人而行。"[2]将要兴盛的国家，其君主一定是依赖民众，将灭亡之国的君主一定是一味地乞求神灵。后者根本不明白，其实神就是人，是人中最聪明正直而专一者，按照人民的意愿行事。

---

[1]《左传·桓公六年》，史仲文主编：《中华经典藏书》，北京出版社1999年版，第554页。

[2]《左传·庄公三十二年》，史仲文主编：《中华经典藏书》，北京出版社1999年版，第579页。

　　《易经》本来是古人占筮的记载，里面充满着迷信的内容。儒家既没有简单地否定，也没有简单地全盘接受。孔子说："加我数年，五十以学《易》，可以无大过矣。"①这表明，第一，孔子认为到了五十岁有了相当的知识积累和道德境界——达到"知天命"的程度，是学习《易》的合适时间，否则理解不了《易》的哲理和境界。第二，学习《易》可以让人懂得做人的道理，避免犯大的过错。这里没有把《易》当作表达神意的天启神书，而是当作增益智慧的教科书。子曰："南人有言曰：'人而无恒，不可以作巫医。'善夫！""不恒其德，或承之羞。"子曰："不占而已矣。"②孔子称赞人没有恒心，不可以做巫医这种说法。"不恒其德，或承之羞。"这句话出自《易经·恒卦·爻辞》，是说没有恒心的人会遭到羞辱。孔子接着说，这种人就不必占卦了，占了也没用。总之，孔子没有否定《易》的作用，但认为《易》对人的作用如何取决于人的知识水平和精神境界。这与前面说的神对人的态度如何取决于人对人的态度如何是一致的。

　　孔子之后的儒家学者撰写的《易传》对《易》的解释人文色彩愈发浓厚。《易传》认为，八卦其实是先贤对宇宙的描绘。"古者包牺氏之王天下也，仰则观象于天，俯则观法于

----

① 《论语·述而》，史仲文主编：《中华经典藏书》，北京出版社1999年版，第1098页。

② 《论语·子路》，史仲文主编：《中华经典藏书》，北京出版社1999年版，第1107页。

地，观鸟兽之文，与地之宜，近取诸身，远取诸物，于是始作八卦。以通神明之德，以类万物之情。"①古代伏羲氏通过深入研察远近万物，周细描绘，提炼概括出八卦。"以通神明之德，以类万物之情"是说八卦揭示了宇宙深层莫测的本质，与万物的规律相一致。《易·系辞下》载："《易》曰：困于石，据于蒺藜，入于其宫，不见其妻，凶。子曰：'非所困而困焉，名必辱；非所据而据焉，身必危。既辱且危，死期将至，妻其可得见耶。'"②这一段话借用孔子之口用现实生活解读经意。"困于石，据于蒺藜，入于其宫，视其妻，凶"，见于《困》卦。其六三说：困穷于巨石之下，石坚不可入。凭据在蒺藜之上，棘刺不可践。即使退入自家居室，也只能茕茕独处，见不到其配人为妻的一天，有凶险。孔子解释说：困穷于不妥当的处所，其名必受损辱；凭据于不适宜的地方，其身必遭凶险。既受损辱又遭凶险，灭亡的日期即将到来，哪有可能见到其配人妻的一天呢？对《易》的许多经文，儒家都做如是解读，而所有的解读都是以人的生活为本的。

儒家以民为本是针对以君为本的。儒家经典中有许多以民为本的记载。《尚书》中记载："天聪明，自我民聪明；天明畏，自我民明威。"③天的智慧和意志都是通过民众的智慧和

①《易传·系辞下》，史仲文主编：《中华经典藏书》，北京出版社1999年版，第73页。
②《易传·系辞下》，史仲文主编：《中华经典藏书》，北京出版社1999年版，第73页。
③《尚书·皋陶谟》，史仲文主编：《中华经典藏书》，北京出版社1999年版，第84页。

意志来体现的。孟子与学生万章有一段对话具体展开了《尚书》的这一思想："万章曰：'尧以天下与舜，有诸？'孟子曰：'否。天子不能以天下与人。''然则舜有天下也，孰与之？'曰：'天与之。''天与之者，谆谆然命之乎？'曰：'否。天不言，以行与事示之而已矣。'曰：'以行与事示之者如之何？'曰：'天子能荐人于天，不能使天与之天下；诸侯能荐人于天子，不能使天子与之诸侯；大夫能荐人于诸侯，不能使诸侯与之大夫。昔者尧荐舜于天而天受之，暴之于民而民受之，故曰：天不言，以行与事示之而已矣。'曰：'敢问荐之于天而天受之，暴之于民而民受之，如何？'曰：'使之主祭而百神享之，是天受之；使之主事而事治，百姓安之，是民受之也。天与之，人与之，故曰：天子不能以天下与。'"①天子没有资格把天下赠给别人，只有天和民众才有资格。天不说话，也得通过民意来体现其意。所以孟子接着引用《太誓》的话："天视自我民视，天听自我民听。"孟子还直截了当地说："民为贵，社稷次之，君为轻。"②体现在政治立场上，儒家时时为民请命。"哀公问于有若曰：'年饥，用不足，如之何？'有若对曰：'盍彻乎？'曰：'二，吾犹不足，如之何其彻也？'对曰：'百姓足，君孰与不足？百姓不足，君孰与

①《孟子·万章上》，史仲文主编：《中华经典藏书》，北京出版社1999年版，第1143页。
②《孟子·尽心下》，史仲文主编：《中华经典藏书》，北京出版社1999年版，第1155页。

足？'"①"季康子患盗，问于孔子。孔子对曰：'苟子之不欲，虽赏之不窃。'"②孟子还把民本意识具体化，落实在百姓的物质生活指标上："五亩之宅，树墙下以桑，匹妇蚕之，则老者足以衣帛矣。五母鸡，二母彘，无失其时，老者足以无失肉矣。百亩之田，匹夫耕之，八口之家足以无饥矣。"③

也应看到，儒家的以人为本和以民为本，与人权民权意识根本不是一回事。它所导致的仍是"爱民如子"、"为民做主"等清官思想，而清官思想可以成为专制统治的构成部分。但是，民本思想也可成为正义之士反抗暴政，维护民众利益，改良政治的思想武器。儒家很早就挖掘古人限制君权的资料。《国语》载，召公对压制不同意见胡作非为的周厉王说："故天子听政，使公卿至于列士献诗，瞽献曲，史献书，师箴，瞍赋，蒙诵，百工谏，庶人传语，近臣尽规，亲戚补察，瞽、史教诲，耆、艾修之，而后王斟酌焉，是以事行而不悖。"④明代后期，进步思想家用儒家民本意识打击专制体制。专制君主打着国家的旗号行个人私欲，把国家制度个人化。顾宪成则认为："天下事非一家之私议。"⑤"天下事非一家私事，盖言公也，况以宗庙社稷之行

---

① 《论语·颜渊》，史仲文主编：《中华经典藏书》，北京出版社1999年版，第1105页。

② 《论语·颜渊》，史仲文主编：《中华经典藏书》，北京出版社1999年版，第1106页。

③ 《孟子·尽心上》，史仲文主编：《中华经典藏书》，北京出版社1999年版，第1153页。

④ 《国语·召公谏厉王弭谤》，第6786页。

⑤ 《四库全书》，上海人民出版社光碟检索版1999年11月。

而可付之一人之手乎！"①顾宪成与宰相王锡爵有一段对话：王锡爵说，近来听说有一怪事，"庙堂之所是，外人必以为非；庙堂之所非，外人必以为是"。顾宪成则针锋相对地说他近来也听说有一怪事，"外人之所是，庙堂必以为非；外人之所非，庙堂必以为是"②。顾宪成用民本意识与统治者的对抗引来的后果是，专制君主挥起屠刀对东林志士进行血腥镇压。

黄宗羲对旧制度的批判更击中了专制君主的要害："古者以天下为主，君为客，凡君之所毕世而经营者，为天下也。今也以君为主，天下为客，凡天下之无地而得安宁者，为君也。是以其未得之也，屠毒天下之肝脑，离散天下之子女，以博我一人之产业，曾不惨然，曰：'我固为子孙创业也。'其既得之也，敲剥天下之骨髓，离散天下之子女，以奉我一人之淫乐，视为当然，曰：'此我产业之花息也。'然则为天下之大害者，君而已矣！"③公共权力个人利益化，这就是专制制度的要害。为实现民本意识，黄宗羲提出了一系列建设性的主张：（1）重法。他说："论者谓有治人无治法，吾以谓有治法而后有治人。"④这是用法来约束专制君主的行动。（2）建立有实权的宰辅制。他说："宰相设政事堂，使新进士主之，或用

---

① 《泾稿藏稿》卷22《先弟李时述》，上海人民出版社光碟检索版1999年11月。
② 《顾端文公年谱上 万历26年》，《顾端文公遗书》清光绪重刻本，中国社会科学院历史研究所图书馆藏。
③ 《明夷待访录·原君》，中华书局1981年版，第2页。
④ 《明夷待访录·原法》，中华书局1981年版，第7页。

待诏者。唐张说为相，列五房于政事堂之后：一曰吏房，二曰枢机房，三曰兵房，四曰户房，五曰刑礼房，分曹以主众务，此其例也。四方上书言利弊者及待诏之人皆集焉，凡事无不得达。"①这是用行政权力制约专制君主，以防其任意弄权。

（3）设立超出个人之上的、确定是非善恶标准的机构——"学校"。他说："天子之所是未必是，天子之所非未必非，天子亦遂不敢自为非是百公其非是于学校。""大学祭酒，推择当世大儒，其重与宰相等，或宰相退处为之。每朔日，天子临幸太学，宰相、六卿、谏议皆从之。祭酒南面讲学，天子亦就弟子之列。政有缺失，祭酒直言无讳。"②

不仅如此，儒家民本意识还可以用来宣传民主共和思想。1912年4月10日，孙中山先生在湖北军政界代表的欢迎会上发表《共和自由之真谛》的演说："此次的革命乃国民革命，乃为国民多数造幸福。凡事以人民为重，军人与官吏不过为国家之一种机关，为全国人民办事。"③

儒家只有民本思想而没有提出民权思想。但是，也不能说儒家这方面一点基因都没有。孔子说："夫仁者，己欲立而立人，己欲达而达人。"④"己所不欲，勿施于人。"⑤《大学》

①《明夷待访录·置相》，中华书局1981年版，第9页。
②《明夷待访录·学校》，中华书局1981年版，第12页。
③《共和国自由之真谛》上卷，《孙中山选集》，人民出版社1956年版，第90页。
④《论语·雍也》，史仲文主编：《中华经典藏书》，北京出版社1999年版，第1098页。
⑤《论语·卫灵公》，史仲文主编：《中华经典藏书》，北京出版社1999年版，第1111页。

载："所恶于上，毋以使下；所恶于下，毋以事上；所恶于前，毋以先后；所恶于后，毋以从前；所恶于右，毋以交于左；所恶于左，毋以交于右：此之谓絜矩之道。"①这种视人如己，可谓是把他人看作活生生的个体，尊重他人权利的金言。1958年，牟宗三、徐复观、张君劢、唐君毅等学术大师发表《为中国文化敬告世界人士宣言》，谈到儒家与民主制度问题时指出："我们承认中国文化历史中，缺乏西方之近代民主制度之建立，与西方之科学，及现代之各种实用技术，致使中国未能真正的现代化工业化。但是我们不能承认中国之文化思想，没有民主思想之种子，其政治发展之内在要求，不倾向于民主制度之建立。"②这几位国学大师的宣言起码能够提示我们，儒家文化不但与现代民主不相对抗，还隐含着现代民主的基因。

二、儒家强调以集体主义为本

荀子探讨人的特征时说：人"力不若牛，走不若马，而牛马为用，何也？曰：人能群，彼不能群也。人何以能群？曰：

---

① 《大学》，史仲文主编：《中华经典藏书》，北京出版社1999年版，第528页。
② 《为中国文化敬告世界人士宣言》，收入张君劢的《中西印哲学文集》，第877页。

分。分何以能行？曰：义。""分"就是构成群体的等级制，"义"就是群体的组织原则。人类从组成的群体中获得了巨大的力量。"故义以分则和，和则一，一则多力，多力则强，强则胜物；故宫室可得而居也。故序四时，裁万物，兼利天下，无它故焉，得之分义也。"荀子的结论是，每一个人离不开群体，"故人生不能无群，群而无分则争，争则乱，乱则离，离则弱，弱则不能胜物；故宫室不可得而居也，不可少顷舍礼义之谓也"。群体的组成离不开人伦。"能以事亲谓之孝，能以事兄谓之弟，能以事上谓之顺，能以使下谓之君。君者，善群也。群道当，则万物皆得其宜，六畜皆得其长，群生皆得其命。故养长时，则六畜育；杀生时，则草木殖；政令时，则百姓一，贤良服。"①人离不开群体，这是世界各民族的共识。

关于儒家的集体主义，有三点需要说明：

（一）集体的含义

为了说明儒家集体的含义，需要拿西方集体的含义作一下比较。西方并非不讲集体。如果西方不讲集体，它也发展不到今天这一步。美国总统小布什说过，美国人民必须记住，自己个人愿望的实现，必须通过国家来进行。这就是说，没有集体，个人的愿望是实现不了的。不过，西方讲的是契约性的集

---

① 《荀子·王制》，史仲文主编：《中华经典藏书》，北京出版社1999年版，第1244页。

体。如，古希腊所讲的集体是以个体为基础组成的，契约性很
强。讲到城邦内部的政治组合时，亚里士多德的思路是，"我
们可以凭借向来应用的[分析]方法阐明这个问题。恰好像在其
他学术方面一样，应该分析每一个组合物为非组合的单纯元
素，——这就得把它分析到无可再分析的最小分子——我们在
政治学的研究中，也要分析出每一城邦所由组成的各个要素而
一一加以考察。由于这种分析，我们就能比较清楚地阐明上述
各种社会团体及其人物之间的差异，并由此辨明，对于上述题
旨，是否可以得出一些有条理的论断"①。亚里士多德的方法意
味着整体以个别为本，弄清"各种社会团体及其人物之间的差
异"，因其差异而成。这种整体与部分是一致的。正如罗马的
哲学家皇帝马可·奥勒留所说："凡不符合蜂群全体利益的，
也就不会符合单独的每一只蜜蜂的利益。"②例如奴役关系，亚
里士多德认为是基于奴隶和自由人各自的特点形成的符合每一
方利益的整体关系。"凡是这种只有体力的卑下的这一级就自
然地应该成为奴隶，……能够被统治于一位主人对于他实际上
较为合适而且有益。所以，凡自己缺乏理智，仅能感应别人的
理智的，就可以成为而且确实成为别人的财产(用品)，这种人就
天然是奴隶。"③奴隶由于其"只有体力"、"缺乏理智"，亚

① ［古希腊］亚里士多德：《政治学》，吴寿彭译，商务印书馆1965年版，第3页。
② ［古罗马］马可·奥留勒：《沉思录——一个罗马皇帝的哲学思考》，朱汝庆译，中国社会科学出版社1998年版。
③ ［古希腊］亚里士多德：《政治学》，吴寿彭译，商务印书馆1965年版，第15—16页。

里士多德认为其"被统治于一位主人对于他实际上较为合适而且有益"。所以整体不会淹没部分。柏拉图说："国家就是个人的放大，个人就是国家的缩小。"①

那么，我们应该如何评价西方的平等、契约、互利性的集体呢？

优点：应该承认，它能够保障集体中的个人权利，防止领导者利用其地位侵害集体中的普通成员。19世纪在德国出现的一个最牛的钉子户的传说就突出体现了这一点。

"威廉一世，号称'军人国王'的普鲁士国王弗里德里希，后来在法国巴黎的凡尔赛宫镜厅被德意志各邦君主拥立为德国皇帝，深受广大人民群众爱戴，他的助手就是大名鼎鼎的铁血宰相俾斯麦。现在德国街头还有他骑着青铜战马的塑像。

当年他在距离柏林不远的波茨坦修建了一座行宫。有一次，这位皇帝用伟人们惯有的动作，登高远眺波茨坦市的全景，正欲叉腰感慨一番，他的视线却被紧挨着宫殿的一座磨坊挡住了。如此不合时宜的'违章建筑'，让这位领袖非常扫兴。但他毕竟还是爱自己的子民的，他想以一种公道的方式来解决，于是派人前去与磨坊的主人协商，希望能够买下这座磨坊。不料，这个磨坊主觉悟非常低，丝毫不顾全大局；心里只有小家，没有大家，一点不把'市政规划'和'国家形象'放在眼里，就认一个死理，这座磨坊是从祖上传下来的，不能败

---

① 周辅成编：《西方伦理学名著选辑》上卷，商务印书馆1964年版，第146页。

在我手里。几次协商，许以高价，晓之以理，动之以情，表示组织的关怀，警告威胁领袖安全，影响伟大祖国形象这个问题的严重性。要知道这里可是一个国家的门面，来这儿的国际友人多极了，一百多年以后波茨坦公告都是在这里签的。可这个老汉始终软硬不吃。面对这样不识抬举、不可理喻的钉子户，终于威廉'龙颜'震怒，派警卫人员把磨坊给拆了。有趣的是，这个钉子户拆迁时倒很配合，展现出了良好的绅士风度，好像一点都不担心，既没有哭天喊地，满地打滚……他袖手站在一边，嘴里叽叽咕咕：别看你是一国首脑，我德国尚有法院在，待我到法院与你理论。第二天，这个老汉居然就在当地一纸诉状把国家元首告上了法庭，地方法院居然受理了，判决结果居然是威廉一世败诉。判决皇帝必须'恢复原状'，重新把那磨坊盖起来，以赔偿由于拆毁房子造成的损失。威廉贵为一国之君，拿到判决书也只好遵照执行，本来是想办件好事，现在比窦娥还要冤。而那个刁民此时躺在他的小磨坊里，一边数钞票，一边偷着乐，压根就用不着冒被遣送拘留的危险，也不担心什么打击报复，秋后算账，从此以后不管什么国际友人来访，他天天心安理得地磨他的面粉。

后来威廉一世和那个磨坊主都'驾崩'了，轮到小磨坊主想进城，希望把磨坊给卖了，不由想起了那个老买主，但他不知第二代领导人对这个磨坊感不感兴趣，就给威廉二世写了一封信。威廉二世给他回了信：'我亲爱的邻居，来信已阅。得知你现在手头紧张，作为邻居的我深表同情。你说你要把磨坊卖掉，朕以为期期不可。毕竟这间磨坊已经成为我德国司法独立之象征，理当世世代代保留在你家的名下。至于你的经济困难，我派人送3000马克，请务必收下。如果你不好意思收的话，就算是我借给你的，解决你一时之急。你的邻居威廉二世'。历经了多少个统治者，到现在，那个磨坊，德国司法独立的象征，代表了一个民族对法律的信念，仍像纪念碑一样屹立在德国的土地上。"①

缺点：应该看到，过度地讲契约，对于离不开情感生活的人类会带来很大的损害。"一位留美博士归国后，到广州市公证处提出单独约见公证员，希望公证处为他近6000字的婚前协议进行公证。公证员看罢他的协议内容后，忍俊不禁。原来，该博士在协议中要把他即将成立的家当作一个企业来管理，他和女友在协议内规定，家庭的投资必须经过财政预算，成立基金，根据双方创收情况来确定家庭事务决定权力的大小，他甚至引进了美国选举人票的制度，将创收划分成若干选举人票；协议还规定，双方生孩子后，母亲负责启蒙教育、语音教育和生活，父亲负责后续教育；在婚姻安全方面，规定了双方会见同事以外的异性时间、身体接触范围；在夫妻生活方面，规定每个星期性生活不得少于两次，质量标准为令对方轻松愉悦；此外，购物方面规定每年购买衣物不得超过两千元，超过部分

① 郭宇宽：《德国钉子户的故事》，《改革内参》2004年7月。

要经过开家庭会议通过。公证处认为，'每个星期性生活不得少于两次'等方面的内容已经远远超出了公证法规定的范围，就算进行了公证，又怎么能保证每个星期不得少于两次，更何况协议中'令对方轻松愉悦'的标准又怎样去证实。博士显出一脸的不理解。"①这种戕害人性的契约精神会引起人类的反抗。"根据德国婚姻专家的统计，缔结契约夫妇的离婚率比不缔结的还高，而且按照一些专家的说法，缔结婚姻契约常导致'婚前离婚'，即因无法达成婚姻协议而还没有结婚就分手。"②

　　更为主要的是，尽管西方所讲的契约、平等、互利对西方的社会发展曾经起过积极的推动作用，但对于我们今天的第三世界国家来说，就不一定有很好的作用。在当今国际社会，落后就要挨欺负、弱国无外交、大国强国凭借雄厚的实力大兴单边主义。他们表面上很关心第三世界的民主、人权，可却从来没有真正帮助第三世界国家富强起来，反而使之沦为廉价原料供应地、商品倾销地和废物排泄地。许多第三世界国家特别是中国这样的文明古国不甘心沦为三等国家，一直奋起直追，希望早日成为强国，为人类做出更大贡献。孙中山先生认为，中国来不及再用几百年的时间重复西方国家的发展道路，而要用"突驾"的方式，用几十年的时间完成现代化历程。要用很

---

① 《数字时代的情感悲哀》，《信息时报》2004年11月19日。

② 《婚前未雨绸缪，婚后有账好算——结婚定个协议》，《北京青年报》2001年2月8日。

短的时间完成西方几百年走过的文明历程，要想完成如此壮举，第三世界国家绝不能照抄西方，而只能走适合本国发展的道路。比如当今，一些国家盲目推行西方的民主，结果造成社会混乱，大大滞后了经济发展，人们不但生活水平没有提高，所谓的民主、人权也没有真正得到。最近国际发生的一些事件就是明证：有些国家发生了"颜色革命"。但是，"'革命'前的反对派在经济发展、打击腐败方面的许诺大都没有实现；相反，'革命'造成的混乱和没完没了的政治斗争，使各国的经济更加落后。'革命'后的社会政治、经济走向远非一片光明，新政权面临的烂摊子，要彻底清理还需克服许多障碍，在这一过程中再次出现动荡完全在情理之中。而'革命'所带来的法制缺失、街头政治泛滥等后遗症也为再次动荡创造了条件"①。另外，每到民主选举时，游行示威、爆炸、暗杀频繁，都给社会经济带来严重损失。孙中山先生当初也把西方的民主看得很简单，结果后来发现，在中国简单照搬这个民主带来的只是更加混乱，军阀混战，政客纷争，盗匪横行，民不聊生。孙中山先生遂根据中国国情提出了"军政"、"训政"、"宪政"几个现代中国政治的发展阶段，还组建了中华革命党。

再有，古希腊强调每一个人利益的契约性群体其实是可望而不可即的，也就是说根本无法操作。因为古代社会不发达，人类不具备细致划分和保障每一个个体在群体中应得多少利益

① 《"颜色革命"震撼后苏联秩序》，《人民论坛》2005年第5期。

的能力，彻底的契约性群体是不可能实现的。对于古人来说，人际之间你我所得大小多少、孰赢孰亏，更多需要的是大而化之，一部分人必须克制自己，甘心吃亏。于是需要群体中有一种与身份、等级相关的思维模式。所以，古代以恩义、人情为基础的人伦等级，还会以某种方式继续存在。今日日本、韩国许多企业内受儒家影响，也讲群体为本位，也讲人伦等级。松下幸之助先生强调下级服从上级，新职工要尊重老职工，向老职工"请益"，可并没有压制个人，反而促进了企业的发展。由此可见，西方中世纪封建等级制的存在还是有合理性的。

　　当然，人们仍然把纯粹的契约性集体当作一种理想加以追求。就像我们实际上得不到百分之百的黄金，但我们仍然把得到百分之百的黄金当作目标来追求。这个目标使我们不断地提高黄金的纯度，如今已经飞跃到五个九。

　　与西方不同，儒家讲的集体不是契约性的集体，而是人伦集体。集体是由五伦组成的。《中庸》讲，治国之达道有五："君臣也，父子也，夫妇也，昆弟也，朋友之交也。五者天下之达道也。"①"五"者五伦也。儒家群体的含义是五伦。每个人一出生，就在这个群体中，承担一定的社会角色。想脱离这个群体，就像自己拽起自己的头发离开地球一样，是绝对不可能的。每个人绝对不能忘记自己是五伦中的某一角色，否则就不再属于人类。我一生下来就负有孝顺父母的责任，无论父

---

①《中庸》，史仲文主编：《中华经典藏书》，北京出版社1999年版，第505页。

母对我态度怎样。我一生下来就得敬兄长爱弟弟，无论他们对我态度怎样。孟子指责杨墨："杨氏为我，是无君也；墨氏兼爱，是无父也。无父无君，是禽兽也。"①孟子对杨朱墨子的指责对错姑且不论，其所说"无父无君"就是不讲人伦，也就是不进入社会群体，与禽兽无异。总之，儒家的集体的含义决定了每个人一来到世界就必须树立先公后私的观念。如何评价儒家所说的集体？其优点在于：古代人伦群体非常重要。它能够使普通人应对各种纠纷，使人生活在秩序中。古代社会发展水平使国家还没有能力大量承担人际纠纷的诉讼，而且人际纠纷绝大多数都不是什么危害社会的大事，所以绝大多数纠纷只能靠家族内部消化。如果每一个纠纷非得计较得清清楚楚，既不现实，也会伤害人际感情，从长远讲，不利于家族群体内的稳定。儒家的五伦给每一个人确定了自己的社会角色，从情感上形成了什么角色的人必须主动自我克制，什么角色的人的权威应得到适当维护的框架，形成了自我化解纠纷的机制。王阳明有一次处理乡间一对父子的诉讼："乡人有父子讼狱，请诉于先生，侍者欲阻之。先生听之，言不终辞，其父子相抱恸哭而去。柴鸣治入问曰：'先生何言，致伊感悔之速？'先生曰：'我言舜是世间大不孝的子，瞽瞍是世间大慈的父。'鸣治愕然请问。先生曰：'舜常自以为大不孝，所以能孝。瞽瞍常自

---

① 《孟子·滕文公下》，史仲文主编：《中华经典藏书》，北京出版社1999年版，第1135—1136页。

以为大慈，所以不能慈。瞽瞍只记得舜是我提孩长的，今何不曾豫悦我，不知自心已为后妻所移了，尚谓自家能慈，所以愈不能慈。舜只思父提孩我时如何爱我，今日不爱，只是我不能尽孝，日思所以不能尽孝处，所以愈能孝。及至瞽瞍底豫时，又不过复得此心原慈的本体。所以后世称舜是个古今大孝的子，瞽瞍亦做成个慈父。'"①王阳明的方法就是让父子双方多想自己的社会角色，多想对方角色对自己的恩德，双方各自根据框架中自己的角色有所克制，这个矛盾就化解了。如果王阳明一定要把双方的陈芝麻烂谷子一是一、二是二地计较清楚，不啻官府精力无法承担，这对父子今后也就不好再生活在一起，家族的稳定性就破坏了。

有人说，儒家强调群体本位是对个人权利，特别是身份低者的压制。比如，宋代理学家朱熹说过："凡有狱讼，必先论其尊卑上下长幼亲疏之分，而后听其曲直之辞。凡以下犯上，以卑凌尊者，虽直不佑。"②这段话是朱熹针对当时家族社会存在的一些问题讲的。从当时社会整体来说，朱熹的话对社会发展还是有利的。古代多数人都认同，家族首先是由"尊"、"上"、"亲"支撑的。第一，在经济上，"尊"、"上"是经济发展的协调者，"亲"是物质生活不可缺少的仰赖者；第二，在社会秩序上，"尊"、"上"、"亲"是社会稳定的支

---

① 《王阳明全集》卷3《语录》下，上海古籍出版社1992年版，第112页。
② 《四库全书》，上海人民出版社光碟检索版1999年11月。

撑者；第三，在精神上，人们的情感、报恩心理主要投射到"尊"、"上"、"亲"身上，家族人伦中洋溢着恩义的气氛。所以，"尊"、"上"、"亲"是每一个人生存最重要的社会资源，家族必须有一个由"尊"、"上"、"亲"占优势的基本秩序框架。朱熹所说的"尊卑上下长幼亲疏之分"就是这个框架。为了家族的整体利益，当出现纠纷时，只要不是危害人类的基本准则，威胁家族整体的利益，与"尊"、"上"、"亲"相对的另一方必须主动有所克制。

　　笔者记得小时候有一次邻居家父亲和儿子吵架，其母亲也认为父亲理亏。但是当着孩子的面，母亲还是站在父亲的立场批评了孩子。母亲深知，父亲是家庭生活的支撑，每天挣钱养家压力非常大。所以母亲等孩子离开后才委婉地批评父亲。后来，孩子在母亲的疏导下，懂得了要体谅大人的辛劳、苦心，必须有报恩之心和尊重长者的道理，孩子主动向父亲承认了自己不尊重长辈的错误。这个孩子在母亲的教导下，明白了对长辈的不是之处，得糊涂就糊涂的道理。如果这位母亲不首先维护家庭基本框架，上来就和孩子一道与父亲吵，孩子会报恩之心减少，自我克制能力减弱，攻击性愈强，以后可能对父亲，乃至对母亲，对兄弟姐妹动辄使性子，得理不饶人，没理搅三分。家庭关系更加不睦，父亲的工作、收入以及家庭生活水平都会受到影响。家庭如此，古代大家族更是如此。不能否认，朱熹这些话有可能被一些坏的统治者用于普通民众，以维护自己的特殊利益。但这不能归罪于儒家的群体本位思想，而是应该清算专制统治者以及清算主张君权至上的法家思想（笔者以后将专文讨论）。

从当代第三世界国家发展的角度看，在经济基础薄弱、国民素质较低的国情下，强调集体为本有利于发挥整体优势，集中有限资源，走快速振兴之路。近代德国、日本的崛起，落后的俄罗斯在苏联共产党领导下一度实力迅速增强就是明证。

其缺点在于：应当承认，儒家所讲的集体也存在着非常大的隐患，即领导者打着集体的旗号化公为私，任意侵夺集体利益，从而侵犯集体中普通成员的合法权益。

（二）集体中领导人与集体的关系

儒家并非没有考虑到君主利用权力压迫平民的问题。明正德朝直臣夏良胜说："天下者天下人之天下，非一人之天下也；天之天下，非人之天下也。故不得容一毫有意于其间也。"[①]夏良胜认为，身为天下领导人的君主，不能视天下为私产，做事必须出于公心，不得假天下行一毫私意。宋代哲学家张载在《西铭》中说："乾父坤母，而人生其中。凡天下之人皆天地之子矣，然继承天地统理人物则大君而已。故为父母

---

① 夏良胜：《中庸衍义》卷6，《四库全书》，上海人民出版社光碟检索版1999年11月。

宗子，辅佐大君纲纪众事则大臣而已。"①君主虽然有"大宗子"的高位，但仍在天地之下，与平民一样是天地之儿女。这也就是说人们仍可以以天地的名义用集体来制约君主。而在专制君主眼里，君就是天。儒家一直在想方设法制衡统治者的权力，笔者甚至认为，有些儒家思想家当初已经出现君主立宪的苗头。孟子对齐宣王说："左右皆曰贤，未可也；诸大夫皆曰贤，未可也；国人皆曰贤，然后察之，见贤焉，然后用之。左右皆曰不可，勿听；诸大夫皆曰不可，勿听；国人皆曰不可，然后察之，见不可焉，然后去之。左右皆曰可杀，勿听；诸大夫皆曰可杀，勿听；国人皆曰可杀，然后察之，见可杀焉，然后杀之。故曰，国人杀之也。如此，然后可以为民父母。"②孟子还公开对齐宣王说，"贵戚之卿"如果"君有大过则谏，反覆之而不听，则易位"。齐宣王"勃然变乎色"。③孟子强调，君主的权力应受到"左右"、"诸大夫"、"国人"、"贵戚之卿"的限制，不遵守道德者可以被更换。儒家心目中的君主主要是道德角色。孔子说，"君子之德风，小人之德草。草上之风，必偃"④。

---

① 张载：《张子全书》卷1，《四库全书》，上海人民出版社光碟检索版1999年11月。

② 《孟子·尽心上》，史仲文主编：《中华经典藏书》，北京出版社1999年版，第1124—1125页。

③ 《孟子·万章上》，史仲文主编：《中华经典藏书》，北京出版社1999年版，第1146页。

④ 《论语·颜渊》，史仲文主编：《中华经典藏书》，北京出版社1999年版，第1105页。

（三）集体中普通成员与集体的关系

孔子说："君子不器。"①"器"，器物也。小到针头线脑，大到公路大厦，无一不是器物。世界是由无数器物组成，但无论器物巨细，都是有局限性、片面性的。针线不能当食物吃喝，公路大厦不能当衣服穿，汽车不能当足球踢。孔子说"君子不器"是何意？这有两个含义：一是说君子不能只关心自己的局部，同时也要关心整体。清初儒者顾炎武说，"天下兴亡，匹夫有责"。有一个日本电器推销商，在加拿大推销电器，远处看见一个加拿大人喝的啤酒像是日本啤酒，走近一看，还真的是日本啤酒。他马上向对方鞠躬说，"谢谢您喝日本啤酒"。这个电器推销商并没有说我是专门推销日本电器的，日本啤酒能卖出否不关我的事。因为他意识到，我是日本人，有关日本人的利害都与我相关。二是不仅要从局部的角度，还要从整体的角度观察局部，这样观察局部比仅仅从局部的角度观察局部要深刻得多。拿破仑"不想当元帅的士兵不是好士兵"的说法就是批评那些不能从元帅（整体）角度而是单纯从士兵（局部）角度理解士兵职责的士兵。这种士兵是胸无大志、头脑简单的士兵，缺乏灵活性、创造性、没有能力应对局部中出现的复杂问题。真正的想当元帅的士兵应该是随时主动策应元帅的，比如电影董存瑞中有一个情节：首长认为敌人

_____

① 《论语·为政》，史仲文主编：《中华经典藏书》，北京出版社1999年版，第1092页。

会正面进攻，命令董存瑞所部坚决击退敌人的正面进攻，保卫后面友邻部队的阵地。可在战场上才发现，敌人没正面进攻，而是绕过董存瑞的阵地直接进攻后面友邻部队的阵地。董存瑞马上从首长的角度推想，如果首长知道敌人改变了策略，一定会命令我从侧面出击打击敌人。于是董存瑞马上调整方向，主动从侧面出击。

三、儒家思想具有很强的渗透性

为了说明儒家文化这个特点，需要先谈谈文化场、潜意识之类的话题。人们追求养生时常说这种食物里有某某营养成分，那种食物里有某某营养成分。可实际上这些营养成分必须转化成某种存在方式才能够被人体吸收。如，食用白糖先要在胃内经过消化酶的分解作用转化为葡萄糖才能被吸收；无机矿物质先要经植物转化成有机矿物质才能被人体及动物吸收。几乎没有人能从矿物质中直接摄取营养。文化的吸收也可以用此作比喻。文化内容要想能够被广大民众内心所摄取，就得转化成文化场。文化场是什么？现尚无确定的说法，但有一个故事可以对其作描绘。《包公案》中头一个故事，说的是一叫萧淑玉的弱女子被恶僧明修奸杀。包公苦无证据，便暗中使人乔装女鬼和阎王的鬼差吓唬三更巡更的恶僧明修："（女鬼哭诉道）：'明修明修，你要来奸我，我不从罢了。我阳数未终，你无杀我道理。无故杀我，又抢我钗珥。我已告过阎王，命二鬼使伴我来取命，你反念阿弥陀佛讲和。今宜讨财帛与我并打发鬼使，方与私休，不然再奏大曹，定来取命。念诸佛难保你命。'明修乃手执弥陀珠佛掌答道：'我一时欲火要奸你，见你不从又要喊叫，恐人来捉我，故一时误杀你。今钗钿戒珠尚在，明日买财帛并念经卷超度你，千万勿奏天曹。'女鬼又哭，二鬼又叫一番，更觉凄惨。僧又念经，再许明日超度。忽然，两个公差走出来，将铁链锁住。僧惊慌：'是鬼！'（公差）王忠道：'包公命我捉你，我非鬼也。'吓得僧如泥块，只说看佛面求赦。王忠道：'真好个谋人佛、强奸佛。'遂锁将去。（公差）李义收取禅担、蒲团等物同行。原来包公早命二公差雇一娼妇，在桥下作鬼声，吓出此情。"①包公这里智破恶僧奸杀弱女子案利用的是人们潜意识中普遍认同的阴阳界的划分、阎王小鬼对阳间的影响，以及死后超度之类的民俗化的文化。这些文化以无形的方式渗透到人们的日常生活中，使人们有了一定的共同的准则、价值尺度以及社会心理和群体情感。学界对文化场的内涵和外延虽然尚不能加以确定，但这种群体潜意识中普遍存在的文化肯定被涵盖其中。孔子引述周公

---

① 《萧淑玉误惨遭非命，恶和尚思淫夺弱女》，《包公案·狄公案》不题撰人，华夏出版社1995年版，第1—2页。

的话，周公谓鲁公曰："君子不施（弛）其亲，不使大臣怨乎不以。故旧无大故，则不弃也。无求备于一人。"①不松懈亲情关系、不忘却老一代功臣和旧友、为人不苛刻，总之人情味浓善解人意，这是血缘关系人们共同的潜意识，文化场应当包括这些潜意识。

人的潜意识埋藏得很深，其中积淀着人的信仰、情感、习惯、倾向，里面充满着人对这个世界的难以言说的感受。潜意识与意识有时是矛盾的。许多人在意识的层次可以接受新思想，但在潜意识层次，仍大量储存着旧思想、旧文化、旧风俗、旧习惯。

笔者在农村插队时发现，一些妇女若没有生男孩便感到自卑。虽然现在是新社会了，生男生女都一样的思想已经普及，但男贵于女的文化场仍然隐藏在人们的潜意识中。笔者曾听说这样一件事，一位在海外留学多年，思想相当现代派的博士教授经常粗暴地对待自己的妻子，原因竟然是妻子生的是女儿。丈夫说自己家里几代单传，到了他这一辈就要断根喽，说完怆然泪下。在他的潜意识层次，把妇女当作传宗接代的工具的观念仍根深蒂固。笔者和一些农民兄弟聊过为什么婚丧嫁娶要大操大办的问题。聊了半天他们也说不出为什么，只有一句话——"不办不行"。婚丧嫁娶大操大办已经成为人们的潜意

---

① 《论语·微子》，史仲文主编：《中华经典藏书》，北京出版社1999年版，第111页。

识。潜意识很难用理论逻辑加以论证和改造。好比一颗螺丝钉锈在机器上拧不下来，滴几滴水也不行，水渗不进去，滴几滴油才可以。油能够渗进锈中，把锈溶解，进而才容易把螺丝钉拧下来。儒家文化擅长营造文化场，所以儒家文化就好比油，对人的潜意识渗透性很强。

孟子曰："仁言，不如仁声之入人深也。善政，不如善教之得民也。善政民畏之，善教民爱之；善政得民财，善教得民心。"①"仁声"、"善教"就是诗、乐、礼。孔子很重视诗、乐、礼的教育。《论语》记载：子曰："兴于诗，立于礼，成于乐。"②"不学诗，无以言。"③"不学礼，无以立。"④宰我说："三年不为乐，乐必崩。"⑤儒家特别强调诗、乐、礼的教育。这三项内容都关乎人的潜意识。关于诗，《尚书》载："诗言志。"⑥颜师古在《汉书》中注："在心为志，发言为诗。"⑦"诗语足以感心，故闻其音而德和，省其诗而志

---

① 《孟子·尽心上》，史仲文主编：《中华经典藏书》，北京出版社1999年版，第1153页。

② 《论语·泰伯》，史仲文主编：《中华经典藏书》，北京出版社1999年版，第1100页。

③ 《论语·季氏》，史仲文主编：《中华经典藏书》，北京出版社1999年版，第1112页。

④ 《论语·季氏》，史仲文主编：《中华经典藏书》，北京出版社1999年版，第1112页。

⑤ 《论语·阳货》，史仲文主编：《中华经典藏书》，北京出版社1999年版，第1114页。

⑥ 《尚书·舜典》，史仲文主编：《中华经典藏书》，北京出版社1999年版，第82页。

⑦ 《汉书》卷22《志二·礼乐》，中华书局1962年版。

正。"①"志"在潜意识中，诗是表达潜意识中的情怀。所以诗可以"感"人心。闻诗而德和是说闻诗而性情和顺。诗只能"省"，即只能心灵感受。"志正"是说心灵深处受到陶冶、净化。总之，诗是关乎潜意识的。关于乐，《尚书》载："帝曰：夔！命汝典乐，教胄子。直而温，宽而栗，刚而无虐，简而无傲。"②这里也讲到了音乐。"直而温，宽而栗，刚而无虐，简而无傲。"颜师古解为"正直温和也"、"宽大而敬栗"、"刚毅而不害虐也"、"简约而无傲慢"。③这些都是讲性情的改造与陶冶。《汉书》中还说："乐者，圣人之所乐也，而可以善民心。其感人深，移风易俗，故先王著其教焉。"④所以音乐也关涉人的潜意识。"夔曰：於，予击石拊石，百兽率舞。"⑤这是说击打乐器，使人潜意识中的性情愉悦，崇拜不同图腾的氏族部落翩翩起舞。对于诗歌音乐的作用，班固在《汉书》中总的评价是："'诗言志，歌咏言，声依咏，律和声，八音克谐。'此之谓也。又以外赏诸侯德盛而教尊者。其威仪足以充目，音声足以动耳，诗语足以感心，故闻其音而德和，省其诗而志正，论其数而法立。是以荐之郊庙

---

①《汉书》卷22《志二·礼乐》，中华书局1962年版。

②《尚书·舜典》，史仲文主编：《中华经典藏书》，北京出版社1999年版，第82页。

③《汉书》卷22《志二·礼乐》，中华书局1962年版。

④《汉书》卷22《志二·礼乐》，中华书局1962年版。

⑤《尚书·舜典》，史仲文主编：《中华经典藏书》，北京出版社1999年版，第82页。

则鬼神飨，作之朝廷则群臣和，立之学官则万民协。听者无不虚己竦神，说而承流，是以海内遍知上德，被服其风，光辉日新，化上迁善，而不知所以然。"①其中的"音声足以动耳，诗语足以感心"，"化上迁善，而不知所以然"，都说明诗歌音乐对人的心灵深处的穿透力非常非常强，使人在不自觉中，潜意识受到改造。关于礼，《汉书》中说："人性有男女之情，妒忌之别，为制婚姻之礼；有交接长幼之序，为制乡饮之礼；有哀死思远之情，为制丧祭之礼；有尊尊敬上之心，为制朝觐之礼。"②礼虽然是外在的规定，但它所规定的仪节是对男女之情、长幼之情、哀思之情、敬长之情的表达，所关涉的仍不出个情字。因此，礼也关涉人的潜意识。再有，礼仪是通过诗歌朗诵、音乐舞蹈来进行的，娱人之心，感人之情，精神穿透力极强。由于礼是真善美三者的恰当融合，很容易积淀成与潜意识相结合的潜规则。

由于儒家文化渗透力强，它能够在中国民众心目中扎根。历史上，许多新加入中华民族大家庭的兄弟民族也在不知不觉中受到儒家文化的感染而接受之。

---

① 《汉书》卷22《志二·礼乐》，中华书局1962年版。
② 《汉书》卷22《志二·礼乐》，中华书局1962年版。

第五讲
儒家的治国安邦之道

　　《大学》所讲，既是儒家的治国安邦之道，又是儒家的修身之道。这里首先把它当做治国安邦之道来介绍。

　　"大学"之道首先是治国安邦之道。"大学"之道如下：

　　"大学之道，在明明德，在亲民，在止于至善。知止而后有定，定而后能静，静而后能安，安而后能虑，虑而后能得。物有本末，事有终始，知所先后，则近道矣。古之欲明明德于天下者，先治其国。欲治其国者，先齐其家。欲齐其家者，先修其身。欲修其身者，先正其心，欲正其心者，先诚其意。欲诚其意者，先致其知。致知在格物，物格而后知至，知至而后意诚。意诚而后心正，心正而后身修，身修而后家齐，家齐而

后国治，国治而后天下平。自天子以至于庶人，壹是皆以修身
为本。其本乱而末治者，否矣。其所厚者薄，而其所薄者厚，
未之有也。此谓知本，此谓知之至也。"①

这里包含的治国安邦之道有以下内容：

一、以修身为本

"自天子以至于庶人，壹是皆以修身为本。"天下所有
人无论老幼贵贱，都讲求修身，则天下将成为君子世界。所
以《荀子》有一问答："请问为国？曰闻修身，未尝闻为国
也。"②荀子的意思是，修身就是治国。孔子说："克己复礼为
仁。一日克己复礼，天下归仁焉。"③每一个人做到"克己复
礼"，天下皆就仁。

修身是所有的人都必须做到的，但儒家更强调统治者必须
带头修身。

季康子问政于孔子。孔子对曰："政者，正也。子帅以

①《大学》，史仲文主编：《中华经典藏书》，北京出版社1999年版，第527页。

②《荀子·君道》，史仲文主编：《中华经典藏书》，北京出版社1999年版，第
1257页。

③《论语·颜渊》，史仲文主编：《中华经典藏书》，北京出版社1999年版，第
1105页。

正，孰敢不正？"①政治就是端正全社会。领导人率先端正自己，全体社会成员谁还敢不端正自己。孟子说："君仁莫不仁，君义莫不义，君正莫不正。一正君而国定矣。"②"君者仪也，民者景也，仪正而景正。君者槃也，民者水也，槃圆而水圆。君者盂也，盂方而水方。君射则臣决。楚庄王好细腰，故朝有饿人。""君者，民之原也；原清则流清，原浊则流浊。故有社稷者而不能爱民，不能利民，而求民之亲爱己，不可得也。民不亲不爱，而求为己用，为己死，不可得也。民不为己用，不为己死，而求兵之劲，城之固，不可得也。"③"有乱君，无乱国；有治人，无治法。"④国家不会自己混乱，一定是君主自己昏庸，才导致国家大乱。没有好的君主，光靠法是治不好国家的。有人迷信制度，可是，没有好的君主，制度会变成坏人谋私的工具。"合符节，别契券者（债务双方所持信物），所以为信也；上好权谋，则臣下百吏诞诈之人乘是而后欺。探筹、投钩者（抽签、抓阄），所以为公也；上好曲私，则臣下百吏乘是而后偏。衡石（称）称县（秤砣）者，所以为平也；上好覆倾，则臣下百吏乘是而后险。斗斛敦（不同大小

①《论语·颜渊》，史仲文主编：《中华经典藏书》，北京出版社1999年版，第1105页。

②《孟子·离娄上》，史仲文主编：《中华经典藏书》，北京出版社1999年版，第1138页。

③《荀子·君道》，史仲文主编：《中华经典藏书》，北京出版社1999年版，第1257页。

④《荀子·君道》，史仲文主编：《中华经典藏书》，北京出版社1999年版，第1257页。

的斗）概（刮平粮食冒出尖的工具）者，所以为啧（符合实际）也；上好贪利，则臣下百吏乘是而后丰取刻与，以无度取于民。故械数者，治之流也，非治之原也；君子者，治之原也。官人守数，君子养原；原清则流清，原浊则流浊。故上好礼义，尚贤使能，无贪利之心，则下亦将綦（极）辞让，致忠信，而谨于臣子矣。"[1]如果君主不讲道德，各种标准器具和保证公平的手段，反而会成为底下人坑害百姓的工具。

儒家主张以集体为本位，集体是由人伦之网构成。这个网的中枢在君主。君主只要首先做得端，行得正，就能带动整个网络。董仲舒说："为人君者，正心以正朝廷，正朝廷以正百官，正百官以正万民，正万民以正四方。四方正，远近莫敢不壹于正，而亡有邪气奸其间者，是以阴阳调而风雨时，群生和而万民殖，诸福之物，可致之祥，莫不毕至，而王道终矣！"[2]

至于人们如何去修身？后面讲儒家修身之道时再具体展开。

二、以精神文明为本

"孔子适周，将问礼于老子。老子曰：'子所言者，其

[1]《荀子·君道》，史仲文主编：《中华经典藏书》，北京出版社1999年版，第1257页。
[2]《汉书》卷56《董仲舒传》，中华书局1962年版。

人与骨皆已朽矣，独其言在耳。且君子得其时则驾，不得其时则蓬累而行。吾闻之：良贾深藏若虚，君子盛德，容貌若愚。'"①老子对孔子所言虽然不符合孔子的思想情趣，但有一点是与儒家一致的，即不要只关注"人与骨"这些有形的东西，而要更加关注"言"这种无形的东西。孔子所关注的也是老子无形的一面。他对弟子谈了对老子的印象："鸟，吾知其能飞，鱼，吾知其能游，兽，吾知其能走。走者可以为罔，游者可以为纶，飞者可以为矰。至于龙吾不能知，其乘风云而上天。吾今日见老子，其犹龙邪？"②孔子对老子的印象就是无形。有可能受到老子的启发，孔子也注重无形。当然，他的无形与老子不同，他注重的是无形的精神层次的文明。这也正是儒家治国安邦之道的最重要之点。儒家认为，治理天下要以精神文明为本，以精神文明为灵魂。为了说清楚这个问题，要先从文化概念谈起。什么是文化？学术界定义各不相同。笔者认为，文化就是人类对自己的选择和自己的行为方式的总结和概括。我们日常生活有许多选择，选择吃什么，选择穿什么，选择买哪儿的房子、什么楼层、什么朝向？学习哪个专业？上哪个学校？选择做什么工作？选择什么样的异性做配偶……总之，人的一生有着无数的选择。个人在选择，群体也在选择。今人在选择，古人也早就做过选择。古人选择错了，可能会遭

①《史记》卷63《老子韩非列传》，中华书局1959年版。
②《史记》卷63《老子韩非列传》，中华书局1959年版。

受亡国灭族之灾。欧洲袖珍国圣马力诺没有出海口。历史上有一个大国打败它的邻国后愿划一块战败国的土地给它，让它有出海口，该国渴望有出海口的领导人却做出了最明智的选择，谢绝了该大国的"好意"，杜绝了日后因与邻国的领土纠纷而导致这个袖珍小国灭亡的隐患。今天，我们如果选择错了，就不是灭一国一族的问题，而是可能引起生态环境巨大的灾难或引发核大战，毁灭全人类。人类将各种合理的选择总结和提炼出来，汇聚出的成果就是文化成果。人类的行为方式也要总结。人与人之间，人与自然之间，使用何种行为方式才最为合理。人类原来的饮食、衣着、居住、婚配、解决纠纷的方式与动物差不多。人类汲取了许多经验教训，总结出合理的行为方式，这些也是文化成果。

文化不能直接用来治国，必须通过中介——物质、制度、行为、关系。所以，文化必须进一步分化为不同的层次：物质层次的、制度层次的、行为层次的、关系层次的、精神层次的。儒家强调以精神层次为本、为指导，用精神向其他层次渗透，加大其他层次的文化含金量。

孔子感叹："觚不觚，觚哉！觚哉！"[①]"觚"，酒杯也。孔子感叹的是，这不像个酒杯了。这还是酒杯吗！这还是酒杯吗！为什么？原来的酒杯累积着很厚的文化含金量。而当时社

[①]《论语·雍也》，史仲文主编：《中华经典藏书》，北京出版社1999年版，第1097页。

会动荡，人心浮躁，缺乏文化品位，所制作的酒杯没有文化含金量了。衣服是物质，"衣服在躬，而不知其名为罔"[①]。衣服穿在身上而不知道它的名称及背后的含义，这是迷惘。《荀子·宥坐》记载："孔子观于鲁桓公之庙，有欹器焉，孔子问于守庙者曰：'此为何器？'守庙者曰：'此盖为宥坐之器。'孔子曰：'吾闻宥坐之器者，虚则欹，中则正，满则覆。'孔子顾谓弟子曰：'注水焉。'弟子挹水而注之。中而正，满而覆，虚而欹，孔子喟然而叹曰：'吁！恶有满而不覆者哉！'"[②]欹器本源于古人汲水的器皿，后经形变，成为比喻人生哲理的精神器物。此器物空则歪倒，水满则倾覆，唯盛一半水方可正立。儒家认为，此物放在座右可以警示君王：腹中空无知识会走邪路；自以为腹中知识盈满骄傲自大，会导致失败；腹中有许多知识但总觉得不够，才能不偏离正道。可见，荀子记载的那个欹器，是一种文化含金量很高的物体。《礼记·礼器》一文，特别强调通过器物体现精神。如："礼也者，反本修古，不忘其初者也。……醴酒之用，玄酒之尚；割刀之用，鸾刀之贵；莞簟之安，而槁鞂之设。"[③]礼中包含继承先辈不忘本的思想。体现在器物上：祭祀用浓酒时，高处摆

[①]《论语·少仪》，史仲文主编：《中华经典藏书》，北京出版社1999年版，第454页。

[②]《荀子·宥坐》，史仲文主编：《中华经典藏书》，北京出版社1999年版，第1307页。

[③]《礼记·礼器》，史仲文主编：《中华经典藏书》，北京出版社1999年版，第427页。

着淡酒，因为浓酒的根是淡酒；使用快刀时，高处挂着钝刀，因为快刀的根是钝刀；使用柔细的席子时，高处放着粗硬的席子，因为柔细席子的根是粗硬的席子。不仅人工器物中有文化含金量，自然界也可被观察它的人注入精神。《中庸》载："天地之道，可壹言而尽也。其为物不贰，则其生物不测。天地之道，博也、厚也、高也、明也、悠也、久也。今夫天，斯昭昭之多。及其无穷也，日月星辰系焉，万物覆焉。今夫地，一撮土之多。及其广厚，载华岳而不重，振河海而不洩，万物载焉。今夫山，一卷石之多。及其广大，草木生之，禽兽居之，宝藏兴焉。今夫水，一勺之多。及其不测，鼋鼍鲛龙鱼鳖生焉，货财殖焉。"①天之广大，可悬系日月星辰，覆盖万物；地之深厚，可承载高山大河；山之虚廓，可藏纳草木禽兽；江河之深长，可潜藏鱼鳖珍宝。故天地的法则是自身精诚，专一不贰，生物不测，同时广博、深厚、高大、光明、悠远、长久。

笔者曾在温州参观一个企业的食堂，进去时十一点三十分，待一会儿工人就要来打饭了。笔者看见厨师正在把一锅炒小鱼一条条地码放在大案子上，构成一幅非常漂亮的花纹图案。图案上还点缀了几个萝卜花，令人赏心悦目。其他炒好的蔬菜也摆放得非常漂亮。整个厨房给人的感觉是工艺美术展览馆，连同餐具的摆放都是那样的井然有序色调柔适。老板向我解释道，这些物品的摆放是要传达一个信息——细心细心再细

---

① 《中庸》，史仲文主编：《中华经典藏书》，北京出版社1999年版，第506页。

心。他说，我们的企业产品没有什么科技含量，产品质量的提高全都靠细心。员工稍微细心，质量就大大提高；稍微粗心，质量就大大降低。在工厂，要从各个方面折射出细心文化。厨房中饭菜的摆放就是一个重要的辐射源。要让工人在打饭时这几分钟，也感受到饭菜及器皿等物品辐射出的细心文化。

关于制度层次，儒家特别注重挖掘"礼"所蕴涵的文化。"礼"背后隐含的思想是恰当、合适。《礼记·仲尼燕居》载："子曰：'师，尔过，而商也不及。子产犹众人之母也，能食之，不能教也。'子贡越席而对曰：'敢问将何以为此中者也？'子曰：'礼乎！礼。夫礼所以制中也。'"[1]"礼"是制度规范，其背后隐含的精神是做事恰当。子张做事总是过火，子夏做事总是不够。郑国的执政子产对待百姓就像母亲一样给他们饭吃，但不教育他们。这种爱也是不恰当的。许多人以为，自己只要有良好的品质，就能够被社会认同。其实不然。孔子说："敬而不中礼谓之野；恭而不中礼谓之给；勇而不中礼谓之逆。"[2]敬重而不符合礼是粗野；恭顺而不符合礼是谄媚；奋勇而不符合礼是逆乱。[3]谄媚会扼杀慈仁之德。总之，"礼"就是恰当。

---

① 《礼记·仲尼燕居》，史仲文主编：《中华经典藏书》，北京出版社1999年版，第496页。

② 《礼记·仲尼燕居》，史仲文主编：《中华经典藏书》，北京出版社1999年版，第496页。

③ 《礼记·仲尼燕居》，史仲文主编：《中华经典藏书》，北京出版社1999年版，第496页。

恰当的具体含义是什么？荀子对"礼"的看法是：一方面保障人的基本生活需求，另一方面又要拉开差距，承认人的身份不同，两个方面必须兼顾。荀子探讨"礼"的起源时提出了这样的看法："礼起于何也？曰：人生而有欲，欲而不得，则不能无求。求而无度量分界，则不能不争；争则乱，乱则穷。先王恶其乱也，故制礼义以分之，以养人之欲，给人之求。使欲必不穷于物，物必不屈于欲。两者相持而长，是礼之所起也。故礼者养也。"①荀子的看法是，一方面，"礼"是养人之欲的。人而有欲不可不让其得。人人想得其欲，便不免要争，争则乱，乱反不得其欲。故每一个人既要得其欲又不能不有所节制，这就是养其欲。另一方面，"礼"是显示区分的。荀子认为，人之所以能够组成群体战胜周边环境，是因为有所区分。"力不若牛，走不若马，而牛马为用，何也？曰：人能群，彼不能群也。人何以能群？曰：分。"②贫富、贵贱、长幼、亲疏，必须有所区别，区别就是通过"礼"来稳定下来，展示出来。"分莫大于礼。"③荀子说："分均则不偏，势齐则不壹，众齐则不使。有天有地，而上下有差；明王始立，而处国有制。夫两贵之不能相事，两贱之不能相使，是天数也。势

① 《荀子·礼记》，史仲文主编：《中华经典藏书》，北京出版社1999年版，第1278页。
② 《荀子·王制》，史仲文主编：《中华经典藏书》，北京出版社1999年版，第1244页。
③ 《荀子·非相》，史仲文主编：《中华经典藏书》，北京出版社1999年版，第1233页。

位齐，而欲恶同，物不能澹则必争；争则必乱，乱则穷矣。先
王恶其乱也，故制礼义以分之，使有贫富贵贱之等，足以相兼
临者，是养天下之本也。"①总之，"礼"中蕴涵的精神是既考
虑到每个人的需求，又为了群体结构的维护而强调人与人之间
的差别性。正如孔子高足有若所说："礼之用，和为贵。先王
之道斯为美，小大由之。有所不行，知和而和，不以礼节之，
亦不可行也。"②"礼"以达到"和"的程度为贵，但也不能为
了"和"而不讲差别，君君、臣臣、父父、子子的名分还是要
讲求的。

　　关于行为层次，人的眼神、表情、说话的语气节奏、行为
举止的做派都能够透露出文化品位。《三国志补注》记载一
事："匈奴遣使人来朝，太祖令崔琰在座而己捉刀侍立。既
而使人问匈奴使者曰：'曹公何如？'对曰：'曹公美则美
矣，而侍立者非人臣之相。'太祖乃追杀使者。"③曹操担心
自己貌丑个矮被匈奴使者蔑视，便让属下崔琰冒充自己坐在自
己的座位上接见匈奴使者，自己在崔琰身后带刀侍立。没想到
匈奴使者从举止形态中看出崔琰徒有形表之美，无人主之气
质，在后的侍者倒是"非人臣之相"。这说明行为背后所隐含

---

① 《荀子·王制》，史仲文主编：《中华经典藏书》，北京出版社1999年版，第
1242页。
② 《论语·学而》，史仲文主编：《中华经典藏书》，北京出版社1999年版，第
1091页。
③ 杭世骏：《王国志补注》卷3，转引自《四库全书》，上海人民出版社光碟检
索版1999年11月。

的文化的重要。儒家特别强调行为背后的文化。例如朋友相见之礼，"子云：'礼之先币帛也，欲民之先事而后禄也。先财而后礼，则民利。无辞而行情，则民争。故君子于有馈者，弗能见，则不视其馈。'""子云：'君子不尽利以遗民。诗（《诗经·小雅·大田》）云：彼有遗秉。此有不敛穧。伊寡妇之利。故君子仕则不稼，田则不渔。'"①孔子说：相见之礼是，先行相见之礼再奉上礼物，这是希望百姓先做事情再得到俸禄。反之，先奉上礼物再行礼，百姓就会贪图财货。没有相交往的辞令而只用礼物表达情谊，百姓就会争夺财货。所以君子在有人赠送礼物时，如果不能与赠礼人相见，就不收其礼物。例如粮食收割，孔子说：君子不可取尽利益，而要留一部分给百姓。就像《诗经》所说，那里遗留点禾把，这里落下点没收割的稻穗，给寡妇留点利。做官的就不要种田，种田的就不要打鱼。例如君子乘车，"故君子式黄发，下卿位，入国不驰，入里必式"②。君子乘车，遇老人要凭轼致敬，经过卿的朝位要下车，在国都内不驰骋，进入里门必须凭轼致敬。例如平居时，"毋侧听，毋噭应，毋淫视，毋怠荒。游毋倨，立毋跛，坐毋箕"③。听人说话不要侧耳听，不要粗声大气地答应，

---

① 《礼记·坊记》，史仲文主编：《中华经典藏书》，北京出版社1999年版，第502页。

② 《礼记·曲礼上》，史仲文主编：《中华经典藏书》，北京出版社1999年版，第373页。

③ 《礼记·曲礼上》，史仲文主编：《中华经典藏书》，北京出版社1999年版，第370页。

不要斜眼看人，不要显出一副懒散的样子，走路不要露出傲慢的样子，站着要两腿直立，不要一条腿偏斜，坐着时不要像畚箕一样两腿分开。

关于关系层次，人际之间的关系必须渗透文化，切忌庸俗化。儒家所讲的人伦关系就渗透着精神。如，荀子讲到人伦的各个方面时说："请问为人君？曰：以礼分施，均遍而不偏。请问为人臣？曰：以礼侍君，忠顺而不懈。请问为人父？曰：宽惠而有礼。请问为人子？曰：敬爱而致文。请问为人兄？曰：慈爱而见友。请问为人弟？曰：敬诎而不苟。请问为人夫？曰：致功而不流，致临而有辨。请问为人妻？曰：夫有礼则柔从听侍，夫无礼则恐惧而自竦也。"①君臣、父子、兄弟、夫妇，人伦关系中都饱含文化。君对臣要以礼相待，对众臣不可偏私；臣要以礼敬君，忠顺不怠。父亲对儿子要宽厚施恩惠讲究礼节；儿子对父亲要敬爱而文雅。兄长对兄弟要慈爱而友善；兄弟对兄长要敬顺而不马虎。丈夫对妻子尽义务而不放荡，亲密而不能是非不辨。妻子对懂得礼的丈夫柔顺而服侍；对不懂得礼的丈夫要小心而自警。

特别是君臣之间的关系，儒家强调双方的关系是文化的关系，不是主仆关系。（鲁）定公问："君使臣，臣事君，如之何？"孔子对曰："君使臣以礼，臣事君以忠。"②君臣关系

---

① 《荀子·君道》，史仲文主编：《中华经典藏书》，北京出版社1999年版，第1257页。

② 《论语·八佾》，史仲文主编：《中华经典藏书》，北京出版社1999年版，第1093页。

不是片面的。君首先对臣以礼相待，臣才谈得上忠于君主。臣子忠于君主的前提是有被礼敬的权利。孟子的说法更为激烈，他对齐宣王说："君之视臣如手足，则臣视君如腹心；君之视臣如犬马，则臣视君如国人；君之视臣如土芥，则臣视君如寇仇。"①对于不义的君主，就是不能盲目恭顺。荀子也主张下对上的服从，但不是盲目地服从，而是讲求原则。"入孝出弟，人之小行也。上顺下笃，人之中行也。从道不从君，从义不从父，人之大行也。"②臣子固然要忠于君主，为君主奔劳，但忠君奔劳是包含着文化品位的。"君有过谋过事，将危国家陨社稷之惧也；大臣父兄，有能进言于君，用则可，不用则去，谓之谏；有能进言于君，用则可，不用则死，谓之争；有能比知同力，率群臣百吏而相与强君矫君，君虽不安，不能不听，遂以解国之大患，除国之大害，成于尊君安国，谓之辅；有能抗君之命，窃君之重，反君之事，以安国之危，除君之辱，功伐足以成国之大利，谓之拂。故谏争辅拂之人，社稷之臣也，国君之宝也。"③作为臣子，除了忠于君主，为君主奔劳外，还负有促使君主做出正确的选择、阻止君主有不利于国家举动的责任。

关于精神层次的文化，儒家提出了如下理念：

①《孟子·离娄下》，史仲文主编：《中华经典藏书》，北京出版社1999年版，第1139页。

②《荀子·子道》，史仲文主编：《中华经典藏书》，北京出版社1999年版，第1309页。

③《荀子·臣道》，史仲文主编：《中华经典藏书》，北京出版社1999年版，第1260页。

（一）"仁"

"仁"是何意？孔子的说法很多。总的说来，"仁"的基本意思是爱人。樊迟问仁。子曰："爱人。"①"仁"就是"爱"，即爱别人。但是，"爱"是有不同品位的。有高层次的"爱"，有低层次的"爱"，高低层次的文化含金量是不同的。儒家的"爱"是文化含金量极高的"爱"。这种"爱"包含着这样一些内涵：

1. 人格意识。这种"爱"是在人的头脑中扎根了的，已成为秉性，不是一时的权宜。故称其为人格之爱。子曰："吾十有五而志于学，三十而立，四十而不惑，五十而知天命，六十而耳顺，七十而从心所欲，不逾矩。"②"七十而从心所欲，不逾矩"，因为到了七十岁，一生所学到的道德已经化为秉性，即积淀为人格了。在七十岁以前，从十五岁就开始积累文化，可见七十岁"从心所欲"背后的文化含金量之高。子曰："人不知而不愠，不亦君子乎？"③为什么别人不了解我我也不生气？因为我当君子是出于自己的人格，不是为了让别人知道。

---

① 《论语·颜渊》，史仲文主编：《中华经典藏书》，北京出版社1999年版，第1105页。

② 《论语·为政》，史仲文主编：《中华经典藏书》，北京出版社1999年版，第1092页。

③ 《论语·学而》，史仲文主编：《中华经典藏书》，北京出版社1999年版，第1091页。

子曰："古之学者为己，今之学者为人。"① 古人好学是出自自己的秉性，今日的年轻人学习是为了获得别人的赞扬。孟子曰："人皆有不忍人之心。先王有不忍人之心，斯有不忍人之政矣。以不忍人之心，行不忍人之政，治天下可运之掌上。所以谓人皆有不忍人之心者，今人乍见孺子将入于井，皆有怵惕恻隐之心。非所以内交于孺子之父母也，非所以要誉于乡党朋友也，非恶其声而然也。由是观之，无恻隐之心，非人也；无羞恶之心，非人也；无辞让之心，非人也；无是非之心，非人也。恻隐之心，仁之端也；羞恶之心，义之端也；辞让之心，礼之端也；是非之心，智之端也。人之有是四端也，犹其有四体也。"② 孟子的人天生都有"恻隐之心"的说法对错可另外商榷，但我们可以以此来理解人格之爱。当"爱"在你头脑里扎根了，成为秉性，你的"恻隐之心"的出现是不能够问为什么的，就像我身上有四肢是不可问为什么一样。就像老子所说："善者吾善之，不善者吾亦善之，德善。信者吾信之，不信者吾亦信之，德信。"③ 无论别人对我善不善、讲不讲信用，我都对他善，对他讲信用。因为善、信用在我身上已经升华为人格。

---

① 《论语·宪问》，史仲文主编：《中华经典藏书》，北京出版社1999年版，第1109页。

② 《孟子·公孙丑上》，史仲文主编：《中华经典藏书》，北京出版社1999年版，第1128页。

③ 《道德经》第49章，史仲文主编：《中华经典藏书》，北京出版社1999年版，第2344页。

"爱"升华到人格的度需要相当厚的积累。所以孔子说："君子而不仁者有矣夫，未有小人而仁者也。"①即君子的积累达到了一定的高度，他有能力"仁"，也有能力不"仁"。而小人没有这么高的层次，想"仁"也"仁"不了。对于君子来说，"仁"一点也不远。子曰："仁远乎哉？我欲仁，斯仁至矣。"②

　　儒家强调的"爱"达到人格的高度，那么人格与升官发财是否截然对立呢？在这个问题上，儒家与世界其他大的文化系统不同。对于升官发财的欲望，儒家的态度是不回避，以原则主动应对。孔子说："富而可求也，虽执鞭之士，吾亦为之。如不可求，从吾所好。"③富贵人人想要，对之不能抱虚无主义的态度，关键在于取之有道。如果以放弃原则为代价，那么我宁可安于贫困。子曰："饭疏食饮水，曲肱而枕之，乐亦在其中矣。不义而富且贵，于我如浮云。"④对于富贵欲望的这种态度，使得儒家的人格意识不具有苦行僧的色彩。

　　2. 人类意识。儒家的以人为本不是以某一家族、某一诸侯国的人为本，而是以人类为本。公孙龙讲了一个故事，楚王丢失良弓，但并不想找回，因为"楚人遗弓，楚人得之，又何求

---

① 《论语·宪问》，史仲文主编：《中华经典藏书》，北京出版社1999年版，第1108页。
② 《论语·述而》，史仲文主编：《中华经典藏书》，北京出版社1999年版，第1099页。
③ 《论语·述而》，史仲文主编：《中华经典藏书》，北京出版社1999年版，第1098页。
④ 《论语·述而》，史仲文主编：《中华经典藏书》，北京出版社1999年版，第1098页。

乎？"据说孔子听说这事后作出进一步的评论说："楚王仁义而未遂也。亦曰人亡弓，人得之而已，何必楚？"①这个故事反映出儒家的创始人孔子已升华到从人类的角度判断事物的境界。"道不行，乘桴浮于海。"②"子欲居九夷。"③孔子之所以能够有到海外、到"九夷"的想法，必定是他将思想着眼点放在全人类，从全人类的角度考虑问题。孔子的学生子夏深刻地领会了老师的人类意识，说出了"四海之内，皆兄弟也"④的人类大同的声音。这个大同之音体现在为人的法则上就是"己欲立而立人，己欲达而达人"⑤，"己所不欲，勿施于人"⑥，以及孟子主张的"老吾老，以及人之老，幼吾幼以及人之幼"⑦。这体现在儒家对未来理想社会的憧憬上就是"大同"社会——"大道之行也，天下为公。选贤与能，讲信修睦。故人不独亲其亲，不独子其子，使老有所终，壮有所用，幼有所长，矜寡

①《公孙龙子·迹府》，上海人民出版社1974年版，第2页。

②《论语·公冶长》，史仲文主编：《中华经典藏书》，北京出版社1999年版，第1095页。

③《论语·子罕》，史仲文主编：《中华经典藏书》，北京出版社1999年版，第1101页。

④《论语·颜渊》，史仲文主编：《中华经典藏书》，北京出版社1999年版，第1105页。

⑤《论语·雍也》，史仲文主编：《中华经典藏书》，北京出版社1999年版，第1098页。

⑥《论语·颜渊》，史仲文主编：《中华经典藏书》，北京出版社1999年版，第1105页。

⑦《孟子·梁惠王上》，史仲文主编：《中华经典藏书》，北京出版社1999年版，第1122页。

孤独废疾者，皆有所养。男有分，女有归。货恶其弃于地也，不必藏于己。力恶其不出于身也，不必为己。是故谋闭而不兴，盗窃乱贼而不作。故外户而不闭。是谓大同。"①生活在家族世界中，面对家族观念根深蒂固的世人，儒家能够产生出人类意识，并提出相应的准则和社会理想，可见其境界之高。

　　由于儒家能够从人类的角度考虑问题，儒家评判是非善恶的标准着眼于天下、人民。梁襄王问孟子："天下恶乎定？"孟子回答："定于一。"又问："孰能一之？"回答："不嗜杀人者能一之。"又问："孰能与之？"回答："天下莫不与也。"②天下安定的出路在于统一。统一天下的出路在于"不嗜杀人"这一人类道德。有这一道德的统治者天下人都会和他站在一起。"滕文公问曰：'滕，小国也。竭力以事大国，则不得免焉。如之何则可？'孟子对曰：'昔者大王居邠，狄人侵之。事之以皮币，不得免焉；事之以犬马，不得免焉；事之以珠玉，不得免焉。乃属其耆老而告之曰：狄人之所欲者，吾土地也。吾闻之也：君子不以其所以养人者害人。二三子何患乎无君？我将去之。去邠，踰梁山，邑于岐山之下居焉。邠人曰：仁人也，不可失也。从之者如归市。或曰：世守也，非身

①《礼记·礼运》，史仲文主编：《中华经典藏书》，北京出版社1999年版，第421页。

②《孟子·梁惠王上》，史仲文主编：《中华经典藏书》，北京出版社1999年版，第1121页。

之所能为也。效死勿去。君请择于斯二者。'"①滕文公忧虑
自己的国家地狭力弱，会被大国吞并。孟子给他讲周太王为了
民众的幸福向狄人出让邠地的故事，劝他把民众利益放在第一
位，不要在乎自己统治地位的存亡。"齐人伐燕，胜之。宣王
问曰：'或谓寡人勿取，或谓寡人取之。以万乘之国伐万乘之
国，五旬而举之，人力不至于此。不取，必有天殃。取之，何
如？'孟子对曰：'取之而燕民悦，则取之。'"②齐国灭燕国
取得很大的进展。当初有人认为侵略战争不正义，劝齐王不要
这样做。齐王问孟子怎么看。孟子的看法是，以燕国民众的意
愿为标准：民众厌恶自己的国家，希望齐国来解放自己，齐国
就可以取燕国。后来的结果是齐国占领军给燕国民众带来的是
压迫和奴役，遭到了燕国人民的反抗和天下诸侯的声讨。孟子
便劝齐王立即撤兵，恢复燕国。

　　由于儒家具有人类意识，儒家对人的划分侧重于道德水
平、文化种类，而不拘泥于家族和邦国。

　　3. 人为贵意识。前已说过，儒家主张以人为本，注重人的
生命，以人为神之本。儒家的人为贵的意识不是简单地缘出于
朴素的同情心，也不是用来鼓动人的宣传，而是经过深入的哲
学思索得出的。《礼记·礼运》说："故人者，其天地之德，

①《孟子·梁惠王下》，史仲文主编：《中华经典藏书》，北京出版社1999年版，第1125页。
②《孟子·梁惠王下》，史仲文主编：《中华经典藏书》，北京出版社1999年版，第1125页。

阴阳之交，鬼神之会，五行之秀气也。""故人者，天地之心也，五行之端也。"①人是天地中品位最高，阴阳最和谐的搭配，各种奇妙无比的聚集，五行中的精华。人是宇宙之中心，五行中的顶尖部分。人为贵的意识成为儒家反对统治者残酷剥削民众的有力的理论武器之一。

以上人格、人类、人为贵等意识就是儒家"仁"中凝聚的文化信息。所以儒家的仁爱精神文化含金量是非常高的。

（二）"义"

"义"的含义儒家讲的次数很多，反映儒家对它相当重视。但"义"的含义不同的儒家思想家说法并不完全一致。笔者以为，"义"的含义必须与"仁"、"礼"联系起来方能比较准确地理解。概言之，"义"与"仁"相比较，"仁"是质，"义"是量。"仁"者爱人，但世界上的人多了，我的爱不能不没有差别。比如，我挣了钱，先要养活我的妻子儿女，不能说我同情穷人就把挣来的钱拿给周围的穷人和我的妻子儿女平分。我爱我的父母，他们去世了我守制三年。我也爱我的亲戚朋友们，但不能说每个亲戚朋友去世，我都去守制三年，否则我会守一辈子制。所以，孟子说："君子之于物也，爱之

---

① 《礼记·礼运》，史仲文主编：《中华经典藏书》，北京出版社1999年版，第423页。

而弗仁；于民也，仁之而弗亲。亲亲而仁民，仁民而爱物。"①君子之爱是有程度差别的。对亲人亲，对民众仁，对万物爱，不能不讲差别。"仁者，义之本也。""义者，艺之分，仁之节也。"②"仁"是"义"的根本。"义"是行事的分寸，是"仁"不同程度的刻度。"仁者天下之表也，义者天下之制也。"③"仁"是天下的表率，"义"是"仁"施加在不同事物上的定制。董仲舒说："大小不逾等，贵贱如其伦，义之正也。"④"仁有数，义有长短小大。"⑤"仁"有规律，"义"讲求不同人身上的长短小大差别。"厚于仁者薄于义，亲而不尊；厚于义者薄于仁，尊而不亲。"⑥重"仁"轻"义"，则只讲普遍的亲情，在程度上不突出尊贵者的地位。重"义"轻"仁"，则只在程度上突出尊贵者的地位，不讲求普遍的亲情。

"仁"和"义"的关系也是内容和形式的关系。"仁"是内容，"义"是形式。"何谓人义？父慈、子孝、兄良、弟弟、夫义、妇听、长惠、幼顺、君仁、臣忠。十者谓之人

①《孟子·尽心上》，史仲文主编：《中华经典藏书》，北京出版社1999年版，第1154页。

②《礼记·礼运》，史仲文主编：《中华经典藏书》，北京出版社1999年版，第423页。

③《礼记·表记》，史仲文主编：《中华经典藏书》，北京出版社1999年版，第509页。

④《春秋繁露·精华》，史仲文主编：《中华经典藏书》，北京出版社1999年版，第1326页。

⑤《礼记·表记》，史仲文主编：《中华经典藏书》，北京出版社1999年版，第509页。

⑥《礼记·表记》，史仲文主编：《中华经典藏书》，北京出版社1999年版，第509页。

义。"①十种角色，十种"仁"的表现形式。"子言之：君子之所谓义者，贵贱皆有事于天下。"②"义"是要每种身份的人都以自己的方式投入到社会中。我是儿子，对我的父母要用孝的形式实现我的仁爱；我是父亲，对我的子女要用慈的形式实现我的仁爱。"老吾老以及人之老"符合"义"，"幼吾幼以及人之幼"符合"义"，但是"妻吾妻以妻人之妻"则不"义"，因为这种爱逾越了社会的身份和角色。

"义"与"礼"相比较，"礼"是形式，"义"是内容。"为礼不本于义，犹耕而弗种也。"③"故礼也者，义之实也。协诸义而协，则礼虽先王未之有。可以义起也。"④"礼"是用来把"义"落在实处的形式。"礼"与"义"相协调，就能相协调起来。有些"礼"虽然先王还没有创造，但也可以根据"义"的需求制定出来。

（三）"孝"

"孝"是何意？《中庸》载："夫孝者，善继人之志，善

① 《礼记·礼运》，史仲文主编：《中华经典藏书》，北京出版社1999年版，第423页。
② 《礼记·表记》，史仲文主编：《中华经典藏书》，北京出版社1999年版，第509页。
③ 《礼记·礼运》，史仲文主编：《中华经典藏书》，北京出版社1999年版，第423页。
④ 《礼记·礼运》，史仲文主编：《中华经典藏书》，北京出版社1999年版，第423页。

述人之事者也。"①"孝"是善于继承前人的好思想，善于使前人的事业更加兴旺发达。"孝"这个道德备受人们重视。《尚书·无逸》引周公的话："其在高宗，……作其即位，乃或亮阴，三年不言。"②殷王小乙去世，儿子武丁即位。他做的第一件事就是讲孝道，在"亮阴"（凶庐）中静默悼念父亲三年。也就是说，商朝统治者已开始把"孝"作为统治天下的重要指导思想。周公提这件事也是要突出这个思想的重要性。孔子的高足有子曰："其为人也孝弟，而好犯上者，鲜矣；不好犯上，而好作乱者，未之有也。君子务本，本立而道生。孝弟也者，其为仁之本与！"③"孝"被当作防止犯上作乱、稳定天下的根本道德之一，可见其地位之高。北宋王朝创始人宋太祖赵匡胤定天下之后一直在思考，如何跳出中国历史上长期出现的统一、分裂、再统一、再分裂的恶性循环，使江山永保统一。他最后的结论是要提倡孝道，所以他提出要以"孝"治天下。他的宰相赵普也声称"半部论语治天下"。《论语》共二十章，"孝"字出现十九次。其中，前十章出现十六次，后十章出现三次。所谓"半部论语治天下"其实就是以宋太祖的以"孝"治天下。总之，"孝"长期以来一直备受统治者的重视。"孝"为什么备受重视呢？笔者以为，提倡孝道是对人进

①《中庸》，史仲文主编：《中华经典藏书》，北京出版社1999年版，第505页。

②《尚书·天逸》，史仲文主编：《中华经典藏书》，北京出版社1999年版，第113页。

③《论语·学而》，史仲文主编：《中华经典藏书》，北京出版社1999年版，第1091页。

行道德培养的最佳途径之一。

1. 培养人的报恩意识。"孝"字在甲骨文中似树的形状，其隐含的意思是追根。有了根才有我们今日，所以人们不能忘记根，要崇拜根以报恩。展禽在劝阻臧文仲"无故"祀海鸟时说："夫圣王之制祀也，法施于民则祀之，以死勤事则祀之，以劳定国则祀之，能御大灾则祀之，能捍大患则祀之。非是族也，不在祀典。"① 这是说，并非什么人和物都能被祭祀，只有对人类有恩的人和物才能被祭祀。如："昔烈山氏（炎帝）之有天下也，其子曰柱，（后稷）能殖百谷百蔬；夏之兴也，周弃继之，故祀以为稷。共工氏之伯（掌管）九有（九州土地）也，其子曰后（掌管）土，能平九土，故祀以为社。黄帝能成命百物，以明民共财（黄帝为万物命名，民众可互相交流），颛顼能修之。帝喾能序三辰以固民（帝喾修历，使民知循时间），尧能单（尽）均（平）刑法以仪（善）民，舜勤民事而野死（征有苗而死于苍梧之野），鲧障洪水而殛死，禹能以德修鲧之功，契为司徒而民辑（和），冥（契之六世孙，夏水官）勤其官而水死，汤以宽治民而除其邪，稷勤百谷而山死，文王以文昭，武王去民之秽。故有虞氏禘黄帝而祖颛顼，郊尧而宗舜；夏后氏禘黄帝而祖颛顼，郊鲧而宗禹；商人禘舜而祖契，郊冥而宗汤；周人禘喾而郊稷，祖文王而宗武王；幕，能帅颛顼者也，有虞氏报焉；杼，能帅禹者也，夏后氏报

① 《国语·鲁语上·展禽论礼祀居非政之宜》，第6813页。

焉；上甲微，能帅契者也，商人报焉；高圉、大王，能帅稷者
也，周人报焉。凡禘、郊、祖宗、报，此五者国之典祀也。
加之以社稷山川之神，皆有功烈于民者也。及前哲令德之人，
所以为明质（信）也；及天之三辰，民所以瞻仰也；及地之五
行，所以生殖也；禁九州名山川泽，所以出财用也。非是不在
祀典。"①所有先圣贤王、日月星辰及名山大川，都是因为给人
带来了福祉，被人用各种祭祀礼节来报恩。那么父母对于每一
个人来说，都应是报恩的对象。孔子的弟子宰予嫌给死去的父
母守制三年太长了。孔子生气道："予之不仁也！子生三年，
然后免于父母之怀。夫三年之丧，天下之通丧也。予也，有三
年之爱于其父母乎？"②古代生活条件差，儿童死亡率很高。特
别在初生的前三年，父母百般呵护，舍不得放手，生怕出现意
外。为报此大恩，父母去世后人们通行的惯例是守制三年。孔
子质问道，难道宰予就没有得到过父母三年的百般呵护吗？这
种不知恩图报的观念是最大的不仁，具体说就是不孝。

2. 增强向心力、凝聚力。孔子说："睦于父母之党，可谓
孝矣。故君子因睦以合族。诗云：'此令兄弟，绰绰有裕。不
令兄弟，交相为瘉。'"③先人是根，同根生者不可相煎。与
父母家族中的人关系和睦可说是孝。新中国刚成立时，北京大

---

① 《国语·鲁语上·展禽论礼祀居非政之宜》，第6813页。
② 《论语·阳货》，史仲文主编：《中华经典藏书》，北京出版社1999年版，第
1114页。
③ 《礼记·坊记》，史仲文主编：《中华经典藏书》，北京出版社1999年版，第
501页。

学研究人员在云南进行少数民族风俗调查时发现，云南纳西族有一规矩，两个小伙子在街上发生冲撞以至于要打架。打架之前，先找块石头背对背地坐好，然后数家谱。我爹是谁，你爹是谁；我爷爷是谁，你爷爷是谁；我太爷爷是谁，你太爷爷是谁。数到一定的辈分若能够数出一个共同的祖先，两人就不打了。否则一定要打出个高低。所以从前纳西族人个个对家谱倒背如流。

3. 培养真诚情感。孟武伯问孝。子曰："父母唯其疾之忧。"子游问孝。子曰："今之孝者，是谓能养。至于犬马，皆能有养；不敬，何以别乎？"子夏问孝。子曰："色难。有事弟子服其劳，有酒食先生馔，曾是以为孝乎？"①孟武伯问孝，孔子说父母病了，要时时忧心不安。子游问孝，孔子认为，不能只是以满足物质需求为准，更加重要的是精神上的恭敬，否则养父母就和养狗马没有区别了。子夏问孝，孔子认为，最难做到的是面色恭敬。有的人能够给父母吃好的，能够为父母奔劳，但面色告诉了父母，心里老大的不乐意。总之，"孝"字背后，应当充满子女的真诚亲情。这种亲情的诚挚度有时甚至表现超常。

叶公语孔子曰："吾党有直躬者，其父攘羊，而子证之。"孔子曰："吾党之直者异于是。父为子隐，子为父隐，

---

① 《论语·为政》，史仲文主编：《中华经典藏书》，北京出版社1999年版，第1092页。

直在其中矣。"①这段对话后来成为许多诟病孔子者的证据，也令许多赞誉孔子的学者难堪。笔者则以为，这段记载其实是为了表达"孝"的真诚度。父亲偷人家的羊固然不对，儿子应该坚持正义，反对父亲的错误行为。但是，坚持正义与孝顺父亲并不绝对对立，两者可以兼顾。所谓"隐"并非窝赃纵容犯罪，而是选用恰当的方式坚持正义。比如，儿子可以私下苦口婆心地劝说父亲把羊还给人家。父亲不听，儿子可以私下找被盗者用恰当的方式赔偿人家的损失，乞求对方原谅。总之，选项很多，大可不必一开始就不顾父亲名声，径直去官府举报。孔子认为，"孝"是最真诚的情感，此情感发出的一瞬间，容不得一丝一毫的算计，故成其为"直"。《孟子》书里也有类似的记载。"桃应问曰：'舜为天子，皋陶为士，瞽瞍杀人，则如之何？'孟子曰：'执之而已矣。''然则舜不禁与？'曰：'夫舜恶得而禁之？夫有所受之也。''然则舜如之何？'曰：'舜视弃天下，犹弃敝屣也。窃负而逃，遵海滨而处，终身䜣然，乐而忘天下。'"②孟子对舜的想象，很容易让人产生徇私枉法的印象。其实我们对他的话可以得意而忘言。他的意思是说，为了能够让父亲不受罪，舜在情感上恨不得放弃天子之位，带父亲到偏僻之处隐居。与对父亲的亲情相比，

---

① 《论语·子路》，史仲文主编：《中华经典藏书》，北京出版社1999年版，第1107页。
② 《孟子·尽心上》，史仲文主编：《中华经典藏书》，北京出版社1999年版，第1154页。

天子之位不过是随时可以抛弃的破草鞋。联想到当时许多贵族为夺君位而杀兄弑父，孟子所要表达的人的亲情无疑是最神圣的。

4. 培养道德耐力。当真正的孝子很难，需要有极强的耐力，付出很大的精力。孝顺父母要遵守以下礼节：

居常。

日常与父母生活在一起要遵守的行为规则。如，早晨请安侍候梳洗，晚上问候侍候睡下；吃饭时让父母先坐中央；有酒肉先让父母享用；与父母说话和颜细语；出门必告父母，回来后先面见父母；父母有过错耐心劝谏，不可急躁。

侍疾。

父母有病，晚辈不得无故离开身边。要亲自调尝药饵，精心侍候起卧便溺。一心迎医、验方、抓药。需要时，甚至用嘴为父母舔疮、吸小便、尝大便。

教子。

子辈教育不好孙辈，就是对祖辈的不孝。这个教育包括人伦处事、知识的掌握，使之有大作为，光宗耀祖。

丁艰。

丁艰又称丁忧，即遭父母之丧。父丧称丁外艰，母丧称丁内艰。丁艰有三个部分。一是治丧。擦洗穿戴摆好遗体，供亲友们凭吊。二是送葬。死者入土，整理好墓地。三是服丧。孝子在墓旁茅草结庐，居住三年。居住期间，不得接触酒肉异性，不得娱乐。

以上只是孝礼之大略，细化条理还相当烦琐。所以，想当一个孝子相当难，人的性情经过重重磨炼，定能培养出任事之耐力。

第六讲
儒家的修身之道

儒家的修身之道主要由两部分组成：一是讲如何培养他人问题，二是讲如何修炼自己的问题。

一、挖掘善根——培养他人的重要开端

著名科学家杨福家院士认为，在教育学生时，不能把学生当作填充知识的容器硬往里面塞东西，而要当作智慧的火种需老师去点燃。同理，培养道德时，应该在培养对象身上找出善

良的种子、善根，然后激活种子，把你讲述的道德与他的善根
相嫁接。这样做所培养出来的道德是活生生的、有生命力的。
因为接受道德教育的人会感觉到这个道德是出自我的内心，是
我自身生命力的表现。老子用小婴儿来形容生命力的强盛：
"含德之厚，比于赤子。毒虫不螫，猛兽不据，攫鸟不搏。骨
弱筋柔而握固。未知牝牡之合而朘作，精之至也。终日号而不
嗄，和之至也。"①小婴儿"含德之厚"表明生命力非常强。
生命力强表现在没有毒虫、野兽、猛禽的伤害，小婴儿却筋骨
柔韧、握拳有力，如随时搏击状；不懂得异性欢爱，小婴儿却
生殖器勃起如随时交媾状；整日在哭号，可声调频率正合适，
嗓音不哑。小婴儿的这些表现没有任何外在条件的压力，完全
出自自身，是自身秉性的外化。所以，小婴儿的生命力极为强
盛。同理，在进行道德培养时，如果能够点燃人头脑中的道德
火种，把道德与人头脑中的善根相对接，人的道德行为就不再
是外界因素引诱或胁迫使然，而是自身生命力的体现。

　　孟子做了个"孺子入井"的比喻。"今人乍见孺子将入于
井，皆有怵惕恻隐之心。非所以内交于孺子之父母也，非所以
要誉于乡党朋友也，非恶其声而然也。"②这个人为什么援手救
将入井的孺子？不是为了与其父母结交，不是为了得到左右乡

---

① 《道德经》第55章，史仲文主编：《中华经典藏书》，北京出版社1999年版，
第2345页。
② 《孟子·公孙丑上》，史仲文主编：《中华经典藏书》，北京出版社1999年版，
第1128页。

亲的赞誉，也不是因为讨厌孺子的哭叫声，纯粹是根源于自己的同情本性。这种善是最有生命力的。所以朱熹认为，读书人要有自己的根基，"而今读书，只是要见得许多道理。及理会得了，又皆是自家合下元有底，不是外面旋添得来。学问，就自家身己上切要处理会方是，那读书底已是第二义。自家身上道理都具，不曾外面添得来。"①朱熹认为，只要立足于自己的根基，读书人就会感觉到书中的道理原本为我所有。

　　孟子重视探讨人性问题，很可能就是受了老子的这一思想启发——立足于事物自身秉性的活动最有生命力，所以孟子非常注重挖掘人的善根。他说："恻隐之心，人皆有之；羞恶之心，人皆有之；恭敬之心，人皆有之；是非之心，人皆有之。恻隐之心，仁也；羞恶之心，义也；恭敬之心，礼也；是非之心，智也。仁义礼智，非由外铄我也，我固有之也，弗思耳矣。"②孟子这一说法被很多人从认识论的角度认定为人天生就懂得善的先验论。其实这是误会。孟子这里一点先验论的意思都没有。孟子所讲的人性中有仁义礼智之善只是说人身上有成善的种子、基因，可以激活之，使之为善，并非是说人天生是善人。换了狮子、老虎、狗熊，无论怎样培养也不会有道德，因为它们没有这个种子、基因，无以激活。孟子以舜为例：

---

① 《朱子语录》卷10，转引自《四库全书》，上海人民出版社光碟检索版1999年11月。

② 《孟子·先子上》，史仲文主编：《中华经典藏书》，北京出版社1999年版，第1147页。

"舜之居深山之中，与木石居，与鹿豕游，其所以异于深山之野人者几希。及其闻一善言，见一善行，若决江河，沛然莫之能御也。"①舜就自然资质讲与深山野人没有什么不同，但他的天性中隐含着成善的火种，"及其闻一善言，见一善行"，火种被点燃了，经过后天努力，成为善人。孟子所讲的修身方法就是点燃自身隐藏的道德火种，让他熊熊燃烧。"凡有四端于我者，知皆扩而充之矣，若火之始然，泉之始达。苟能充之，足以保四海；苟不充之，不足以事父母。"②

　　在培养人的道德时，最重要的是寻找人的道德火种，即所谓善根、善的基因。孟子举了舜的例子，但他讲的舜想象的成分太多。问题是如何在现实生活中不是凭想象，而是实实在在地在平凡的人身上，甚至在有问题的人身上发现善的火种。国学大师冯友兰先生记载了一个故事说，明代思想家王阳明有个门人，夜间在房内捉得一贼。他对贼讲一番良知的道理，贼大笑，问他："请告诉我，我的良知在哪里？"当时是热天，他叫贼脱光了上身的衣服，又说："还太热了，为什么不把裤子也脱掉？"贼犹豫了，说："这，好像不太好吧。"他向贼大喝："这就是你的良知！"③冯先生的记载在另一本书中是另一个版本。一位老人问王阳明的后学，泰州学派的思想家

①《孟子·尽心上》，史仲文主编：《中华经典藏书》，北京出版社1999年版，第1153页。

②《道德经》第55章，史仲文主编：《中华经典藏书》，北京出版社1999年版，第2345页。

③冯友兰：《中国哲学简史》，北京大学出版社1996年版，第268页。

韩贞"良心"为何物？韩贞并不解释，却要他脱衣服。老人把衣服脱了，最后脱到裤子，对韩贞说："愧不能矣。"韩贞对他说："即此便是良心。"①王阳明也说过，"良知在人，随你如何不能泯灭，虽盗贼亦自知不当为盗，唤他做贼，他还忸怩"②。人既然能够在社会中生活至成人阶段，内心总会有一些与他人相容、相和谐的心理成分。这些大概就是王阳明和他的后学们所挖掘出的善根。

　　人的善根究竟应该包括哪些内容，今人不能停留在古人的认识水平上，应该比古人的认识更加深刻、丰富。笔者以为，美国的人格心理学家A.H.马斯洛的需求层次理论可以成为描绘人的善根的基本框架。马斯洛提出的需求层次依次由较低到较高排列：第一，生理需求：对食物、水、空气和住房等需求都是生理需求。第二，安全需求：安全需求包括对人身安全、生活稳定以及免遭痛苦、威胁或疾病等的需求。第三，社交需求：社交需求包括对友谊、爱情以及隶属关系的需求。第四，尊重需求：尊重需求既包括对成就或自我价值的个人感觉，也包括他人对自己的认可与尊重。第五，自我实现需求：自我实现需求的目标是自我实现，或是发挥潜能。自我实现的人可能过分关注这种最高层次的需求的满足，以至于自觉或不自觉地放弃满足较低层次的需求。笔者所说的善根并非指这五个层次

①《韩贞集·韩先生遗事》，黄宣民整理，中国社会科学出版社1996年版，第194页。
②《王阳明全集》卷3《语录下》，上海古籍出版社1992年版，第93页。

的需求，而是指，第一，人追求上进是人的本性，即每当一个层次的需求达到一定满足，人都会向更高的层次跃进。第二，人对最高层次需求的偏好，即人为了最高层次的追求，人甚至可以牺牲一定的生理需求，乃至牺牲生命。我们对今人道德的培养，应该立足于激活这些善根。

二、儒家的修身步骤
——格物、致知、诚意正心、修身、成物

笔者参考《大学》纲目和朱熹对《大学》的解读，将儒家修身步骤排列为格物、致知、诚意、正心、修身、成物六个步骤。每个步骤包含的内容如下：

（一）格物

格物就是即物，至物，接触物。不接触物，脑袋空空，不明事理，不懂是非善恶，如何修身。儒家强调通过格物达到博学的程度。格物的物包含三个方面内容：

① 自然物。朱熹说："盖天下之事，皆谓之物，而物之所在，莫不有理。且如草木禽兽，虽是至微至贱，亦皆有理。如所谓'仲夏斩阳木，仲冬斩阴木'，自家知得这个道理，处之

而各得其当便是。"①朱熹主张对自然界之物都要格。"上而无极、太极,下而至于一草、一木、一昆虫之微,亦各有理。一书不读,则阙了一书道理;一事不穷,则阙了一事道理;一物不格,则阙了一物道理。须著逐一件与他理会过。"②许多儒家学者频繁接触大自然,亲近大自然。儒家认为八卦就是圣人"仰则观象于天,俯则观法于地,观鸟兽之文,与地之宜,近取诸身,远取诸物……"③从自然界所得。子曰:"苗而不秀者有矣夫!秀而不实者有矣夫!"④这反映孔子仔细观察过植物开花结果。子曰:"岁寒,然后知松柏之后凋也。"⑤这反映孔子仔细比较过松树与周围树木的不同。孟子曰:"孔子登东山而小鲁,登泰山而小天下。"⑥这反映孔子数次登山观望。大自然可以陶冶性情,成为修身的极佳途径。朱熹甚至通过格物,推测出山海地质之变:"鸿荒之世,尝见高山有螺蚌壳或生石中。此石即旧日之土螺蚌,即水中之物下者却变而为高。"⑦

---

① 《朱子语录》卷15下,史仲文主编:《中华经典藏书》,北京出版社1999年版,第73页。

② 《朱子语录》卷15下,史仲文主编:《中华经典藏书》,北京出版社1999年版,第73页。

③ 《周易·系辞下》,史仲文主编:《中华经典藏书》,北京出版社1999年版,第73页。

④ 《论语·子罕》,史仲文主编:《中华经典藏书》,北京出版社1999年版,第1102页。

⑤ 《论语·子罕》,史仲文主编:《中华经典藏书》,北京出版社1999年版,第1102页。

⑥ 《孟子·尽心上》,史仲文主编:《中华经典藏书》,北京出版社1999年版,第1153页。

⑦ 《御纂朱子全书》卷49,转引自《四库全书》,上海人民出版社光碟检索版,1999年11月。

通过接触天地江海四时，人们可以领悟人类的道理。昊天之宽广无所不覆，大地之厚重无所不载，春夏秋冬，气化流行，海纳百川，人们由此懂得了无私、宽厚、顺势、灵活、柔顺。从动物身上，朱熹观察到了"虎狼之父子蜂蚁之君臣"①，以君臣父子形容虎狼蜂蚁不算过分。我们看电视台播放的《动物世界》节目。猛兽虽然凶残，但其血缘群体内的亲情非常令人感动。如，非洲胡狼，它能够残忍地咬碎斑马的头，可一家内成员对小狼崽关怀备至。狼爸狼妈捕食回来，吐出食物，反哺狼崽。狼崽吃后有剩的，父母吃，没剩的，父母就饿着。哥哥姐姐们从来不与崽弟妹争食，而是主动到洞外四周警戒，等崽弟妹吃完后再出去找食。小昆虫蚂蚁、蜜蜂中的工蚁蚁后、工蜂蜂后，都各尽职责。他们为了群体的生存，毫不犹豫地牺牲个体。

②事物。儒家所讲的物也包括事。王阳明说："意之所用，必有其物，物即事也。如意用于事亲，即事亲为一物，意用于治民，即治民为一物，意用于读书，即读书为一物，意用于听讼，则听讼为一物。"②王阳明的说法朱熹也有。"盖衣食作息，视听举履，皆物也。""衣食动作只是物。""饥而食，渴而饮，'日出而作，日入而息'，其所以饮食作息者"也是物。③再往前追溯，孟子也称事为物。"有人于此，其待我

---

① 《四书或问》卷3，转引自《四库全书》，上海人民出版社光碟检索版，1999年11月。

② 《王阳明全集》卷2《语录·答顾东桥书》中，上海古籍出版社1992年版，第47页。

③ 《朱子语类》卷62，转引自《四库全书》，上海人民出版社光碟检索版1999年11月。

以横逆，则君子必自反也：我必不仁也，必无礼也，此物奚宜至哉？"①所以，儒家所说格物也包括关心各种事物。人的道德就体现在各种具体事物中，这是不言自明的。所以《中庸》说："道不远人。人之为道而远人，不可以为道。""君子之道费而隐。夫妇之愚，可以与知焉。"②这是说，儒家之道就在普通人的日常生活之中，脱离普通人的日常生活就不可以得到儒家之道。所以，格物之物包括事物。

③书本。读书更是儒家所强调的。王阳明说："意用于读书，即读书为一物。"朱熹说："所以要读书者，盖是未曾经历见许多，圣人是经历见得许多，所以写在册上与人看。""读书者譬如观此屋，若在外面见有此屋，便谓见了，即无缘识得。须是入去里面，逐一看过，是几多间架，几多窗棂。看了一遍，又重重看过，一齐记得，方是。"③读书能够在短时间内获取前人漫长时间积累的大量智慧，迅速领悟深刻的道理，这是不言自明的。

总之，儒家格物之物是多方面的，实际生活和书本，自然界和人类社会，无不囊括其中。

格物之格的意思是即、至，也就是到达。如何才算是到达？朱熹说："格，谓至也，所谓实行到那地头。如南剑人往建宁，须到得郡厅上，方是至，若只到建阳境上，即不谓之至

①《孟子·离娄下》，史仲文主编：《中华经典藏书》，北京出版社1999年版，第1140页。
②《中庸》，史仲文主编：《中华经典藏书》，北京出版社1999年版，第504页。
③《朱子语录》卷10，转引自《四库全书》，上海人民出版社光碟检索版1999年11月。

也。"①格物，不进入到物内之要害，就不能算是格。物之要害就是伦理道德。朱熹说："盖天下之事，皆谓之物，而物之所在，莫不有理。且如草木禽兽，虽是至微至贱，亦皆有理。"②"理"是伦理道德之"理"，格物之格就是领悟到伦理道德。如果只停留在认识每一物的自然属性，就永远达不到格的境界。朱熹说："如今为此学而不穷天理，明人伦讲圣言通世故，乃兀然存心于一草木一器用之间，此是何学问！如此而望有所得，是炊沙而欲其成饭也。"③不能深入到伦理道德的层次就不是格。学习而不格，欲有所收获，就如同想煮沙粒成饭，永无成功之日。就像我观察非洲胡狼，如只看到狼很凶残，或者狼肉可制成美味菜肴，狼皮可制成高级皮衣，看不到狼家族内的亲情，就不能算是格。

　　"格"不仅要深入到伦理层次，还要悟出人与万物的相得益彰。这也就是孟子所说的"万物皆备于我矣"④的境界。比如我刚刚买了一条小狗，狗与我相生疏，且未经训练，乱窜乱叫，随地拉屎拉尿。经过一段喂养训练，我了解了小狗的习性，小狗也养成好的习惯，变得听话可爱。这时的小狗已"备

① 《朱子语类》卷15，转引自《四库全书》，上海人民出版社光碟检索版1999年11月。
② 《朱子语类》卷15，转引自《四库全书》，上海人民出版社光碟检索版1999年11月。
③ 《晦庵集》卷39《答陈齐仲》，转引自《四库全书》，上海人民出版社光碟检索版1999年11月。
④ 《孟子·尽心上》，史仲文主编：《中华经典藏书》，北京出版社1999年版，第1152页。

于我矣"。我对小狗随心所欲，无需再忧虑什么；小狗也活活泼泼、快快乐乐。这就是孟子说的"反身而诚"的"诚"。"反身"就是回味，"反身而诚，乐莫大焉"[①]。

（二）致知

致知是发挥主动性的意思。其中包括两点：

① 致知是挖掘认识潜力的意思。朱熹为《大学》补传："所谓致知在格物者，言欲致吾之知，在即物而穷其理也。盖人心之灵莫不有知，而天下之物莫不有理，惟于理有未穷，故其知有不尽也。是以大学始教，必使学者即凡天下之物，莫不因其已知之理而益穷之，以求至乎其极。至于用力之久，而一旦豁然贯通焉，则众物之表里精粗无不到，而吾心之全体大用无不明矣。此谓物格，此谓知之至也。"[②]"人心之灵莫不有知"是说人的内心潜存着认识能力。这个能力中渗透了由以往长时期积累的知识构成的"已知之理"。人在格物，即接触外物时，主体认识能力发挥得如何，对格物的效果有非常大的影响。好比打乒乓球，从能力上讲我能够打败某人，但前提是我的能力必须发挥至百分之九十以上。可我平常能力也就发挥出百分之七十左右，所以总是赢不了某人。好比参加高考，从能力上我有进入重点大学的实力，但由于考试时没有充分发挥

① 《孟子·尽心上》，史仲文主编：《中华经典藏书》，北京出版社1999年版，第1152页。
② 《四书集注·大学章句》，中华书局1983年版，第6—7页。

出水平，结果没考上重点大学。从认知能力上，你的格物应该有很大收获。但你认知能力的发挥不足，甚至根本就没怎么发挥，格物自然收获不大。所以在格物的同时还必须致知。

②　致知是自觉意识到自己的善根。前已提到，道德培养要与人的善根相对接。激活善根，一方面需要外界他人的棒喝，一方面需要每个人自己的主动性。其中个人的主动性是最重要的。自己要主动意识到自己善根的存在，把学习到的道德与自己的善根对接。孟子说："尽其心者，知其性也。知其性，则知天矣。"①"尽心"就是挖掘自己的善根。灾难挖掘中才能够一步步具体深入地领会自己的善性。这个善性是天赋，所以知道这个善性就是"知天"。朱熹说："人心莫不有知，所以不知者，但气禀有偏，故知之有不能尽。所谓致知者，只是教他展开使尽。"②朱熹所说的"知"不是认知的知，而是人的善根。人都有善根，只是许多人被欲望之气所遮蔽。致知就是突破欲望之气，自我意识到善根的存在。朱熹说："致知所以求为真知。真知，是要彻骨都见得透。"③致知能够求到"彻骨都见得透"的真知。为什么？因为所学到的道德知识与自我意识到的善根相对接，使自己感觉到道德本来就出自我的内心深处。

①《孟子·尽心上》，史仲文主编：《中华经典藏书》，北京出版社1999年版，第1152页。
②《朱子语类》卷14，转引自《四库全书》，上海人民出版社光碟检索版1999年11月。
③《朱子语类》卷15，转引自《四库全书》，上海人民出版社光碟检索版1999年11月。

（三）诚意

诚意是说意念实实在在，无一丝一毫的虚假，无一丝一毫
的自欺。《大学》载："所谓诚其意者：毋自欺也，如恶恶
臭，如好好色。"①好看的颜色，喜欢就是喜欢；难闻的气味，
厌恶就是厌恶。不能给自己造假，自我欺骗。宋代理学家周敦
颐说："诚则无事矣。"②"诚，无为；几，善恶。"③"诚"
是一种无意识境界，毫无做作意念。"几"，一瞬间也。无意
识的一瞬间，择善择恶分野决出。所以《大学》的诚意之意是
一瞬间而闪。虽然其时间暂短，但其内涵殊为丰富，积累非常
厚重。孟子说："万物皆备于我矣。"④即我的心灵已经不是原
初空洞无物的心灵，而是与万物相配的心灵。方寸之微足以应
对万物。陆九渊说："万物森然于方寸之间。"⑤"方寸"是指
心。心经过打造，不再狭隘，能够盛得下一切事物，故曰"万
物森然于方寸之间"。

这个打造包括两个方面：首先，"诚意"需要主观刻意追

①《大学》，史仲文主编：《中华经典藏书》，北京出版社1999年版，第527页。
② 周敦颐：《通书》第3章，史仲文主编：《中华经典藏书》，北京出版社1999
年版，第1492页。
③ 周敦颐：《通书》第3章，史仲文主编：《中华经典藏书》，北京出版社1999
年版，第1492页。
④《孟子·尽心上》，史仲文主编：《中华经典藏书》，北京出版社1999年版，
第1152页。
⑤《象山集·象山语录》卷2，转引自《四库全书》，上海人民出版社光碟检索
版1999年11月。

求和恰当的培养。孟子讲到"养浩然之气"的培养时说:"难言也。其为气也,至大至刚,以直养而无害,则塞于天地之间。其为气也,配义与道;无是,馁也。是集义所生者,非义袭而取之也。行有不慊于心,则馁矣。我故曰,告子未尝知义,以其外之也。必有事焉而勿正,心勿忘,勿助长也。无若宋人然:宋人有闵其苗之不长而揠之者,芒芒然归。谓其人曰:'今日病矣,予助苗长矣。'其子趋而往视之,苗则槁矣。天下之不助苗长者寡矣。以为无益而舍之者,不耘苗者也;助之长者,揠苗者也。非徒无益,而又害之。"[1]可见,这种崇高的境界培养起来十分艰难。要正义与道德的配合("配义与道"),要长时期正义的积累("是集义所生者"),不能指望偶然("非义袭而取之也");时时坚持("必有事焉"),不能有特定的目的("勿正"),不能忘记("心勿忘"),不能认为做作("勿助长也")。

其次,"诚意"介入实际生活。王阳明说,"求诸其心一念之良知"[2]。可这短短的"一念"绝不简单。王阳明说:"良知二字,自吾从万死一生中体悟出来,多少积累在!"[3]"军旅酬酢,呼吸存亡,宗社安危所系,全体精神,只从一念入微

[1] 《孟子集注》卷3《公孙丑章句上》,史仲文主编:《中华经典藏书》,北京出版社1999年版。

[2] 《王阳明全集》卷2《语录中·答顾东桥书》,上海古籍出版社1992年版,第47页。

[3] 王畿:《王龙溪先生全集》卷13《滁阳会语》,引清道光工模晋刊本,未出版,中国社会科学院历史研究所图书馆馆藏。

处。"①王阳明一念之微的良知是在实践中打造出来的，里面积累着大量的实践信息。

儒家所讲的诚意是内涵极为丰富的高品位的修身环节。其内涵大概有如下内容：

① 树立自我。《中庸》说："诚者自成也。"②"自成"就是树立自我。诚意首先要树立自我，即我做好事是我自己的选择，我真的愿意做，没有谁让我做。子曰："譬如为山，未成一篑，止，吾止也；譬如平地，虽覆一篑，进，吾往也。"③是前进还是停止前进，全都在我自己，不责外因。子曰："古之学者为己，今之学者为人。"④古人学习是为实现自己好学的本性，不像今人学习是为了得到别人的表扬。我为什么要救落井的孩子？不为什么，我愿意，这样做我内心才安适。孔子说："人不知而不愠，不亦君子乎？"⑤别人不了解我，我也不生气。因为我不是为了得到别人的赞赏才做好事。就像我不是为了别人，才见到好的颜色多看几眼，闻到不好的气味马上捂鼻子一样。《大学》说，诚意者"心广体胖"⑥——心胸宽阔、

① 王畿：《王龙溪先生全集》卷13《读先师再报海日翁吉安起共书序》，引清道光工模晋刊本，未出版，中国社会科学院历史研究所图书馆馆藏。
②《中庸》，史仲文主编：《中华经典藏书》，北京出版社1999年版，第505页。
③《论语·子罕》，史仲文主编：《中华经典藏书》，北京出版社1999年版，第1101页。
④《论语·宪问》，史仲文主编：《中华经典藏书》，北京出版社1999年版，第1109页。
⑤《论语·学而》，史仲文主编：《中华经典藏书》，北京出版社1999年版，第1091页。
⑥《大学》，史仲文主编：《中华经典藏书》，北京出版社1999年版，第527页。

身体安适。我做好事都是出自我的意愿，一点也不难受，所以"心广体胖"。

② 责己。孟子说："有人于此，其待我以横逆，则君子必自反也：我必不仁也，必无礼也，此物奚宜至哉？其自反而仁矣，自反而有礼矣，其横逆由是也，君子必自反也，我必不忠。"①别人对我态度蛮横无理，我先不要急于指责别人，而要先追责自己。明代王艮说："吾身是个矩，天下国家是个方，絜矩则知方之不正，由矩之不正也。"②王艮更认为，天下国家只要有不合理之事，都要向我自己追责。北宋思想家张载为责己意识提供了哲学根据，张载《西铭》说："乾称父，坤称母。予兹藐焉，乃浑然中处。故天地之塞，吾其体。天地之帅，吾其性。民吾同胞，物吾与也。大君者，吾父母宗子，其大臣，宗子之家相也。尊高年，所以长其长。慈孤弱，所以幼其幼。圣其合德，贤其秀也。凡天下疲癃残疾，茕独鳏寡，皆吾兄弟之颠连而无告者也。于时保之，子之翼也。乐且不忧，纯乎孝者也。"③张载认为，我和天下所有的人所有的物都是由气所构成，天是父，地是母，天下人都是兄弟姐妹。民是我的同胞，物是我的同行者。所以，对天下老弱病残鳏寡孤独我不

---

① 《孟子·离娄下》，史仲文主编：《中华经典藏书》，北京出版社1999年版，第1140页。

② 黄宗羲：《明儒学案》卷32《泰州学案一·心斋语录》，中华书局1986年版，第712页。

③ 《张子全书》卷1《西铭》，史仲文主编：《中华经典藏书》，北京出版社1999年版。

能不闻不问。这是我天生的职责。

③ 慎独。"所谓诚其意者：毋自欺也，如恶恶臭，如好好色，此之谓自谦，故君子必慎其独也！小人闲居为不善，无所不至，见君子而后厌然，掩其不善，而著其善。人之视己，如见其肺肝然，则何益矣。此谓诚于中，形于外，故君子必慎其独也。"[1]诚意就要不自欺。"自谦"即自己不亏心。不自欺才自己不亏心。不自欺是就自己针对自己讲的，与他人无干。慎独就是保持不自欺。"慎"是严格要求，"独"是自己针对自己。自己严格要求自己，不管周围有人否。小人则是当人一套，背后一套。东汉儒臣杨震为历史留下了四知美谈。杨震升为荆州刺史、东莱太守。赴任途中，"道经昌邑，故所举荆州茂才王密为昌邑令，谒见，至夜怀金十斤以遗震。震曰：'故人知君，君不知故人，何也？'密曰：'暮夜无知者。'震曰：'天知，神知，我知，子知。何谓无知！'密愧而出。"[2]杨震收了黄金也不会有危险，因为王密事后绝对不敢承认自己行过贿，受贿之事等于只有杨震一个人知道。杨震并非不明了这一点，可杨震坚守慎独，书写了美好的道德篇章。以上三点就是诚意中所蕴涵的内容，所以，"诚意"二字绝不单调，积累非常深厚。

---

[1]《大学》，史仲文主编：《中华经典藏书》，北京出版社1999年版，第527页。
[2]《后汉书》卷54《杨震传》，中华书局1965年版。

（四）正心

正心就是端正自己的心。人心怎么不正？《大学》载："身有所忿懥，则不得其正；有所恐惧，则不得其正；有所好乐，则不得其正；有所忧患，则不得其正。心不在焉，视而不见，听而不闻，食而不知其味。"[①]人自己的心经常受到情绪的干扰，不能够做出正确的判断和选择。这些情绪包括愤怒、恐惧、喜欢、忧虑等等。韩非子举了一例："昔者弥子瑕有宠于卫君。卫国之法，窃驾君车者罪刖。弥子瑕母病，人闲往夜告弥子，弥子矫驾君车以出，君闻而贤之曰：'孝哉，为母之故，忘其刖罪。'异日，与君游于果园，食桃而甘，不尽，以其半啖君，君曰：'爱我哉，忘其口味，以啖寡人。'及弥子色衰爱弛，得罪于君，君曰：'是固尝矫驾吾车，又尝啖我以余桃。'故弥子之行未变于初也，而以前之所以见贤，而后获罪者，爱憎之变也。故有爱于主则智当而加亲，有憎于主则智不当见罪而加疏。"[②]卫灵公对弥子瑕的判断和处理前后巨大的反差，就是因为内心情绪发生了很大变化。不仅如此，人们时常犯这样的毛病，理智上知道孰对孰错，由于情绪的干扰，明知道对却硬加反对，明知道错却硬加赞成。所以儒家所说的正心，就是要克服情绪对理智的干扰。

[①]《大学》，史仲文主编：《中华经典藏书》，北京出版社1999年版，第527页。

[②]《韩非子·说难》，史仲文主编：《中华经典藏书》，北京出版社1999年版，第4633页。

（五）修身

　　关于修身，《大学》的说法是："人之其所亲爱而辟焉，之其所贱恶而辟焉，之其所畏敬而辟焉，之其所哀矜而辟焉，之其所敖惰而辟焉。故好而知其恶，恶而知其美者，天下鲜矣。故谚有之曰：人莫知其子之恶，莫知其苗之硕。"①"辟"就是偏见。为什么要修身？因为人有偏见。谁都说自己的孩子好，无论有什么缺点都会被自己看作优点。谁都会说自己的庄稼长得不好，无论长得多苗壮也会说不好。"好而知其恶，恶而知其美"，就是消除偏见，全面地看问题。"恕"道。"恕"就是设身处地地为他人着想。怎样克服偏见，采用换位的视角，设身处地的从他人角度看问题。孔子说："夫仁者，己欲立而立人，己欲达而达人。"②"己所不欲，勿施于人。"③《大学》载："所恶于上，毋以使下；所恶于下，毋以事上；所恶于前，毋以先后；所恶于后，毋以从前；所恶于右，毋以交于左；所恶于左，毋以交于右：此之谓絜矩之道。"④一个人能够设身处地为他人着想，就会减少偏见。

　　除了《大学》所说的修身内容之外，笔者认为，修身也是

①《大学》，史仲文主编：《中华经典藏书》，北京出版社1999年版，第527页。
②《论语·雍也》，史仲文主编：《中华经典藏书》，北京出版社1999年版，第1098页。
③《论语·卫灵公》，史仲文主编：《中华经典藏书》，北京出版社1999年版，第1111页。
④《大学》，史仲文主编：《中华经典藏书》，北京出版社1999年版，第528页。

培养人的外在表现。人的貌言视听、行为举止，都应该加大文化含金量。如孔子所列："非礼勿视，非礼勿听，非礼勿言，非礼勿动。"①

（六）成物

所谓成物，就是《大学》中讲的"齐家"、"治国"、"平天下"。儒家的修身之道特别强调实地做事。孔子说："听其言而观其行。"②荀子说："不闻不若闻之，闻之不若见之，见之不若知之，知之不若行之。学至于行之而止矣。"③这个"学"主要是指道德修养，道德修养必须达到能够做的程度。想做就必须接触具体事物。所以《中庸》载："诚者，非自成己而已也，所以成物也。成己，仁也；成物，知也；性之德也，合外内之道也。"④"诚"是道德在头脑中扎根的境界。达到这种境界必须能够"成物"，即做事情，或曰改造客观世界。光口称修身，不把修身落实在做事情上，一个人的道德不可能达到很高的境界。王阳明说："知是行的主意，行是知的功夫；知是行之始，行是知之成。若会得时，只说一个知已自

① 《论语·颜渊》，史仲文主编：《中华经典藏书》，北京出版社1999年版，第1105页。
② 《论语·公冶长》，史仲文主编：《中华经典藏书》，北京出版社1999年版，第1095页。
③ 《荀子·儒效》，史仲文主编：《中华经典藏书》，北京出版社1999年版，第1240页。
④ 《中庸》，史仲文主编：《中华经典藏书》，北京出版社1999年版，第506页。

有行在，只说一个行已自有知在。"①"知"也是道德修养，"行"是落实道德修养。真正的道德修养就包括落实，所以"行"的活动也就是"知"的活动。"君子之学，何尝离去事为而废论说？但其从事于事为、论说者，要皆知行合一之功，正所以致其本心之良知；而非若世之徒事口耳谈说以为知者，分知行为两事，而果有节目先后之可言也。"②真正的君子不会脱离做事情而单独讲修身。分"知行"为二是俗儒的浅陋说法。俗儒实质上是光说不练。

王阳明说的"行"包括做各个方面的事情："郡务虽繁，然民人社稷，莫非实学。"③"有一属官，因久听讲先生之学，曰：'此学甚好。只是薄书讼狱繁难，不得为学。'先生闻之曰：'我何尝教尔离了薄书讼狱，悬空去讲学？尔既有官司之事，便从官司的事上为学，才是真格物。如问一词讼，不可因其应对无状，起个怒心；不可因他言语圆转，生个喜心；不可恶其嘱托，加意治之；不可因其请求，屈意从之；不可因自己事务烦冗，随意苟且断之；不可因旁人潜毁罗织，随人意思处之：这许多意思皆私，只尔自知，须精细省察克治，惟恐此心有一毫偏倚，枉人是非，这便是格物致知。薄书讼狱之间，

---

① 《王阳明全集》卷1《语录上》，上海古籍出版社1992年版，第4页。

② 《王阳明全集》卷2《语录中·答顾东桥书》，上海古籍出版社1992年版，第52页。

③ 《王阳明全集》卷5《文录二·答路宾阳》，上海古籍出版社1992年版，第52页。

无非实学；若离了事物为学，却是著空。'"①不仅仅政务诉讼这类大事，王阳明认为，日常屑细之事都可成为修身之途。"门人有言邵端峰论童子不能格物，只教以洒扫应对之说。先生曰：'洒扫应对就是一件物，童子良知只到此，便教去洒扫应对，就是致他这一点良知了。又如童子知畏先生长者，此亦是他良知处。故虽嬉戏中见了先生长者，便去作揖恭敬，是他能格物以致敬师长之良知了。童子自有童子的格物致知。'又曰：'我这里言格物，自童子以至圣人，皆是此等工夫。但圣人格物，便更熟得些子，不消费力。如此格物，虽卖柴人亦是做得，虽公卿大夫以至天子，皆是如此做。'"②下至儿童学点礼仪和农民卖柴，上至当公卿大夫乃至天子，都是成物。所以，道德修养不一定都要体现在一定要当大人物，做惊天动地的事，周围每一件小事都可称为提高道德水平的阶梯。

修身要体现在做事情上，做事情可以包含修身。但是，做事情所体现的修身水平并不相同。怎样做事情才能够体现出高水平的修身呢？唯天下人福祉是求，乃题中应有之义，无须再言。在儒家看来，重要的还应看做事情时精神上的主动性发挥的程度。许多人做事情时经常抱怨：资金不够，设备不够，人手不够，做事情时不够积极主动，总爱等、靠、要。儒家并非不注重物质条件，但更加注重精神能动性的发挥。发挥主观能

---

① 《王阳明全集》卷3《传习录下》，上海古籍出版社1992年版，第95页。
② 《王阳明全集》卷3《传习录下》，上海古籍出版社1992年版，第120页。

动性，才能够促进成物，成就无限的事业。孟子说："夫君子所过者化，所存者神，上下与天地同流，岂曰小补之哉？"①明代儒学思想家王阳明就是这种高层次修身的典范。

明正德元年，王阳明因为坚持正义得罪了昏君明武宗和恶宦刘瑾，一下被发配到几千里外的蛮荒之地——贵州龙场。当时的龙场在万山丛中，杂草荆棘铺地，虫蛇怪兽横行，瘴气弥漫，土人生活原始，语言不通，可以通话者只有个别亡命于此的中原人。王阳明初至，食宿无着，只能自耕自养，栖居山洞。同期到达的一个北方小官吏子仆三人大概因忍受不了这种险恶环境，相继绝望而死。也就是说，周围的一切客观条件对王阳明来说全都化而为零。原来在中原地区主持正义、当君子所借助的浸透着文明的物质、制度、机构、人脉、氛围转眼间全都不存在了。说得再透彻点，在这里想找一个敌手，把自己对人间丑恶的愤恨发泄一下都没有机会，因为这里不存在中原那层次的文明水平，找不到这个层次的对手。这个世界好像就剩下他一个人了，没有了参照系，他的存在失去了任何意义。怎么办？王阳明的极高层次的修身水平在这一劫难中反愈加突出地显现出来。在赴龙场途中，前有险峻路途，后有刘瑾爪牙追杀，阳明毫不畏惧。在一野庙墙壁题诗："险夷原不滞胸中，何异浮云过太空？夜静海涛三万里，月明飞锡下天风。"②

---

① 《孟子·尽心上》，史仲文主编：《中华经典藏书》，北京出版社1999年版，第1153页。
② 《王阳明全集》卷33《年谱》，上海古籍出版社1992年版，第1221页。

眼前险境之根在吾胸，吾胸滞留则有，不滞留则无。这种强烈的主体性意识，使阳明能将龙场险境不滞于胸中，而紧紧把持住自身。《年谱》载："（先生）自计得失荣辱皆能超脱，惟生死一念尚觉未化。乃为石椁自誓曰：'吾惟俟命而已！'日夜端居澄默以求静一。久之，胸中洒洒，而从者皆病。自析薪取水作糜饲之，又恐其怀抑郁，则与歌诗；又不悦，复调越曲，杂以诙笑，始能忘其为疾病夷狄患难也。"①条件异常艰难，濒临死境，可王阳明仍始终保持镇静、乐观，忘掉不幸。不仅如此，王阳明还主动出击，创造和书写环境。他用自己头脑中的儒学框架对自己的行为和周围事物进行组合、改造、修饰、建构，主观精神客观化，使中原地区的文明氛围被复制出来。他乐融融地称自己住的阴暗、潮湿、寒冷的山洞为"阳明小洞天"，"童仆自相语，洞居颇不恶。人力免结构，天巧谢雕凿。情泉傍厨落，翠雾还成幕。我辈日嬉偃，主人自愉乐。虽无榱桷荣，且远尘嚣耵。"②把自然存在的山洞视为洁身独善的隐儒的栖居场所。他还把另一个用做读《易》的山洞命名为"玩易窝"；把当地人为他盖的草房叫"何陋轩"，借用孔子"君子居之何陋之有"之语；把另一个草亭叫"君子亭"，意示君子于此矗然而立。

总之，一切围绕他存在的自然和人工存在，都被打上了儒

① 《王阳明全集》卷33《年谱》，上海古籍出版社1992年版，第1228页。
② 《王阳明全集》卷19《外集一·始得东洞遂改为阳明小洞天》，上海古籍出版社1992年版，第695页。

家文化的印痕，成为他陶冶性情、锤炼意志、追求圣人境界的资藉。对于自己所处的狼狈困境，王阳明也把它打上圣人的印迹，以鼓舞战胜困难的勇气。他把自己被发配到穷山恶水的蛮荒之地比喻为孔子"居九夷"，把自己食粗食、饮冷水、住山洞比喻为颜回"一箪食"、"一瓢饮"、"居陋巷"的贫困生活，把自己乏粮比喻为孔子饿于陈。总之，他所遭受的厄运就是圣人当年遭受过的厄运。他通过这些联想和类比，把自己抬高为圣人，他自我感觉就是圣人了。做完类比后，他的生活开始进一步升华。为了谋生，他不得不从事低层次的体力劳动。然而，他能够超越低层次，将之升华为追求圣人境界的精神活动。他有一首《西园》诗赞颂自己的种菜劳动："方园不盈亩，蔬卉颇成列。分溪免瓮灌，补篱防豕蹄。芜草稍焚薙，情雨夜来歇。濯濯新叶敷，荧荧夜花发。放锄息重阴，旧书漫披阅。倦枕竹下石，醒望松间月。起来步闲谣，晚酌檐下设。尽醉即草铺，忘与邻翁别。"①小菜园里菜株成列，涓滴滋润，花蕊翘绽，蔬叶嫩绿。种菜人边下锄，边读书，边散步，边赏景，边醉酒。这些描绘反映出种菜人精神之愉悦。种菜，这是很累的体力劳动。然而就在这种物质层次的体力劳动中渗透着高级的精神活动。

此外，王阳明还在龙场为当地人办学讲习，培养大量弟

---

① 《王阳明全集》卷19《外集一·始得东调递改为阳明小调天》，上海古籍出版社1992年版，第698页。

子，提高当地人文化水平。原来，在京城的奸臣恶宦以及贵州的一些地方官认为，王阳明此来不被困死也退化成野人。一些本想看他笑话的地方官到此一看大为惊诧。王阳明不但活得很好，而且还改变了其周围落后面貌，使周围出现一派生机勃勃景象。这就是王阳明修身活动的成物阶段。他达到了孙中山先生后来所说的境界："夫国者人之积也，人者心之器也，而国事者一人群心理之现象也。是故政治之隆污，系乎人心之振靡。吾心信其可行，则移山填海之难，终有成功之日；吾心信其不可行，则反掌折枝之易，亦无收效之期也。心之为用大矣哉！夫心也者，万事之本源也。"①许多人把王阳明和孙中山的这些说法当作主观唯心主义哲学来批判，这是文不对题。其实他们讲的是一种最高层次的修身境界，而不是讨论宇宙的构成问题。

君子在成物阶段达到了最高层次，不仅能够去除小我，也能够化育周围世界使小我化为与整个宇宙相融通的大我。《中庸》载："唯天下至诚，为能尽其性；能尽其性，则能尽人之性；能尽人之性，则能尽物之性；能尽物之性，则可以赞天地之化育；可以赞天地之化育，则可以与天地参矣。"②"至诚"就是道德在头脑里扎根了。这是道德修养所达到的最高境界。"尽其性"就是充分挖掘自己的潜力。我平常能够扛二百斤，

①《建国方略·孙文学说》，《孙中山全集》第六卷，中华书局1985年版，第158—159页。
②《中庸》，上海古籍出版社1992年版，第506页。

但我的潜力是能够扛三百斤。"尽其性"就是把我扛三百斤的潜力挖掘出来。"尽人之性"就是把别人的潜力激发出来。我能够把我的潜力挖掘出来，也能够把周围人的潜力激发出来。"尽物之性"就是把周围一切非人力要素的潜力充分挖掘出来。我能够把自己和周围人的潜力发挥出来，就能够让周围事物的能量充分释放出来。"赞天地之化育"就是辅助整个宇宙的运行，能够充分释放出周围事物的能量，就能够与整个宇宙发展的规律相一致，并利用规律为我所用。大科学家、大政治家、大艺术家、大哲学家、大慈善家都是这样的人。能够达到这种境界就能够"与天地参"，即与天地万物并列为三。世界各个领域的伟人都是有资格与天地相并列的人。

第七讲
儒家的人性论

　　人性问题不仅仅是针对人的品德问题，更是针对社会群体的管理问题，是政治问题。不仅仅是个理论问题，更是一个实践问题。对于一个管理者来说，如何看待人性，决定了你用什么思路来管理人。不能够正确地看待人性，就拿不出正确的待人之道。拿不出正确的待人之道，就不能够挖掘人的潜力、调动人的积极性、恰当地使用人。

　　人性即人异乎异类之禀赋，内含着不同的侧面和层次。前已提到，美国的人格心理学家A.H.马斯洛的需求层次理论可以成为描绘人的善根的基本框架。马斯洛提出的需求层次依次由较低到较高排列。第一，生理需求。对食物、水、空气和住房等需求都是生理需求。第二，安全需求。安全需求包括对人身安全、生活稳定以及免遭痛苦、威胁或疾病等的需求。第三，社交需求。社交需求包括对友谊、爱情以及隶属关系的需求。第四，尊重需求。尊重需求既包括对成就或自我价值的个人感觉，也包括他人对自己的认可与尊重。第五，自我实现需求。自我实现需求的目标是自我实现，或是发挥潜能。马斯洛正确地看到人的本性是复合的。儒家内部不同的人之所以对人性有不同的看法，提出不同的人性论，当源于人的本性的非单一性。在不同条件下人的复合型秉性所凸显出的方面、层次不尽相同。同一个人，穷困饥饿濒死时，廉耻之心全无，甚至像野兽一样吞噬同类，所以荀子说人性恶，霍布斯提出人性自私，人对人是狼。人只要有一定温饱，便可能温良和善。故管子云："仓廪实则知礼节，衣食足则知荣辱"。有的流氓盗匪，杀人越货穷凶极恶。被判死刑临告别人世，竟也忏悔人生，惦念家人，诅咒金钱。故曰人之将死也，其言也善。所以孟子说人性善，托马斯·阿奎那列出人禀受神赐具有的七种美德：信仰、希望、热爱、正义、谨慎、勇敢、节制。

先秦儒家的人性论是后来儒家人性论的基础，先秦中重要人物孔子、孟子、荀子三人对人性的看法各不相同。因为时代变化太快了，人本性中不同的要素递相凸显，表现出的形态差异很大，加上三个人经历不同，看问题的角度和层次不同，所以结论各异。不过从历史发展角度看，三个人的看法虽然不同，针对的问题不同，但都有一定根据，且能够形成逻辑递进的整体。

一、孔子的人性论

　　孔子的思想是儒家人性论的开端。严格说，孔子还没有明确地提出人性论，更没有形成关于人性的系统理论。不过那个时代不光孔子，其他各家也没有明确地提出人性论问题，只是从他们的一些政治主张和举措中透露出一些关于人性的观点，这些观点为后来人性论的产生打下了基础，所以需要介绍这些观点。当时社会动荡、物欲横流，一些有影响的政治家都是靠因顺人的物质欲望来博取人心。《管子》一书虽不一定是管仲本人所写，但其中的政治思想应是符合管仲的思想倾向。其中说：“民予则喜，夺则怒，民情皆然。”①“夫凡人之情，见利莫能勿就，见害莫能勿避。其商人通贾，倍道兼行，夜以续日，千里而不远者，利在前也。渔人之入海，海深万仞，就彼逆流，乘危百里，宿夜不出者，利在水也。故利之所在，虽千仞之山，无所不上；深源之下，无所不入焉；故善者势利之在，而民自美安，不推而往，不引而来，不烦不扰，而民自

---

① 《管子》，史仲文主编：《中华经典藏书》，北京出版社1999年版，第4541页。

富。如鸟之覆卵，无形无声，而唯见其成。"①管子对人性的看法后来孕育出法家的人情好利恶害观点。战国时期齐国陈氏家族篡夺齐国政权，使用的方法就根基于管仲对人性的看法。

"（晏婴对晋国贵族叔向说：）齐其为陈氏矣！公弃其民，而归于陈氏。齐旧四量：豆、区、釜、钟。四升为豆，各自其四，以登于釜。釜十则钟。陈氏三量，皆登一焉，钟乃大矣。以家量贷，而以公量收之。"②陈氏用大斗借出，小斗收回的方法收买民心，民众尝到了赚钱的甜头，纷纷归向陈氏。孔子所称赞的郑国子产也在利用人的欲望推行自己的治国方案。"子产为政，有事伯石，赂与之邑。子大叔曰：'国皆其国也，奚独赂焉。'子产曰：'无欲实难，皆得其欲，以从其事。'"③那是说，子产用土地向大贵族伯石行贿，以换得支持。子产意识到，人没有私欲很难，谁会白白支持你。子产还"铸刑书"，这也是顺应了人们为了私利而进行争讼的需求。

孔子没有提出系统的人性理论，以致子贡说："夫子之言性与天道，不可得而闻也。"④但孔子还是讲到了人性。他说：

①《管子·禁藏第五十三》，史仲文主编：《中华经典藏书》，北京出版社1999年版，第4505页。
②《左传·昭公三年》，史仲文主编：《中华经典藏书》，北京出版社1999年版，第768页。
③《左传·襄公三十年》，史仲文主编：《中华经典藏书》，北京出版社1999年版，第743页。
④《论语·公冶长》，史仲文主编：《中华经典藏书》，北京出版社1999年版，第1096页。

"性相近也，习相远也。"①如何给孔子的人性观点定性呢？笔者以为，当社会普遍讲人性恶时，你谈到人性却不明确表态，就可以说你有主张人性善的趋向。当社会普遍讲人性善时，你谈到人性却不明确表态，就可以说你有主张人性恶的趋向。孔子面对的是人们普遍认同人情好利恶害，他却说人性关键看后天的塑造，故可认定，因此，我们可以说孔子有主张人性善的趋向。虽然孔子没有明确地确定人性是善，但与前面所提到的管仲、子产不同，他没有说人的本性就是追求物质欲望，而是有可塑性，关键看后天的培养。孔子说："道之以政，齐之以刑，民免而无耻；道之以德，齐之以礼，有耻且格。"②孔子认为，民众受到礼仪教育后，有可能具备廉耻之心和自我约束的能力。这说明，在孔子看来，人的本性中隐含着自觉行善的种子，就看领导者能否去激活它。这就是孔子对人性的看法。没有这个看法，孔子不可能大量接受被上层社会鄙视的下层人子弟为学生，也不可能主张重用他们。

孔子对人性的看法有其时代根据。当时社会"礼崩乐坏"，人欲炽盛，贪婪难抑，但另一方面也要看到，周天子形式上的权威犹在，周礼的框架还在支撑着。尽管强横无道的霸主们僭礼犯上是家常便饭，但由于社会矛盾错综复杂，新旧势

①《论语·学而》，史仲文主编：《中华经典藏书》，北京出版社1999年版，第1091页。
②《论语·为政》，史仲文主编：《中华经典藏书》，北京出版社1999年版，第1092页。

力相互纠缠，传统礼制仍有影响，且可资霸主们用来自我包装。齐桓公开争霸先河，"不务德而勤远略"，却于葵丘之会假惺惺地尊"天威"，不敢不在天子使者宰孔面前下拜。[①]晋文公称霸后在践土会盟诸侯，也假装尊天子，"作王宫于践土"，"献楚俘于王"。[②]可见，春秋时代，新势力发展尚不能完全出离周礼框架。战国末期李斯说秦王政时讲得好，"昔者秦穆公之霸，终不东并六国者，何也？诸侯尚众，周德未衰，故五伯迭兴，更尊周室"[③]。

霸主们的逐利活动仍要在旧框架内进行，固然是因为旧框架的影响犹在，仍有可资藉处。但也不可否认，霸主中确有不少人内心深处仍多少隐埋着传统道德心理。这一心理在当时社会普遍存在，构成了社会群体共同认同的道德底线。人们在日常生活中时常自然流露出这一底线。比如，"子贡欲去告朔之饩羊。子曰：'赐也！尔爱其羊，我爱其礼。'"[④]"告朔"之礼已流为形式，鲁君都不拿其当回事，去之可也。但是旧礼是传统道德的载体，孔子对它仍有"爱"的深厚情感。孔子认为，广大民众内心对礼是认同的。子曰："上好礼，则民易使

[①]《左传·僖公九年》，史仲文主编：《中华经典藏书》，北京出版社1999年版，第593页。

[②]《左传·僖公二十八年》，史仲文主编：《中华经典藏书》，北京出版社1999年版，第610页。

[③]《史记》卷87，《李斯列传》，中华书局1959年版。

[④]《论语·八佾》，史仲文主编：《中华经典藏书》，北京出版社1999年版。

也。"①"道之以政，齐之以刑，民免而无耻；道之以德，齐之以礼，有耻且格。"②这说明民之本性中有乐于接受礼的善根。此善根在无意识的社会心理层次中，表现为自发的倾向、情感、信念、习俗等。尽管社会动荡的冲击力很大，但还未足以摧毁深层的社会心理层次的传统道德。不仅如此，政治动荡所带来的人际关系紧张，反倒令人更加怀念旧礼时代的祥和安定和充满人情味。孔子以久不梦见周公而忧愁，因为周公思想充满着人情味。"周公谓鲁公曰：'君子不施（弛）其亲，不使大臣怨乎不以。故旧无大故，则不弃也。无求备于一人！'"③孔子所转述的周公的话充满着人情味。由此可见，传统道德的影响使得那些强横无道的逐利者的活动一旦突破底线，就时常会本能地自我约束，返回道德底线。郑庄公与其弟共叔段、母武姜为君位钩心斗角，人们又通常把他对弟弟的忍让和对母亲的顾念之情认作虚伪。其实这也反映出当时人对爱弟孝母人伦的普遍认同，以致郑庄公再怎么阴狠也不愿突破这个道德底线。④晋景公讨伐与楚结盟的郑国，俘获在郑国的楚国乐官。审问时楚囚的表现令晋国君臣钦佩。晋大臣范文子说："楚囚，君子也。……不背本，仁也；不忘旧，信也；无私，忠也；尊

①《论语·宪问》，史仲文主编：《中华经典藏书》，北京出版社1999年版。
②《论语·为政》，史仲文主编：《中华经典藏书》，北京出版社1999年版。
③《论语·微子》，史仲文主编：《中华经典藏书》，北京出版社1999年版。
④《左传·隐公元年》，史仲文主编：《中华经典藏书》，北京出版社1999年版，第539页。

君，敏也。"晋景公立即释放楚囚。①如果说郑庄公、范文子仍被视为在道德上耍小把戏，那么宋襄公与楚人战于泓就绝对不是耍把戏了。他在战败受重伤且生命垂危时仍坚持说："君子不重伤，不禽二毛，……不鼓不成列。"②虽然蠢，却也反映出当时有一大批人对传统道德的信仰是真诚的，捍卫起来义无反顾。齐桓公企图攻打衰落的鲁国。刚出使鲁国回来的仲孙湫劝止道：鲁，"犹秉周礼，周礼所以本也"。"鲁不弃周礼，未可动也"。③光一两个宋襄公真诚信仰传统道德尚不可能有大作为，可畏者民众。鲁国这样的弱国一旦全民坚守周礼，照样令强齐不敢轻举妄动。

由上可见，春秋时代，在外部，传统道德的载体——周礼与强横者的逐利行为处于拉锯状态。在人们内心深处，传统的道德心理与炽盛的欲望处于拉锯状态。霸主们看到的只是人欲，孔子则感受到了人性中道德的种子。

孔子的人性观点确定了儒家如何看待人对待人的基本点，即无论人类如何相互争夺、趋利避害都不代表人性的全部。不要对人性丧失信心，不要放弃对人的争取。

<hr>

① 《左传·成公九年》，史仲文主编：《中华经典藏书》，北京出版社1999年版，第678页。

② 《左传·僖公二十二年》，史仲文主编：《中华经典藏书》，北京出版社1999年版，第603页。

③ 《左传·闵公元年》，史仲文主编：《中华经典藏书》，北京出版社1999年版，第584—585页。

二、孟子的人性论

　　孟子明确提出人性善，在某种程度上是受了孔子的影响。孔子的模糊的人性善趋向在孟子身上发展为人性善论。《孟子》载："孟子道性善，言必称尧、舜。"[1]孟子说："恻隐之心，人皆有之；羞恶之心，人皆有之；恭敬之心，人皆有之；是非之心，人皆有之。恻隐之心，仁也；羞恶之心，义也；恭敬之心，礼也；是非之心，智也。仁义礼智，非由外铄我也，我固有之也，弗思耳矣。"[2]孟子人性善论的产生也有其时代根据。

　　孟子时代，周天子权威彻底荡尽。所谓"东周"、"西周"，不过是两个不起眼的小诸侯国。魏惠王后元二年，魏齐两国国君开始相互称王。[3]称王还不过瘾，齐缗王三十六年，齐秦两国互称"东帝"、"西帝"。[4]孔子祈盼恢复的周礼早成陈迹，孟子生活的战国中期，传统道德的影响虽然进一步减弱，

---

[1]《孟子·滕文公上》，史仲文主编：《中华经典藏书》，北京出版社1999年版，第1131页。

[2]《孟子·告子上》，史仲文主编：《中华经典藏书》，北京出版社1999年版，第1147页。

[3]《史记》卷44《魏世家》，中华书局1959年版。

[4]《史记》卷46《田敬仲完世家》，中华书局1959年版。

却也出现了某些反弹。最令人瞩目的是燕王哙三年禅让之事。史载：

> "鹿毛寿谓燕王曰：'不如以国让子之。人谓尧贤者，以其让天下于许由，由必不受，有让天下之名，实不失天下。今王以国让相子之，子之必不敢受，是王与尧同行也。'燕王因举国属子之，子之大重。或曰：'禹授益而以启为吏，及老，而以启为不足任天下，传之益也。启与支党攻益而夺之天下，是禹名传天下于益，其实令启自取之。今王言属国子之，而吏无非太子人者，是名属子之，而太子用事。'王因收印自三百石吏而效子之。子之南面行王事，而哙老不听政，顾为臣，国事皆决子之。"[1]君权的掌握和继承，对于一个人、一个家族、一个集团、一个国家来说最命运攸关。这个问题历史上最无道德可言，以致有对天下不可不顺守却可以逆取说法的普遍认同。燕王哙出奇的糊涂，竟然把虚构成分很大的古代禅让传说当真，刻意去模仿，让君位于大臣子之。但这恰恰反映出传统道德的影响力之巨大，积淀在人们头脑中之坚固。

在当时诸侯混战中，传统道德对国与国的冲突多少是有一定缓和作用的。魏惠王元年，韩与赵联合伐魏。败魏于浊浊，围魏惠王。赵意为杀魏惠王割地而退。韩意为将魏切割为两国而弱之。双方协议不成而分裂，各自退兵。韩懿侯不同意赵方

---

① 《战国策》卷29《燕策一》，史仲文主编：《中华经典藏书》，北京出版社1999年版，第7117页。

案的理由是，"杀魏君，人必曰暴；割地而退，人必曰贪"①。
韩懿侯非"何必曰利"之君，犹畏"暴"、"贪"之名，反
映出传统道德对其决策的影响。魏惠王十八年，魏攻入赵都邯
郸，齐威王就援赵问题与大臣商议。段干朋说："不救则不
义、且不利。"②"不利"是实的，齐国不愿看到横跨中原的魏
国过于强大，但"不义"也不完全是虚的，其潜意识中确有道
德信念。

　　统治者之间争权夺利尚有道德信念流露，生活环境相对封
闭的民众道德信念的流失当更少。这种道德信念在反抗外来
侵略时表现得尤为突出。战国中前期与后期不同，诸侯攻伐
即便军事上取胜，占领对方国家，也不好灭掉对方乃至不得不
退出。韩、赵占领魏国不得不退出，魏攻入赵都邯郸占领达两
年之久，也不得不退出。这固然有诸侯之间不愿看到某一战胜
国过于强大从而打破力量平衡，往往给弱者一定援助的成分在
其中，但更重要的是被占领国人民的反抗。魏占赵时，赵人民
如何反抗，史无详载，但仍可觅迹推论。《战国策》载："初
时惠王伐赵，战胜乎三梁，十万之军拔邯郸，赵氏不割，而邯
郸复归。"赵之得以全国者，"以其能忍难而重出地也"③。
赵之所谓"忍难"，可用当初赵襄子被魏、韩围在晋阳城三

----

① 《史记》卷44《魏世家》，中华书局1959年版。
② 《史记》卷46《田敬仲完世家》，中华书局1959年版。
③ 《战国策》卷24《魏策三》，史仲文主编：《中华经典藏书》，北京出版社
1999年版，第7078页。

年诠释。当时"城中巢居而处，悬釜而炊，财食将尽，士卒病羸"①。可见赵襄子未被灭掉，是民众的支持。民众的忍难支持，道德力量不可小觑。魏惠王占领邯郸而不能灭赵国，自然也是民众能"忍难"，誓死抵抗的结果。民众被占领军的非正义举动所激怒，激发出正气，以正义之心奋不顾身地保家卫国。齐宣王六年，齐乘燕王哙禅让子之引起内乱攻占燕国，遭到燕国人民的强烈反抗和诸侯的干涉，后被迫退出。孟子正在齐国，与齐宣王对话时批评齐军对燕人不行仁道："杀其父兄，系累其子弟，毁其宗庙，迁其重器……"②如此不仁岂能不激起燕人强烈反抗。后燕军又攻入齐国大行不义，遭齐国人民反抗，被迫退出。由此可知，不可小觑道德对民众的激发力。为助信陵君夺晋鄙军救赵，"年七十，家贫，为大梁夷门监者"的侯嬴和"市井鼓刀屠者"朱亥毅然冒险，侯嬴甚至期信陵君至晋鄙军日，"北向自刭"。③此外，帮助燕太子丹刺秦王的荆轲，是卫国一剑客，高渐离是燕国一乐师。他们是除恶扬善道德的践履者，也是受侵害国家人民誓死反抗侵略精神的体现者。遭遇这样的人民，侵略者岂能安宁！

　　孟子生活在战国中期，韩赵攻入魏、魏攻入赵、秦击魏、齐攻入燕、燕攻入齐都发生于这一时期，被侵略国人民奋不顾

---

① 《战国策》卷18《赵策一》，史仲文主编：《中华经典藏书》，北京出版社1999年版，第7028页。

② 《孟子·梁惠王下》，史仲文主编：《中华经典藏书》，北京出版社1999年版，第1125页。

③ 《史记》卷77《魏公子列传》，中华书局1959年版。

身的反抗精神当令他备受感染，发出"得道者多助，失道者寡助"的人类心声。他由此观察到人性是善，善非做作出来，而是自然发出。孟子说："天下之言性也，则故而已矣。故者以利（顺）为本。"①"仁义礼智，非由外铄我也，我固有之也，弗思耳矣。"②我们后人常指责孟子在宣传唯心主义先验论，可是如果我们能返回到孟子的时代，亲身感受当时民众抵抗侵略的正气和义举，又怎能说孟子的话没有时代根据呢？就连寡恩少义的法家思想家、实践家李斯也认同这一点。他和姚贾在秦王政面前毁谤韩非时说"非终为韩不为秦，此人之情也"③。李斯承认爱国是"人情"，韩非虽是个鼓吹个人利益至上，为达目的可不择手段的极端法家，却也尚存这爱国的"人情"。

还需注意的是，孟子说，"涂之人可以为尧舜"，也就是说随便一个平民身上都有尧舜的种子，都可能成为尧舜。为什么？这反映出当时在反侵略的正义事业中，衰落的贵族接纳了平民参与，使许多平民有机会走上历史舞台表达自己的道德价值理念。像前面提到的侯嬴、朱亥、荆轲、高渐离以及许多游侠，孟子的目光也更多地投向了平民。他对于舜等圣人的描绘，平民色彩非常浓厚。"舜之居深山之中，与木石居，与鹿豕游，

---

① 《孟子·离娄下》，史仲文主编：《中华经典藏书》，北京出版社1999年版，第1140页。
② 《孟子·告子上》，史仲文主编：《中华经典藏书》，北京出版社1999年版，第1147页。
③ 《史记》卷63《老子韩非列传》，中华书局1959年版。

其所以异于深山之野人者几希。"①"舜发于畎亩之中，傅说举于版筑之闲，胶鬲举于鱼盐之中，管夷吾举于士，孙叔敖举于海，百里奚举于市。"②孟子的"人皆可以为尧舜"的人性善论肯定也与他关注平民有关。

人性善的理论为孟子激发人的善性、依靠人的自觉性来治理天下的政治主张提供了根据。他说："君仁，莫不仁；君义，莫不义；君正，莫不正。一正君而国定矣。"③这话隐含着人的秉性是善的，只要君主率先"仁"、"义"、"正"，民众的善性自然会被激发出来。孟子坚信："爱人者，人恒爱之；敬人者，人恒敬之。"④君主以仁爱之心待民，民必以仁爱之心待君主。正所谓"民之归仁也，犹水之就下，兽之走旷也"⑤。

孟子讲人性善既表达了他对人的视角，又是为了鼓励人们发挥道德能动性。但是，孟子与孔子不同，孔子既讲内在的"仁"，又讲外在的"礼"。孟子却只讲"仁"，不讲"礼"。"礼"是表现"仁"的形式，是"仁"的外壳。孟子

---

① 《孟子·尽心上》，史仲文主编：《中华经典藏书》，北京出版社1999年版，第1153页。

② 《孟子·告子下》，史仲文主编：《中华经典藏书》，北京出版社1999年版，第1151页。

③ 《孟子·离娄下》，史仲文主编：《中华经典藏书》，北京出版社1999年版，第1138页。

④ 《孟子·离娄下》，史仲文主编：《中华经典藏书》，北京出版社1999年版，第1140页。

⑤ 《孟子·离娄下》，史仲文主编：《中华经典藏书》，北京出版社1999年版，第1137页。

对这个外壳看得很轻。孟子说："执中无权，犹执一也。所恶执一者，为其贼道也，举一而废百也。"①"中"是善的原则，不能违反，但是实现原则的方式必须灵活，执着于某一种具体的方式就是"贼道"。孟子就是要不受约束地、潇洒地实现他的善性。孟子曰："大人者，言不必信，行不必果，惟义所在。"②"言必信，行必果"是男子汉大丈夫取信于人的基本准则，孟子却认为这个准则可以违反。孟子曰："尽信书，则不如无书。"③孟子对古书的解读相当主观，他把《诗经》中"普天之下，莫非王土；率土之滨，莫非王臣"④解读成国家的事都是天子的事，为什么独我一个人劳苦呢？孟子还教导学生咸丘蒙解读经典不要拘泥于文字："故说诗者，不以文害辞，不以辞害志。以意逆志，是为得之。"⑤孟子对经典的这种解读简直自由到了胡说八道的地步。而对于传统的礼节，孟子常表现出不屑。"孟子自齐葬于鲁，反于齐，止于嬴。充虞请曰：'前日不知虞之不肖，使虞敦匠事。严，虞不敢请。今愿窃有请也，木若以美然。'曰：'古者棺椁无度，中古棺七寸，椁称之。自天子达于庶人，非直为观美也，然后尽于人心。不得，不可以为悦；

①《孟子·尽心上》，史仲文主编：《中华经典藏书》，北京出版社1999年版，第1153页。

②《孟子·离娄下》，史仲文主编：《中华经典藏书》，北京出版社1999年版，第1139页。

③《孟子·尽心下》，史仲文主编：《中华经典藏书》，北京出版社1999年版，第1155页。

④《孟子》，史仲文主编：《中华经典藏书》，北京出版社1999年版，第1125页。

⑤《孟子》，史仲文主编：《中华经典藏书》，北京出版社1999年版，第1143页。

无财，不可以为悦。得之为有财，古之人皆用之，吾何为独不然？且比化者，无使土亲肤，于人心独无恔乎？吾闻之君子：不以天下俭其亲。'"①孟子给母亲办丧事，棺木过于豪华，以致监制棺木的匠人充虞都觉得太过分了，斗胆提出质疑。孟子的回答概括说就是"我愿意！"

孟子重"仁"轻"礼"固然有助于使人的善性挣脱一些僵化礼仪规范的束缚，得到自我实现的捷径。但也带来了一个问题，即道德实现方式的社会性问题。子曰："恭而无礼则劳，慎而无礼则葸，勇而无礼则乱，直而无礼则绞。"②礼仪规范是社会性的，揉进了群体的利益，使得道德带有一定的公共性。没有礼仪规范，再好的道德也不能够取得好的社会效果。比如，我父母逝世了，但是无论我对父母的感情有多么深厚，我也不能给他们的丧事一办好几年，热闹几条街。因为这样做会妨碍他人生活。所以人不能只顾实现自己的善性而不顾及礼仪规范。比如，赵国诸公子中最贤者平原君有宾客数千人。其府中一美妾讥笑一残疾人。为表示自己非"爱色而贱士"，平原君毅然斩美妾头亲自登门向残疾人道歉。③为了惩罚美妾的不道德，采取极端的维护"正义"的行为，滥杀有过错者，这种

① 《孟子·公孙丑下》，史仲文主编：《中华经典藏书》，北京出版社1999年版，第1130页。
② 《论语·泰伯》，史仲文主编：《中华经典藏书》，北京出版社1999年版，第1100页。
③ 《史记》卷76《平原君虞卿列传》，史仲文主编：《中华经典藏书》，北京出版社1999年版。

做法不能为社会所认同，不可能在整个社会普遍推广。孟尝君的门客冯谖受命赴薛收债，"使吏召诸民当偿者悉来合券。券合，起，矫命以责[债]赐诸民，因烧其券，民称万岁"①。没有社会性的规范，光靠这种雕虫小技，只能运用于局部和一时，解决不了民众的整体和长远生计问题。况且，孟尝君原本连这点小恩惠也未想施。魏公子信陵君"为人仁而下士，士无贤不肖皆谦而礼交之，不敢以其富贵骄士"，对"年七十，家贫，为大梁夷门监者"的侯嬴恭敬有加。侯嬴多次故意简慢，信陵君不以为意，颜色愈和。人们多"以公子为长者能下士也"。②所有这些作为，能够被制度化、普遍化吗？当然不能。平原君、信陵君的贤德即便是真的，撑死也仅能换得像毛遂、侯嬴、朱亥、荆轲等几个肯效死命的义士，远谈不上赢得民心。所以，这些不能普遍长久推行的所谓的道德其实只是私德。

私德与私利是连在一起的。四公子"礼贤下士"道德的背后，其实是为了维护自己行将丧失的既得利益。赵孝成王时赵太后用事，秦急攻之，拔三城。就是否用长安君换齐援兵的问题，赵太后与群臣闹别扭。太后疼爱长安君的亲情是真诚的，但这是个人的私情，是私人利益。为了个人的私情，赵太后可以罔顾国家利益。③那些讲义气的公子们一旦个人利益被

① 《战国策》卷11《齐策四》，史仲文主编：《中华经典藏书》，北京出版社1999年版。
② 《史记》卷77《魏公子列传》，中华书局1959年版。
③ 《战国策》卷21《赵策四》，史仲文主编：《中华经典藏书》，北京出版社1999年版。

触犯，也是浑不讲理。赵国田部史赵奢"收租税而平原君家不肯出租，奢以法治之，杀平原君用事者九人。平原君怒，将杀奢"①。身为最贤者的贵公子，竟不懂得依法纳税，还要滥杀国家命官。孟尝君做客赵国时，"赵人闻孟尝君贤，出观之"。因有人笑其个矮，"孟尝君闻之，怒。客与俱者下，所击杀数百人，遂灭一县以去"②。为泄私愤，滥杀无辜，毁灭一方，真是无法无天。北宋伟大的改革家王安石蔑视他们这些所谓的君子："孟尝君特鸡鸣狗盗之雄耳，岂足以言得士！"③王安石似看到，孟尝君这些仁君子们不是靠制度变革，只靠耍小手腕笼络鸡鸣狗盗之徒，成不了大事。

总之，只强调个人内心的善性，不注意善性的具体内容和善性的表达方式是否符合社会的要求，这个善性是没有价值的，而这个问题孟子并没有涉及。

三、荀子的人性论

荀子与孔孟不同，是历史上唯一一个明确地提出人性恶的

---

① 《史记》卷81《廉颇蔺相如列传》，中华书局1959年版。

② 《史记》卷75《孟尝君列传》，中华书局1959年版。

③ 王安石：《读孟尝君传》，《宋代散散选》，王水照选注，上海古籍出版社1987年版，第80页。

儒家思想家。他说："今人之性，生而好利焉。""今人之性，饥而欲饱，寒而欲暖，劳而欲休，此人之情性也。"①荀子特别强调对人的后天的改造。对于荀子的人性论，我们需要作如下分析：

（一）荀子人性论的思想渊源

在人性问题上，荀子的视角为什么与孔子的趋向不同，与孟子截然对立？

第一，荀子虽然是儒家大师，然而受法家思想的影响很大。荀子是赵国人，赵国是三晋之一。荀子是晋重卿荀氏后裔。三晋是法家文化产生的核心地带。在荀子之前，早期著竹刑的邓析和铸刑书的子产是郑国人，郑国后并于韩国；铸刑鼎的赵鞅是晋国人；李悝是魏国人；吴起、商鞅所属的卫国在晋文化圈内；慎到是赵国人；申不害所属的京在晋文化圈内。商鞅对荀子肯定有影响。在荀子的思想中我们可以发现商鞅的踪迹。商鞅说："古者民藂生而群处乱，故求有上也。然则天下之乐有上也，将以为治也。""夫利天下之民者，莫大于治，而治莫康于立君。"②商鞅认为，民众人数众多会秩序混乱，故需要有个君主来维持秩序。荀子也有类似思想："故人生不能无群，群而无分则争，争

①《荀子·性恶》，史仲文主编：《中华经典藏书》，北京出版社1999年版，第1291、1292页。

②《商君书·算地》，史仲文主编：《中华经典藏书》，北京出版社1999年版，第4586页。

则乱，乱则离，离则弱，弱则不能胜物。"形成"群""不可少顷舍礼义之谓也"。"礼义"就是"群"道。"礼义"由君主操作，通过君主行使最高权力实现。所以荀子说："君者，善群也。"[①]"人君者，所以管分之枢要也。"[②]商鞅说："民之生，饥而求食，劳而求佚，苦则索乐，辱则求荣，此民之情也。"[③]荀子也说："今人之性，饥而欲饱，寒而欲暖，劳而欲休，此人之情性也。"[④]

第二，荀子不光受到法家哲学思想的影响，还受到法家学术风格的影响。法家学术风格是强调务实，反对空谈。商鞅认为，学术不讲种粮和作战，"虽有诗书，乡一束，家一员，独无益于治也，非所以反之之术也"[⑤]，即虽然家族、家庭有成捆成册的图书，于治国无用，于挽回国家的不利局面无用。所以法家的学术风格是务实的。而受此影响，荀子也说："无用之辩，不急之察，弃而不治。"[⑥]

第三，更为重要而且需要详细说明的是，荀子受春申君的

[①]《荀子·王制》，史仲文主编：《中华经典藏书》，北京出版社1999年版，第1244页。

[②]《荀子·富国》，史仲文主编：《中华经典藏书》，北京出版社1999年版，第1247页。

[③]《商君书·算地》，史仲文主编：《中华经典藏书》，北京出版社1999年版，第4586页。

[④]《荀子·性恶》，史仲文主编：《中华经典藏书》，北京出版社1999年版，第1292页。

[⑤]《商君书·农战》，史仲文主编：《中华经典藏书》，北京出版社1999年版，第4582页。

[⑥]《荀子·天论》，史仲文主编：《中华经典藏书》，北京出版社1999年版，第1271页。

委派，担任过楚国的兰陵县令。这个位子不是虚衔，而是实实
在在干事的。荀子肯定是个基层工作阅历相当丰富的学者，所
以春申君才能够聘他担当此职，也正因为如此，此前秦权相范
雎才认为值得邀请他前来考察、探讨治国方略。一个做具体工
作的官员，不会整天陶醉于美好的幻想，对现实不同的政治体
制孰优孰劣不会视而不见。

秦行法家之治，政治运行机制形成的基础是法。商鞅说：
"所谓壹刑者，刑无等级，自卿相将军以至大夫庶人，有不从
王令、犯国禁、乱上制者，罪死不赦。"①由于法度严明，秦国
政治受个人因素干扰相对较少，政治运行机制较少出现紊乱。
在诸侯争霸达到白热化程度时，国内的稳定是制胜的前提。商
鞅变法之后的秦国，内政并非没有冲突。秦孝公死后，商鞅遭
报复被诛。秦昭王母宣太后、舅穰侯、弟泾阳君、高陵君合
称四贵，内外之事专断，"私家富于王室"，使人只知有四
贵，不知有秦王。②秦王政时，有吕不韦专权，嫪毐之乱。可
是，这些都没能动摇秦国推行法家政治。秦惠文王杀商鞅不更
其制。"四贵"、吕不韦专权，嫪毐生变，虽对秦国政治有一
定影响，但秦国君主专制、内耕外战已成主导趋势，专权生乱
者破坏不了制度本身，也成不了大气候。所以秦昭王解决"四
贵"，秦王政解决吕不韦、嫪毐没费太多气力。

---

① 《商君书·赏刑》，史仲文主编：《中华经典藏书》，北京出版社1999年版，
第4597页。
② 《史记》卷79《范雎蔡泽列传》，中华书局1959年版。

　　六国则不同。旧道德的深固影响，使得六国政治运行机制模糊、不固定，更容易受个人判断能力、好恶情感、人际关系的影响，在关键时刻每每有个人因素造成全局溃乱。孟子时代燕王哙凭一时之心绪禅让王位。赵与秦战时数中秦反间计。赵孝成王轻信秦之惧赵括不惧廉颇的反间，以赵括代廉颇；赵王迁轻信宠臣郭开金僭李牧、司马尚欲反的反间，以赵葱、颜聚代李牧、司马尚，并杀掉李牧。①赵王之所以数中反间计与赵国法度不严、制度不一，多凭人际关系治国，人际猜忌众多，政治运行不公开有关。赵孝成王时赵太后用事，秦急攻之，拔三城。就是否用长安君为质换齐援兵，太后与群臣闹别扭。在触詟的机智劝说下问题得到解决。这也反映个人之喜怒好恶对一国安危影响之大。②魏国公子信陵君"率五国之兵破秦军于河外，走蒙骜。遂乘胜逐秦军至函谷关，抑秦兵，秦兵不敢出"③。可魏安釐王耳根软，听信别人"公子亦欲因此时定南面而王"的谗言，"使人代公子将"。秦国的白起、王翦等良将也握重兵在外，与秦王也有龃龉，但秦王并不过于担心他们谋反，秦国的制度使政治运行比较公开化、规范化，谋反者难成气候。齐湣王四十年，诸侯以为燕报仇为名伐齐，④齐湣王奔

①《史记》卷81《廉颇蔺相如列传》，中华书局1959年版。
②《战国策》卷21《赵策四》，史仲文主编：《中华经典藏书》，北京出版社1999年版，第7061页。
③《史记》卷77《魏公子列传》，中华书局1959年版。
④《史记》卷46《田敬仲完世家》，中华书局1959年版。

命于卫、邹、鲁，并对诸小国国君不敬，后被楚国派来救齐的淖齿所杀。湣王之子法章被迫隐名民间为人佣仆，很久以后才敢公开身份。湣王为一国之君，曾与秦昭王并称东西帝，可敌军来侵却毫无抵抗能力，而且流亡诸小国时又不能及时收集残部，号召民众抗敌，致身死他人之手。作为太子，法章也不能树立义旗，号召抗敌，只能隐名民间为佣。可以想见，齐国政治运行机制早被破坏，面对外敌来侵，竟无所作为。楚怀王与齐国结盟反秦，这样大的政治举措就因张仪几句根本兑现不了的许诺即予取消。事后楚怀王又以个人之忿报私仇，愿献黔中地予秦以换张仪。换来张仪后又经不住张仪的几句巧言放张仪离楚。[①]由此可知，楚国的政治也毫无规范可言。

秦国与关东六国政治体制优劣一目了然，因此有丰富实际工作经验、学术上有务实风格的荀子怎能不倾向秦国？！倾向秦国就等于背叛儒家吗？非也。孔子评价管仲时虽在道德上对管仲有非议，但谈到功业时，又对之作出肯定："子路曰：'桓公杀公子纠，召忽死之，管仲不死。'曰：'未仁乎？'子曰：'桓公九合诸侯，不以兵车，管仲之力也。如其仁！如其仁！'子贡曰：'管仲非仁者与？桓公杀公子纠，不能死，又相之。'子曰：'管仲相桓公，霸诸侯，一匡天下，民到于今受其赐。微管仲，吾其被发左衽矣。岂若匹夫匹妇之为谅

[①]《史记》卷70《张仪列传》，中华书局1959年版。

也，自经于沟渎，而莫之知也。'"①孔子是从政治效果的角度赞赏管仲。管仲虽然有不符合道德的举动，但在客观效果上他能够辅佐齐桓公统领诸侯、匡正天下、捍卫华夏文化，至今华夏仍被其泽。孔子也是从做基层工作开始一步步上来的，知晓民情社情，所以荀子和孔子都把实际效果作为对政治评价的重要尺度。笔者甚至推测，假设是孔子去考察秦国，也会称赞秦国"如其仁！如其仁！"不仅仅从国运昌盛的治国效果上看，从民众的素质看，秦国举国而成善民。商鞅说："君修赏罚以辅壹教，是以其教有所常，而政有成也。王者得治民之至要，故不待赏赐而民亲上，不待爵禄而民从事，不待刑罚而民致死。"②商鞅认为君主既合理分明又行有成效的赏罚之治造就了自觉性很强的民众。荀子也有相近的看法。他说："故藉敛忘费，事业忘劳，寇难忘死，城郭不待饰而固，兵刃不待陵而劲，敌国不待服而诎，四海之民不待令而一，夫是之谓至平。"③荀子和商鞅有一个共同点——都认为由君主出面制定统一秩序，进行统一管理，个人守秩序，服从整体，才会产生有道德的国民。荀子形成这样的看法应该说，一方面是受了商鞅的影响，一方面是亲身在秦国考察受到了秦国大好局面的感

① 《论语·宪问》，史仲文主编：《中华经典藏书》，北京出版社1999年版，第1108页。
② 《商君书·农战》，史仲文主编：《中华经典藏书》，北京出版社1999年版，第4583页。
③ 《荀子·君道》，史仲文主编：《中华经典藏书》，北京出版社1999年版，第1256页。

染。在当时秦国，如果没有君主集中统一的领导，就不会有善良的国民。

正是基于以上三点，荀子形成了自己的人性视角。

（二）当时德教的局限性

孟子所看到的道德现象荀子不会看不到，但从一个做具体管理工作的政府官员角度看，这些道德在实际生活中的作用并非都像孟子所说的那么美好。商鞅就发现了当时提倡道德教育的局限性：

第一，惑乱民众，不安心本职。"今境内之民，皆曰：'农战可避，而官爵可得也。'是故豪杰皆可变业，务学诗书，随从外权，上可以得显，下可以得官爵。""农战之民千人，而有诗书辩慧者一人焉，千人者皆怠于农战矣。"①进行道德教化需要有人脱离生产，讲读诗书，随之而得到高待遇。对于基本都是靠体力劳动维持生存的社会来说，绝大多数人都认同这是靠耍嘴皮子升官发财，与种田打仗相比算不上正路。如果大力提倡这个东西，懒汉们就得到了投机的捷径，民众也都不愿干种田打仗的苦差事了。

第二，鼓励私德和假德济私。"用善，则民亲其亲"，

①《商君书·农战》，史仲文主编：《中华经典藏书》，北京出版社1999年版，第4582页。

"章善则过匿"。①即对民众倡导道德，民众就会只顾及自己私人之间的善和情感，而不顾及国家的利益。商鞅的结论是："国有礼有乐，有诗有书，有善有修，有孝有弟，有廉有辩——国有十者，上无使战，必削至亡；国无十者，上有使战，必兴至王。国以善民治奸民者，必乱至削；国以奸民治善民者，必治至强。国用诗书礼乐孝弟善修治者，敌至必削国，不至必贫国。"②应该说，商鞅对当时社会流行的传统道德的批判不无根据。当时流行的一些道德虽然在一定程度上制约人的兽性，但在另一方面也应看到，这些道德缺乏公共性，只是针对私人发出的，所以层次并不高。以当时政治生活中影响很大的四公子为例，贾谊说："当此之时，齐有孟尝，赵有平原，楚有春申，魏有信陵，此四君者，皆明智而忠信，宽厚而爱人，尊贤而重士。"③然而他们所修之德都是个人之间的私德。孟尝君食客数千人，因"孟尝君客无所择，皆善遇之"，饮食皆与自己等，"人人各自以为孟尝君亲己"。有个食客因饮食薄而误会了孟尝君，竟惭愧"自刭"。这种极端性行为只是表示对孟尝君个人讲义气，于国于民毫无裨益。④孟尝君印证了商

---

① 《商君书·说民》，史仲文主编：《中华经典藏书》，北京出版社1999年版，第4585页。

② 《商君书·去强》，史仲文主编：《中华经典藏书》，北京出版社1999年版，第4584页。

③ 贾谊：《过秦论》，转引自吴调侯、吴楚材编：《古文观止》上册，中华书局1989年版，第234页。

④ 《史记》卷75《孟尝君列传》，中华书局1959年版。

鞅的看法。他养士占用了大量劳动力，加重了社会负担。他与门客之间的道德关系是私德而非公德。

　　受商鞅观察视角的影响，加之荀子也是做实际工作的人，他对一些所谓君子之德也有击中要害的评价。他以楚国令尹子发的君子风度为例：楚令尹子发伐蔡取胜立大功，该受重赏。可子发却辞赏说："发诚布令而敌退，是主威也；徙举相攻而敌退，是将威也；合战用力而敌退，是众威也。臣舍不宜以众威受赏。"①荀子认为，立功受赏天经地义，也符合国家长远利益。子发为个人当道德君子，破坏了楚国赏有功的法度，挫伤立功诸臣的积极性，使受赏人感到耻辱。这种只图虚名而不务实的道德实为"俗儒"所讲求。荀子的学生韩非也认为"俗儒"的道德不利于治国。"今人主之于言也，说其辩而不求其当焉；其用于行也，美其声而不责其功焉。是以天下之众，其谈言者务为辩而不周于用，故举先王言仁义者盈廷，而政不免于乱；行身者竞于为高而不合于功，故智士退处岩穴、归禄不受，而兵不免于弱，政不免于乱，此其故何也？民之所誉，上之所礼，乱国之术也。"②荀子对子发道德行为的评价表明，在他眼里，这种道德实际是损坏国家利益，树立个人形象。这不但不是善，还是恶。

① 《荀子·强国》，史仲文主编：《中华经典藏书》，北京出版社1999年版，第1268页。

② 《韩非子·五蠹》，史仲文主编：《中华经典藏书》，北京出版社1999年版，第4744页。

荀子还看到，当时一些人还利用道德谋以济私。比如，办丧事，礼不到不行，礼过也不行。有的人为了突出自己特别讲道德，有意超出礼，乃至毁伤自己的身体表达哀情。荀子认为，这不是道德，是个人动机不纯。"故量食而食之，量要而带之，相高以毁瘠，是奸人之道，非礼义之文也，非孝子之情也，将以有为者也"①。此时，荀子似乎意识到了日后封建礼教的出现，已经开始批判封建礼教。

（三）荀子的人性论

荀子主张人性恶。荀子看到，内心之善在实际运行中不一定能产生善的效果，自称出于善的行为不一定真的是出于善。同时，展示在世人面前的行为能否有善的效果往往也说不清楚。善性虽然可能存在，但大都只能够在私人交往中凭个人的感受来确定。所以荀子提出了一个新的课题——道德理念必须经过外化、社会化、确定化并被社会认同才能够实现自身。单纯的理念形态的道德在实际管理中实难加以确认和操作。从当时的情况来看，实际管理只能够针对人身上看得见摸得着容易确定的因素，所以靠调动人的善性治理整个国家在当时是不切实际的幻想。相反，荀子看到，人的物质欲望是实实在在看得见摸得着的，针对他制定的应对措施操作起来相对容易。秦国

---

① 《荀子·礼论》，史仲文主编：《中华经典藏书》，北京出版社1999年版，第1279页。

使用法家所取得的一个一个的成果就摆在他的眼前。英国近代哲学家霍布士为强化国家的权力，设定人对人是狼是有道理的。法家行法的根据就是人情莫不趋利避害。秦国之法顺应了广大农民对发家致富的渴求，调动了他们的积极性。商鞅变法规定，“为田开阡陌封疆，而赋税平”。“僇力本业，耕织致粟帛多者复其身”，“有军功者，各以率受上爵”，“宗室非有军功论，不得为属籍”，“有功者显荣，无功者虽富无所芬华”。人民的生产积极性得到调动，粮食产量增加，“道不拾遗，山无盗贼，家给人足”[①]。战功可致富，于是“民闻战而相贺也。起居饮食所歌谣者，战也”[②]。“民之见战也，如饿狼之见肉”。战争之时“父遗其子，兄遗其弟，妻遗其夫，皆曰：‘不得无返。’”[③]长平之战秦调河内一带十五岁以上男子悉上前线也未见民众有反战记载。按当时人们普遍性的看法，秦是非正义的虎狼之国。可奇怪的是，关东六国的正义的反抗却是无力的。因为关东六国的传统道德力量衰弱，人的私欲急速膨胀。他们讲道德越来越少底气，越来越容易断裂。荀子的学生李斯看透了这一点，向秦王政献计以财利离间诸侯。[④]这一招秦国早已使用。秦昭王时以六百里土地的空头支票破坏了楚齐

---

① 《史记》卷68《商君列传》，中华书局1959年版。

② 《商君书·赏刑》，史仲文主编：《中华经典藏书》，北京出版社1999年版，第4599页。

③ 《商君书·画策》，史仲文主编：《中华经典藏书》，北京出版社1999年版，第4599页。

④ 《史记》卷87《李斯列传》，中华书局1959年版。

联盟。秦王政时用金钱贿赂赵王宠臣郭开金行反间计，使赵之良将李牧被撤职斩杀。抗秦有力的魏公子信陵君，也因秦"乃行金于魏"，使人向魏王进谗言而被褫夺兵权。^①那些为权势者奔走的门客们，绝大多数是利禄小人。孟尝君通达时，门客来聚，时运不济时，门客鸟散。廉颇失势时"客尽去"，"及复为将，客又复至"。客曰："君有势，我则从君，君无势则去，此固其理也，有何怨乎？"^②总之，人性中的逐利方面在战国后期竞争达到白热化时表现非常突出，以致司马迁极为认同当时流行的民谚："天下熙熙，皆为利来；天下攘攘，皆为利往。"^③

秦国蚕食六国时也犯有暴行，但这些暴行远远盖不住它给被征服地区人民带来的实惠，或者干脆说它所行的善远远大于恶。它在新占领地适合人们的普遍需求，广泛建立小农经济，满足了人民对土地的需求。如河内地原属魏，秦昭王二十一年秦左更司马错将其攻下^④，秦昭王四十五年长平之战时，"（昭）王自之河内，赐民爵各一级，发年十五以上悉诣长平，遮绝赵救及粮食"^⑤。这是在河内推行商鞅的奖励军功政策，有了军功，就增大了获取土地、建立小农家庭的资本。

①《史记》卷77《魏公子列传》，中华书局1959年版。
②《史记》卷81《廉颇蔺相如列传》，中华书局1959年版。
③《史记》卷129《货殖列传》，中华书局1959年版。
④《史记》卷5《秦本纪》，中华书局1959年版。
⑤《史记》卷73《白起王翦列传》，中华书局1959年版。

秦昭王二十一年，魏被迫向秦献安邑，"秦出其人，募徙河东赐爵，赦罪人迁之"①。秦昭王二十七年，司马错攻楚，"赦罪人迁之南阳"②。古代文献资料中有关的类似记载很多。这些记载说明，被征服地人民只要不反抗，可按商鞅的奖励农耕政策去建立自己的小农经济。还有一部分作为奴隶的"罪人"可被赦迁来当农民。这些做法应当说比原先本国统治者更能满足人的需求。这对被占领地人民的反抗有相当大的消解作用。古朴原始的血缘美德，敢于抵抗外来强暴，却抵御不了以财产私有为基础的私利的侵蚀。当年欧洲殖民主义者入侵非洲、拉丁美洲，也受到当地黑人、印第安人的抵抗，损失惨重。后来他们佐之以金钱奇物，引诱一些部落的重要成员，使部落发生分裂，一些部落成员成了殖民主义者征服当地、捕捉奴隶的帮凶。依此类推，秦国蚕食关东六国时更大规模地建立小农经济，解决农民的土地问题，对其私欲的满足大大削弱其反抗。

正是由于上述原因，学术上具有务实风格的荀子不再关注那个虚无缥缈、无法把捉的善的情感，而关注人的生理本性，提出了人性恶："人之性恶，其善者伪也。今人之性，生而有好利焉，顺是，故争夺生而辞让亡焉；生而有疾恶焉，顺是，故残贼生而忠信亡焉；生而有耳目之欲，有好声色焉，顺是，故淫乱生而礼义文理亡焉。然则从人之性，顺人之情，必出于

---

① 《史记》卷5《秦本纪》，中华书局1959年版。
② 《史记》卷5《秦本纪》，中华书局1959年版。

争夺，合于犯分乱理，而归于暴。"①

当然，荀子毕竟属于儒家，他意识到，像法家那样因顺人的好利恶害之情，调动人民去打天下可以，但最后用之来长久地稳定天下是不行的。他考察秦国后对秦国产生了矛盾的心态。一方面荀子承认了秦国法家政治的成就。他应范雎之邀访问了秦国，在回答秦贵族"入秦何见？"问题时，竟以一儒学大师连连称赞行法家之政的秦国："其固塞险，形势便，山林川谷美，天材之利多，是形胜也。入境，观其风俗，其百姓朴，其声乐不流污，其服不挑，甚畏有司而顺，古之民也。及都邑官府，其百吏肃然，莫不恭俭敦敬忠信而不楛，古之吏也。入其国，观其士大夫，出于其门，入于公门，出于公门，归于其家，无有私事也；不比周，不朋党，偶然莫不明通而公也，古之士大夫也。观其朝廷，其朝闲，听决百事不留，恬然如无治者，古之朝也。故四世有胜，非幸也数也。"②荀子看到的秦国百姓民风淳朴，遵守法度，人人为公，很有道德性。这显然是商鞅变法后，民众生计普遍解决了的结果。百吏、百官、士大夫循章守法，秩序井然，朝政清明，办事有效率。这也是商鞅变法以后，统治集团各级责、权、利分明，管理规范化的结果。所有这些优点决定了秦国必然称王于天下，这不是

---

① 《荀子·性恶》，史仲文主编：《中华经典藏书》，北京出版社1999年版，第1291页。

② 《荀子·强国》，史仲文主编：《中华经典藏书》，北京出版社1999年版，第1269页。

侥幸，而是规律性（"故四世有胜，非幸也，数也"）。

另一方面荀子又批评秦国的致命弱点是不用儒。他说："兼是数具者而尽有之（即秦兼有的数种成为最强大国家的条件），然而县之以王者之功名，则偶偶然其不及远矣！是何也？则其殆无儒邪！故曰粹而王，驳而霸，无一焉而亡。此亦秦之所短也。"①历史还没有进入到法家失败那个阶段，荀子还不能说得很具体。但是，他已经直觉到，秦国距离真正稳固长久地统一天下（即"王"天下）还差得很远，因为它不用儒。秦国不讲礼仪文明教育，人民会贪婪、刚戾。当秦国还没有统一天下时，靠着战利品的引诱和强制性的行政命令，官民尚能服从，宏观尚能掌控。而一旦并吞天下，再无战争掠夺之利，同时臣民数量暴增，疆域无穷，以当时的行政能力必然无法进行统治。而注重用儒改造人，培养人遵守礼仪规范的自觉性，能够大大减轻行政能力不足造成的压力，甚至达到"仁眇天下，义眇天下，威眇天下"的王者之治。②所以荀子提出按照儒家的礼仪规范来改造人性。

学界虽看到孟、荀在人性善恶问题上的尖锐对立，但缺乏对这个对立的详尽入微的解析。其实，他们俩对人性的原初状态看法并无不同。荀子虽然讲人性恶，但认为人性可以改

---

① 《荀子·强国》，史仲文主编：《中华经典藏书》，北京出版社1999年版，第1269页。
② 《荀子·王制》，史仲文主编：《中华经典藏书》，北京出版社1999年版，第1244页。

造为善，这就等于承认了人天生有成善的种子、基因。"故弓调而后求劲焉，马服而后求良焉，士信悫而后求知能焉。士不信尔而有多知能，譬之其豺狼也，不可以身迩也。"①"安禽兽行，虎狼贪，故脯巨人而炙婴儿矣。"②这些话仍能够透露出士是可以改造的，因为他有这个种子、基因。禽兽虎狼没有这个种子、基因，所以谈不上改造。孟、荀的分野是从如何对待人的原初状态开始的。孟子主张激活人的善的种子，荀子主张从改造人的生理欲望入手；孟子要培养的善德含有浓厚的个性色彩，荀子的善德强调整齐划一；孟子强调自律，荀子强调他律；孟子强调人格的平等性，荀子突出等级的差别性。荀子为什么强调他律？还是前面所说，善的理念需要社会化，相对固定化，否则会沦为私德、个人渔利的工具。所以荀子认为人性不能因顺，只能改变，圣人就是改造者。"古者圣王以人性恶，以为偏险而不正，悖乱而不治，是以为之起礼义，制法度，以矫饰人之情性而正之，以扰化人之情性而导之也，始皆出于治，合于道者也。"③圣人其实就是王者。荀子对王者的改造能力是有信心的。因为他看到了秦国的政治成就。为了实现王者的改造重任，荀子主张君主集权。他说："权出一者强，

① 《荀子·哀公》，史仲文主编：《中华经典藏书》，北京出版社1999年版，第1275页。
② 《荀子·正论》史仲文主编：《中华经典藏书》，北京出版社1999年版，第1283页。
③ 《荀子·性恶》，史仲文主编：《中华经典藏书》，北京出版社1999年版，第1291页。

权出二者弱，是强弱之常也。"①"夫两贵之不能相事，两贱之不能相使，是天数也。"②荀子这些说法，顺应了统一的中央集权体制产生的趋势。在荀子那里，儒家一方面承认应该赋予统治者无限的权力，另一方面也向统治者提出要达到圣人水平的更高的要求。

①《荀子·议兵》，史仲文主编：《中华经典藏书》，北京出版社1999年版，第1264页。
②《荀子·王制》，史仲文主编：《中华经典藏书》，北京出版社1999年版，第1243页。

第八讲
儒家的核心理念

　　儒家讲仁爱，仁爱的直观表现是爱的情感。但情感的背后不是朴素的同情心，其中凝聚着一个重要的理念，这个理念就是儒家诸理念中的核心："中庸"。"中庸"是何意？程颐说："不偏之谓中，不易之谓庸；中者天下之正道，庸者天下之定理。"①即不偏是"中"，不变是"庸"。朱熹在《四书章句集注》里继承了程颐的说法。程颐对"中"的解释不是没有根据的。《中庸》载："子曰：'舜其大知也与！舜好问而好察迩言，隐恶而扬善，执其两端，用其中于民，其斯以为舜乎！'"②《中庸》"执其两端，用其中"的说法又源于孔

①《四库全书》，上海人民出版社光碟检索版1999年11月。

②《中庸》，史仲文主编：《中华统典藏书》，北京出版社1999年版，第504页。

子。《论语》载："子贡问：'师与商也孰贤？'子曰：'师也过，商也不及。'曰：'然则师愈与？'子曰：'过犹不及。'"①这是孔子对子张和子夏的评价。子张做事总是超过限度，子夏则是不及。两者都不好，"中"最好。但是，不能说程颐的说法非常透辟。

一、何谓"中庸"

笔者认为，对"中庸"的含义还需要深入挖掘。"中庸"一词原出自《论语·雍也》："子曰：'中庸之为德也，其至矣乎！民鲜久矣。'"②《论语》记载孔子提到"中庸"就这一次，而且语气说得这样重。我认为，这话应是孔子晚年说的，很可能说出不久，就病倒不起，不久就告别人世。一个人晚年说出的话，应该比早年说出的话含金量要高得多。黑格尔曾打过一个比喻，同样一句格言可以从小孩嘴里说出，也可以从老人嘴里说出，但是，他们俩头脑中所出现的内容并不相同。老人说出这句格言时，丰富的阅历涌入脑海，老人表达的内容

① 《论语·先进》，史仲文主编：《中华统典藏书》，北京出版社1999年版，第1104页。
② 《论语·雍也》，史仲文主编：《中华统典藏书》，北京出版社1999年版，第1097页。

非常丰富，对格言的体悟非常深刻。而小孩所说出的格言，内容单调，谈不上体悟。比如，"不要说谎"，小孩为何说这话？是爸爸妈妈说的，说谎爸爸妈妈就打屁股；是听幼儿园的阿姨讲的，说谎阿姨不给糖吃，还要罚站。老人为何说这话？这是他一生经历的总结。当说出这话时，一生的经历使他浮想联翩，他在回忆，双目凝视远方。"中庸"二字不但是孔子晚年说出，而且说"中庸"作为"德"是"至"，即是天下最高的顶尖级的"德"。孔子可能还是怕人们对"中庸"重视的程度不够，又用"其……矣乎"的语气句式来强化自己所表达的内容。笔者可以肯定地说，程颐对"中庸"的解读是远远不到位的。其对"中庸"的解读充其量只是术的层次，还远远没有深入到道的层次。这个术的层次的解读容易让人把"中庸"理解为调和、和稀泥、五五分成、一人一半。如何从道的层次解读？从道的角度看，"中"是恰当、合适的意思。也可能五五分成合适，也可能四六，也可能三七，也可能二八，也可能九一，也可能我全拿，一点也不给对方。到底怎么分才合理那是术的问题。总之，划分得恰当合适就行。

如此对"中"的解读还不够，不过这里暂时先放一放，先来解释"庸"。"庸"是何意？先秦儒家经典没有做非常明确的解释。倒是庄子有明确的解释："庸也者，用也；用也者，通也；通也者，得也。"[①]庄子解"庸"就是使用，是贯通一

---

① 《庄子·齐物论》，史仲文主编：《中华统典藏书》，北京出版社1999年版，第2359页。

切的使用，用在哪都得当。不过，这是庄子从道家的角度进行的解读。先秦儒家经典虽然没有明确的解读，但笔者认为，仍可以从上下文的意思中去揣摩。"人皆曰予知，驱而纳诸罟攫陷阱之中，而莫之知辟也。人皆曰予知，择乎中庸而不能期月守也。"[1]人都说我聪明，一到实际生活中，被人引诱到捕网陷阱中自己都不知躲避，一到实际生活中就连一个月的"中庸"都守不住。"回之为人也，择乎中庸。得一善，则拳拳服膺而弗失之矣。"[2]颜回在实际为人中能够选择"中庸"，得一善而不失。"道不远人。人之为道而远人，不可以为道。"[3]"君子之道"就是"中庸"，离人们的实际生活不远，其实就在人们的实际生活中。所以说"君子之道费而隐，夫妇之愚可以与知焉"[4]。君子之道虽广大而深刻，但就在人们的日常生活之中，所以愚夫愚妇仍可知之行之。《中庸》谈完"中庸"如何难以做到后，大量回忆古代圣人舜、文王、武王、周公的处事方式和业绩。"子曰：'舜其大孝也与！德为圣人，尊为天子，富有四海之内。宗庙飨之，子孙保之……'子曰：'无忧者其惟文王乎！以王季为父，以武王为子，父作之，子述之。武王缵大王、王季、文王之绪。壹戎衣而有天下，身不失天下之显名。尊为天子，富有四海之内。宗庙飨之，子孙保之。武

---

① 《中庸》，史仲文主编：《中华统典藏书》，北京出版社1999年版，第504页。
② 《中庸》，史仲文主编：《中华统典藏书》，北京出版社1999年版，第504页。
③ 《中庸》，史仲文主编：《中华统典藏书》，北京出版社1999年版，第504页。
④ 《中庸》，史仲文主编：《中华统典藏书》，北京出版社1999年版，第504页。

王未受命，周公成文武之德，追王大王、王季，上祀先公以天子之礼。斯礼也，达乎诸侯大夫，及士庶人。父为大夫，子为士；葬以大夫，祭以士。父为士，子为大夫；葬以士，祭以大夫。期之丧达乎大夫，三年之丧达乎天子，父母之丧无贵贱一也。'子曰：'武王、周公，其达孝矣乎！夫孝者，善继人之志，善述人之事者也。春秋修其祖庙，陈其宗器，设其裳衣，荐其时食。宗庙之礼，所以序昭穆也；序爵，所以辨贵贱也；序事，所以辨贤也；旅酬下为上，所以逮。'"①由上述一系列材料，笔者推测，"庸"仍是指用，但不是一般的用，而是指在实际生活和工作中的使用，即在实践中的使用。笔者的看法是，没有进入到实践，只是纸上谈兵的用就叫做"用"；进入到实践，在实际生活和工作中运用的才叫做"庸"。所以，从字面上解读，"中庸"就是在实践中做到恰当、合适。

现在进一步深入解读"中"字。前已说过，"中"就是恰当、合适。可"恰当、合适"的标准是什么？十个人会有十个说法，百个人会有百个说法。一套公寓怎么盖？什么人可以居住？居住者收多少钱？众说纷纭，没有一个统一的意见。谁都说自己的意见合适，最后的结果只能是谁权力大就认定谁的说法恰当合适。如果是这个结果，那么"中庸"就不是什么好哲学，而是强者手中的玩物。那么从道的层次看，"中庸"特别是"中"的含义究竟是什么呢？笔者以为，《中庸》一文中有一段话揭示了它的深刻含义："致中和，天地位焉，万物育焉。"①"天地位焉"就是天地间的人和事物都找到自己合适的位置；"万物育焉"就是天地间的人和事物各自正常地繁殖、发育、生长。特别是"天地位焉"，这里隐含着深刻而丰富的含义。在我们这个宇宙中，每一个人、每一个事物都有自己合适的位置、轨道、角色、角度、方式。有的适合天上飞，有的适合水里游，有的适合路上走；有的适合高空，有的适合低空，有的适合深水，有的适合浅水；有的适合高山，有的适合山谷，有的适合沼泽，有的适合沙漠，有的适合森林；有的适合走椭圆轨道，有的适合走正圆轨道，有的适合走抛物线轨道，有的适合走S形轨道，有的适合走直线轨道。同样在树上生活，有的在树顶生活，有的在树叶阳面生活，有的在树叶阴面生活，有的在树干生活，有的在树根生活，有的在树皮里面生活，有的在树皮外面生活，有的适合在树的中间打洞生活。非洲大鳄鱼凶残可怕，饱餐后在湖边张开血盆大口晒太阳，把周围动物全都吓跑了。可是有一种鸟可以在大鳄鱼的血盆大口中自由出入。大鳄鱼需要它清洗牙齿，它又爱吃大鳄鱼唾液分泌过的肉渣，二者各取所需。非洲大象平均一天吃一百五十多公斤东西，喝许多水，排出的粪便几天不清扫，就会在东非大草原布满一米厚的象粪。可是每次象粪一落地，千军万马似的屎壳郎前来滚屎球。屎壳郎就好吃这口，三下五除二，一会儿就

---

① 《中庸》，史仲文主编：《中华统典藏书》，北京出版社1999年版，第504页。

把象粪处理掉了。在中国历史上，有的皇帝除了不是一个好皇帝之外本可以在其他方面大有作为。比如，晋惠帝在宫廷里长期玩杀猪卖酒的游戏，竟锻炼到可以用手来掂肉的斤两，不差毫厘；南朝梁元帝萧绎幼年聪睿俊朗，诗文出众；北宋徽宗本可以成为杰出的画家和文物鉴赏家；明代天启皇帝可以成为出色的木匠。刘邦打仗不如韩信，谋略不如张良，调度资源不如萧何，但他懂得自己所应扮演的角色就是指挥协调这些能人。让每一个人和事物都找到自己的合适的位置、轨道、角度、角色，也就是双赢，这就是"中"，或干脆就称"中庸"。"中庸"不光是双赢，还要前进、上升。比如，一条街道一千米长，五百个人摆小摊，一人两米。现在城市改造一千米的街道砍掉五百米，只剩下五百米。那么五百个摊贩怎么分配地方呢？让他们每个摊位改为一米，他们就无法经营，这是双输；让他们改为单双日经营，每个人经营的时间都减少一半，这也是双输；让他们竞标，谁交钱多谁留下，结果一部分人又因为交不起那么多钱被迫离开，而保住摊位的那部分人比过去付出的代价更大了，这也是双输。怎样才能使大家双赢呢？只有在经营方式上前进、上升。比如，分别组织起来办公司，或由有关部门协调盖商业大楼，或开发别的服务项目。不一定非要淘汰谁，大家可以通过前进——用新的经营方式共存共荣。

　　《中庸》里面有一段话是儒家所追求的万物之间的最佳

关系："万物并育而不相害，道并行而不相悖。"①这段话说明，"中庸"就是和谐式发展社会。和谐就是双赢，即"不相害"、"不相悖"；发展就是前进，即"育"、"行"。要在和谐中前进，在前进中和谐。江苏南通市如皋县专业饲养金鱼有四百多年的历史，我国出口的金鱼相当多地来自这个县。这个县一度出现无序竞争。墨龙井赚钱，大家就一窝蜂饲养墨龙井；珍珠鱼赚钱，大家就一窝蜂饲养珍珠鱼；狮子头赚钱，大家就一窝蜂饲养狮子头；锦鲤赚钱，大家就一窝蜂饲养锦鲤。由于竞争激烈，鱼户们经常互相恶意杀价，彼此关系非常紧张。后来，如皋地方政府出面协调，让每一户根据自己的专业特长只养只经营一个金鱼品种。由于鱼户们发挥了专业特长，养出的金鱼品位极佳。客户要想买这一品种中的好鱼，只能够在专业户那里买到。专业户们的金鱼都卖出了好价钱。养不同品种的专业户之间也不再恶性竞争、互相敌视，而是互相推荐对方的金鱼品种，帮助对方拉客户。年底一算账，大家赚的钱都比过去多。

可能有人会说，现今世界充满了不可调和的争斗，一个位置有无数人争抢。诚然!但是，争斗是事实，不可调和则未必。因为争斗不是人的本性。孙中山先生认为，互助才是社会之体，争斗是人类社会的病态。人与非人类不同，只要提高觉悟，人类最终会自觉挖掘停止争斗、共荣共存的潜力。虽然不

---

① 《中庸》，史仲文主编：《中华统典藏书》，北京出版社1999年版，第504页。

能说所有的人都立即觉悟到此，但是人类中的精英们定会首先觉悟并刻意追求。老子说："圣人常善救人，而无弃人；常善救物，而无弃物。""圣人"就是人类中的精英。"圣人常善救人，而无弃人；常善救物，而无弃物"，就是给每一个人和事物恰当合适的位置、轨道、角度、角色，让他们各得其所，与他人他物"并育而不相害"、"并行而不相悖"。比如，老子说："善人，不善人之师；不善人，善人之资。不贵其师，不爱其资，虽知大迷。"[①]不善于与人相处者并非一定要被淘汰，他们可以成为善于与人相处者的学生。没有学生，后者就当不了老师。当然，在现实生活中，人们不可能百分之百地做到救所有的人和物，就像人们提炼不出百分之百的黄金一样。我们要的是尽力，只要尽力，许多看似不能得救的人和物最终能够实现其价值，发挥其效用。东北森林中的腐殖质是居民养君子兰的宝贝；锅炉烧剩下的炉渣可用来制作建筑用的免烧砖；牛粪可用来养高级蘑菇；粪便可用来制作沼气。在现实生活中，令人可恼的废物化而为宝的事例数不胜数。

当然，实现中庸的方式我们人类与动植物不同。动植物是经过千百万年用盲目的、自发的、消极被动的方式实现的。动植物选择了合适的轨道和位置后，变化非常缓慢，甚至可以说基本就不变了。与之相比，我们人类有三点优于动植物的地方。第一，

---

① 《道德经》第27章，史仲文主编《中华统典藏书》，北京出版社1999年版，第2337页。

我们可以主动地寻找合适的位置和轨道。第二，我们选择恰当的位置和轨道不是一次定终身。人类可以不断提高自身，不断改造客观世界，随着主客观的变化，可以随时重新选择。第三，人类还可以创造出许多自然界没有的位置和轨道。

那么，"中庸"还讲不讲斗争、淘汰、死亡。《中庸》文中虽然没有说，但笔者认为，依据上述对"中庸"的解释，"中庸"当然包含斗争、淘汰、死亡的内容。但是，有高层次的斗争，有低层次的斗争；有高层次的淘汰和死亡，有低层次的淘汰和死亡。低层次的斗争是不给对方留任何生存余地；低层次的淘汰和死亡是让对方彻底消失。反之，高层次的斗争是调整，对立面互相调整到最佳位置。高层次的淘汰和死亡是再生：我在天上被淘汰了，死了，说明那不适合我的生存，我在水里或陆地上生存可能更合适，我去了那儿，再生了。我不适合当行政干部，在竞聘中遭淘汰，死了。但我适合当专业技术人员，我在那个岗位再生了。我不适合从事饮料生产，破产了，死了。但我适合针头线脑的生产，在那儿我再生了。总而言之，"中庸"包含了斗争、淘汰和死亡，但包含的是高层次的斗争、淘汰和死亡。以上所论还只是理论探讨，下面列举中国历史发展中"中庸"的具体表现。

二、"中庸"的具体表现

例子一：笔者以为，"中庸"在中华原始社会就已经存在于群体的无意识中。原始社会是非常野蛮的。比如，我在山寨之外看见一个陌生人，我很可能上去就用石头把他砸死，拖回尸体大家分而食之。我不打死他，他可能也会打死我。原始社会整族地杀伐他人应是家常便饭。可是，在我们中华原始社会，很早就出现了一位伟人——黄帝。黄帝不单是个人名，还是个文化概念。什么文化？"中庸"。虽然他还没有能力自觉概括出"中庸"两字，但在他处理族际之间的矛盾时已经隐含着"中庸"。《史记》载：黄帝"治五气，艺五种，抚万民，度四方。教熊罴貔貅貙虎，……淳化鸟兽虫蛾，旁罗日月星辰水波土石金玉……""治五气"，"五"是多，"气"指不同的风俗习惯，"治"是协调。黄帝协调许多氏族部落的不同的风俗习惯，而不是强迫大家只接受某种风俗习惯。"艺五种"，是把各个地区不同的树木种在一个特殊场合，表示对各个氏族部落的尊重，有点像今日各国互相在对方国家种植自己国家的树木作为友谊树。"教熊罴貔貅貙虎"，"熊罴貔貅貙虎"是不同氏族部落的图腾崇拜对象。是"教"而非强制，这是向大家展示自己先进的文化，带动落后民族进化。由于协调了自己与周围氏族部落的关系，更远一些、更落后一些的氏族部落——"鸟兽虫蛾"也受到教化，甚至更更远、更更落后的氏族部落——"日月星辰水波土石金玉"也受到影响。除了对蚩尤和炎帝，黄帝好像不怎么用兵。尧继承了黄帝以来的传统，用和谐的方式协调各氏族部落之间的关系："能明驯德，以亲九族。九族既睦，平章百姓。百姓昭明，合和万国。"[①]

　　与此相应，"龙"文化或许由此而发端。"龙"是古代的文化符号。"龙"在西方世界的传说中是恶魔怪兽。"龙"能喷出有毒的气体和烈焰，大量吞噬人和家畜。所以，古希腊有勇士屠龙的说法。西方的"龙"意味着对抗、搏杀。所以，我国才有人提出为了减少中西方文化交流中的误会，中国不要再赞颂龙图腾。笔者认为无此必要。中华的"龙"在上古华夏地区产生，反映的是各氏族、部落、民族之间的共存共荣、双赢发展。所以，中国"龙"的文化就是"中庸"文化。"龙"身是长条形，这说明历史上，曾有一个以长条形动物为图腾崇拜对象的民族加入到中华民族大家庭中来了；"龙"首是狮子头，这说明历史上，曾有一个以狮子为图腾崇拜对象的民族加入到中华民族大家庭中来了；"龙"头上有角，这说明历史上，曾有一个以有角动物为图腾崇拜对象的民族加入到中华民族大家庭中来了；"龙"嘴上有须，这说明历史上，曾有一个

---

① 《史记》卷1《五帝本纪》，中华书局1959年版。

以嘴上有须动物为图腾崇拜对象的民族加入到中华民族大家庭中来了；"龙"嘴据说发源于猪嘴，这说明历史上，曾有一个以野猪为图腾崇拜对象的民族加入到中华民族大家庭中来了；"龙"背部和腹部有鳍，这说明历史上，曾有一个以水生动物为图腾崇拜对象的民族加入到中华民族大家庭中来了；"龙"腹下是鹰爪，这说明历史上，曾有一个以猛禽为图腾崇拜对象的民族加入到中华民族大家庭中来了。"龙"能够在天上飞，水里游，陆上走，树上盘着，这说明历史上加入中华民族大家庭的民族有高山住的、水边住的、平原住的，还有森林狩猎民族。"龙"的颜色有青、白、黑、赤、金，因为加入中华民族大家庭的各个民族喜好的颜色各有不同。总之，在"龙"身上，各个民族都找到了自己的位置。谁输了？谁也没输；谁赢了，大家都赢了。大家共同组成中华巨龙，腾飞于世界东方。可以说，"龙"的文化就是"中庸"文化。

例子二：笔者以为，在中国上古改朝换代中也存在着"中庸"。改朝换代，古今中外普遍存在。有推动历史前进的改朝换代，有阻止历史前进的改朝换代。前者是进步势力推翻反动势力，后者是反动势力推翻进步势力。不管是哪一种改朝换代，往往伴随的都是殄家、灭族、屠杀，而付出成本最高的是百姓。可是，中华民族上古时代，就有人发明用"中庸"的方式改朝换代，大大减少了成本付出。虽不能免除战争，但可以减少战争，减少战争就可以少死人。周朝对商朝的改朝换代就是这样完成的。周朝由周族人创立，商朝由殷族人创立。周族是小民族，殷族是大民族，以小治大往往是血腥的。周族以小灭大，占领了商朝的土地，它如何对待失去自己王朝的大民族——殷族呢？《左传》载：周公对于殷族的政策，第一是"使帅其宗氏，辑其分族，将其类丑，以法则周公，用即命于周"[1]，即不破坏其原有家族内体系，不改变其内部原有主奴关系，只是让他们服从周朝的统治。对于殷族贵族来说，最重要的是家族内体系和主奴关系，而外部服从谁比较次要。对于周朝统治者来说，最重要的是殷族不造反，其内部结构如何并不重要。所以统治者周族和被统治者殷族在某种程度上达到了双赢。"皆启以商政，疆以周索。"[2]这一政策是针对统治殷族居民为主的地区制定的。"启以商政"，即沿用商朝原有的制度；"疆以周索"，即用周朝的制度划分区域。商朝的制度已经好几百年了，民众早已习惯，其利益与此攸关。对于商朝民众来说，最根本的是不要改变原有的制度，区域如何划分无所谓。对于周朝统治者来说，按照周朝制度划分区域，有利于稳定他的统治，商朝原有的制度对他的统治无碍。对于商朝民众和周朝统治者来说，这又是双赢。邓小平在解决香港问题时能够提出"一国两制"绝非偶然，因为中华民族有着几千年的深

① 《左传·定公四年》，史仲文主编《中华统典藏书》，北京出版社1999年版，第834页。
② 《左传·定公四年》，史仲文主编《中华统典藏书》，北京出版社1999年版，第834页。

厚的"中庸"文化土壤。邓小平的"一国两制"是这个文化土壤培植出的又一硕果。

　　例子三：孔子关于社会变革的主张。很多人都认为，孔子在伦理学、教育学领域贡献很大，但政治上比较保守。其理由不少。如，孔子曰："天下有道，则礼乐征伐自天子出；天下无道，则礼乐征伐自诸侯出。自诸侯出，盖十世希不失矣；自大夫出，五世希不失矣；陪臣执国命，三世希不失矣。天下有道，则政不在大夫。天下有道，则庶人不议。"①这是强调"有道"的天下"天子"、"诸侯"、"大夫"、"庶人"各安其位、行其事，国家大事只能由"天子"决定。"齐景公问政于孔子。孔子对曰：'君君，臣臣，父父，子子。'"②这是说，为政之要在维系君臣父子的等级框架。"子路曰：'卫君待子而为政，子将奚先？'子曰：'必也正名乎！'"③"名"，等级也。孔子如果得到卫君重用，先要恢复被破坏了的等级制度。由此，关于孔子反动保守的批判指责蜂拥而至。笔者无意否定孔子这些保守性言论的客观存在，而且认为后来的统治者尊孔与此不无联系。但是，笔者并不同意把孔子的整个思想定性为反动保守。孔子本人其实也是旧贵族等级制的受害者。

　①《论语·季氏》，史仲文主编：《中华统典藏书》，北京出版社1999年版，第1112页。
　②《论语·颜渊》，史仲文主编：《中华统典藏书》，北京出版社1999年版，第1105页。
　③《论语·子路》，史仲文主编：《中华统典藏书》，北京出版社1999年版，第1106页。

《史记》载："孔子要绖，季氏飨士，孔子与往。阳虎绌曰：'季氏飨士，非敢飨子也！'孔子由是退。"[1]阳虎不让孔子进门参加贵族宴会，实际就是不认同孔子有"士"的贵族身份。孔子是因为身份低而被挡在门外，这对孔子不能没有刺激。所以，孔子也是强烈反对旧贵族的等级制的。不过，当时的贵族势力非常强大，公开打倒贵族等级制是不现实的。

使用激进的手段对付旧制度不一定会有好的效果，这在孔子之前有过历史教训。学术界早已有人意识到，商纣王并不是像传闻的那样是昏暴之君。孔子的弟子子贡就说过："纣之不善，不如是之甚也。是以君子恶居下流，天下之恶皆归焉。"[2]子贡认为，纣并不像后人说的那样坏，只是因为他失败了，处于下风，人们把罪恶全都归在他身上。笔者也认为，商纣王是个革命家，只是在策略上过于激进，超越了当时社会相当多的人的承受能力，于是旧贵族利用了内部人们的不满情绪和外部的周族发动了推翻商纣王的战争。周公在灭商之后采取的"启以殷政，疆以周索"策略，就是适当考虑到了殷族人对改革的承受力和商旧贵族的利益。《诗经》载："文王曰：咨！咨女殷商，匪上帝不时；殷不用旧，虽无老成人，尚有典刑；曾是莫听，大命以倾。""枝叶未有害，本实先拨。殷鉴不远，在

---

[1]《史记》卷47《孔子世家》，中华书局1959年版。

[2]《论语·子张》，史仲文主编：《中华统典藏书》，北京出版社1999年版，第1116页。

夏后之世。"①周文王为了教训本族人，总结了殷灭教训：要牢记殷人改革过激的教训，不要忽略多数人的承受能力。所以周朝建立后非常注重民众要素，提出"敬天保民"、"以德配天"。即便在孔子死后的相当长的时间——战国时代的吴起、商鞅，都因为触犯了旧贵族的利益而丢掉性命。所以，与孔子同时代的郑国执政子产面对"族大而逼"，只敢惠民，不敢削减贵族特权。所以，孔子只好用"中庸"的方式反对旧贵族的等级制。他把旧贵族的等级制分解成精神和制度两个部分，然后分别加以处理。

第一，精神部分。孔子在精神领域的改革比较激进，因为这一领域与贵族们的既得利益的连接不是那么直接。孔子打破了"学在官府"的传统，开私人讲学之风，从精神上打破了旧贵族的等级制。孔子说"性相近也，习相远也"②，这是说人在天赋上都是平等的，无论什么人都要通过努力学习来提高自己。这也就包含着无论什么人，哪怕是下层人，都有资格担当起救世的责任。

孔子弟子三千，贤者七十二，多半不是氏族旧人。颜回贫穷，出身"陋巷"，贫病交加而死；子张出身鄙家；公冶长曾身陷监狱；子路小时家里长年靠吃粗粮野菜等度日；子夏家贫，身着破衣若悬鹑鹑；闵子骞身穿襄衣为其父推车；曾参

①《诗经·大雅》，中华书局1959年版，第24页。
②《论语·学而》，史仲文主编：《中华统典藏书》，北京出版社1999年版，第1091页。

躬耕瓜圃；原宪贫困交加；仲弓父为"贱人"。但孔子以极大的热情对待这些出身低贱和家境贫寒的学生，鼓励他们自我奋斗，力争成才。"学而优则仕"的说法一直被我们当作不良思想加以批判。其实，这是当初以孔子为代表的儒家反抗旧贵族的等级制的口号。旧贵族可以依恃特权垄断高位，贫贱子弟就是要通过努力拼搏打破垄断。孔子培养和鼓励下层弟子发奋好学，苦心修养，成就大业，而不是像法、墨两家那样一味指责人主不慧、环境不公，把升迁的希望多寄托在他人身上。《论语》载："子路、曾皙、冉有、公西华侍坐。子曰：'以吾一日长乎尔，毋吾以也。居则曰：不吾知也！如或知尔，则何以哉？'子路率尔而对曰：'千乘之国，摄乎大国之间，加之以师旅，因之以饥馑；由也为之，比及三年，可使有勇，且知方也。'夫子哂之。'求！尔何如？'对曰：'方六七十，如五六十，求也为之，比及三年，可使足民。如其礼乐，以俟君子。''赤！尔何如？'对曰：'非曰能之，愿学焉。宗庙之事，如会同，端章甫，愿为小相焉。'"[1]这是几个出身贫贱的学生，可在孔子的鼓励下，子路敢称治"千乘之国"；冉求称能治"方六七十，如五六十"的小国；公西赤虽自谦，不敢称为一国之宰，但也给自己安了个为祭祖礼仪做赞礼的重要角色。孔子的这种自我奋斗、拼搏向上的进取意识传及后世，鼓

---

[1]《论语·先进》，史仲文主编：《中华统典藏书》，北京出版社1999年版，第1104页。

励无数平民书生主动以天下为己任，自我砥砺，不惧权贵，敢斗恶势力，承担起改造天下的责任。

孔子有时甚至不加掩饰地表达出对等级制的突破。他说："先进于礼乐，野人也；后进于礼乐，君子也。如用之，则吾从先进。"①"先进于礼乐"者即先学习礼乐文明再做官的人是贫贱人的子弟，"后进于礼乐"者即先凭借特权得到高位，然后再镀金式的学习礼乐文明是贵族子弟。两种人的任用让孔子来选择，孔子主张优先提拔"先进于礼乐"者。这是对旧贵族等级制的挑战，这一挑战一点也不比公开主张社会变革的法家、墨家弱。

第二，制度部分。孔子鼓吹"克己复礼"，崇拜周公，以周礼为上。制度层次因为与旧贵族的利益连接比较直接，孔子不是直接地露骨地触动它，这有助于减少从精神上突破旧等级制的阻力。从长远和整体上讲，这对社会发展是更加有利的。即便孔子公开维护等级制，也不能说孔子在制度层次上就是保守的。如果仔细分析，在制度层次上，孔子对等级制的具体解释，也并不保守。实际上当时那些所谓先进势力也并不排斥等级制，只是讲等级的特点各不相同。与当时所有的人相比较，孔子讲的等级制在文明的程度上应是最高的。

与旧贵族等级观念相比较。旧贵族仍坚持落后、封闭性的等级观念，将政治垄断在自己的小圈子内。周初有周公、召

①《论语·先进》，史仲文主编：《中华统典藏书》，北京出版社1999年版，第1103页。

公。平王东迁后有申侯、鲁侯、许文公、晋文侯、郑桓公。春秋时代，鲁有三桓，齐有高、崔、陈，卫有孙、宁，晋有郤、栾及后来的六卿，郑有罕、驷、游。墨子批评道："今王公大人，其所富，其所贵，皆王公大人骨肉之亲，无故富贵，面目美好者也……"①战国时代，商鞅改革规定："宗室非有军功论，不得为属籍。"②吴起在楚国改革，"使封君之子孙三世而收爵禄"③。这些说明孔子时代的社会等级基本上仍封闭在血缘及个人好恶的小圈子内。缺乏流动性的等级制扼杀人的积极性，故有识之士多将其视为社会发展的障碍。前已说过，孔子本人也受到过旧等级制的刺激。孔子身份不高，故先从事"鄙事"。"吾少也贱，故多能鄙事。"④所以阳虎才有机会羞辱孔子。孔子心中的等级制与旧贵族的等级制不同：首先，开放性。孔子开私人讲学之风，学生多为下层人子弟。孔子鼓励他们刻苦学习，以本事"干禄"。子曰："先进于礼乐，野人也；后进于礼乐，君子也。如用之，则吾从先进。"⑤子夏曰："学而优则仕。"⑥这些都是对旧贵族封闭等级制的突

---

① 《墨子·尚贤下》，史仲文主编：中华统典藏书》，北京出版社1999年版，第4282页。

② 《史记》卷68《商君引传》，中华书局1959年版。

③ 《韩非子·和氏》，中华书局1959年版，第4634页。

④ 《论语·子罕》，史仲文主编：《中华统典藏书》，北京出版社1999年版，第1101页。

⑤ 《论语·先进》，史仲文主编：《中华统典藏书》，北京出版社1999年版，第1104页。

⑥ 《论语·子张》，史仲文主编：《中华统典藏书》，北京出版社1999年版，第1116页。

破。其次，超越等差的人的通类性。无论哪个等级，从类上看都是人，有通类性。"厩焚，子退朝，曰：'伤人乎？'不问马。"①旧贵族视奴隶为财产、物品，孔子问人不问马表达出人非财物、人贵物贱的人道理念。孔子对侵害人的哪怕是象征性的做法亦深恶痛绝。孟子说："仲尼曰：'始作俑者，其无后乎！'为其象人而用之也。"②孔子用同类的眼光看待一切人更体现在人我相互的比况处世态度中。子曰："夫仁者，己欲立而立人，己欲达而达人。"③"己所不欲，勿施于人。"④而在旧等级制中，只有我奴役下一等和被上一等奴役，对下等人不存在视人如己的逻辑。

　　与法家等观念相比较。法家在打破旧等级制上表现得比儒家激进，但法家并非不讲等级。商鞅说："古者未有君臣、上下之时，民乱而不治。是以圣人列贵贱，制爵位，立名号，以别君臣上下之义。"⑤商鞅变法"明尊卑爵秩等级，各以差次

①《论语·乡党》，史仲文主编：《中华统典藏书》，北京出版社1999年版，第1103页。
②《孟子·梁惠王上》，史仲文主编：《中华统典藏书》，北京出版社1999年版，第1121页。
③《论语·雍也》，史仲文主编：《中华统典藏书》，北京出版社1999年版，第1098页。
④《论语·卫灵公》，史仲文主编：《中华统典藏书》，北京出版社1999年版，第1111页。
⑤《商君书·君正》，史仲文主编：《中华统典藏书》，北京出版社1999年版，第4605页。

名田宅，臣妾衣服以家次"①，韩非强调"贵贱不相逾"②。但是，同样是突破旧等级建立新等级，儒家是文明层次，法家是野蛮层次。韩非说："上古竞于道德，中世逐于智谋，当今争于气力。"③"争于气力"就是争于杀人的"丛林法则"，谁杀人多谁升迁快。商鞅说："明君之治国也，士有斩首、捕虏之功，必其爵足荣也，禄足食也。"④商鞅要将秦人培养成"闻战而相贺"⑤，这是鼓吹用暴虐的方式更替旧等级制。法家反对文明治国。商鞅说："民不贵学，则愚；愚，则无外交；无外交，则国安不殆。""愚农不知，不好学问，则务疾农。"⑥这是反对让农民学习文化。韩非说："言先王之仁义，无益于治，明吾法度，必吾赏罚者亦国之脂泽粉黛也。故明主急其助而缓其颂，故不道仁义。"⑦这些是反对道德导向。依照法家主张建立的社会，人类必定倒退回野蛮。与之相反，儒家是用文化本位的新等级制代替旧等级制。孔子用"六艺"为社会培养

① 《史记》卷68《商君引传》，中华书局1959年版。
② 《韩非子·有度》，史仲文主编：《中华统典藏书》，北京出版社1999年版，第4620页。
③ 《韩非子·有度》，史仲文主编：《中华统典藏书》，北京出版社1999年版，第4742页。
④ 《商君书·君正》，史仲文主编：《中华统典藏书》，北京出版社1999年版，第4605页。
⑤ 《商君书·赏刑》，史仲文主编：《中华统典藏书》，北京出版社1999年版，第4580页。
⑥ 《商君书·垦金》，史仲文主编：《中华统典藏书》，北京出版社1999年版，第4580页。
⑦ 《韩非子·显学》，史仲文主编：《中华统典藏书》，北京出版社1999年版，第4748页。

人才，称"不学诗，无以言"，"不学礼，无以立"①，提出有德者居上位。"举直错诸枉，则民服；举枉错诸直，则民不服。"②孟子主张"贵德而尊士"、"尊贤使能，俊杰在位"，③荀子说："虽王公士大夫之子孙也，不能属于礼义，则归之庶人；虽庶人之子孙也，积文学，正身行，能属于礼义，则归之卿相士大夫。"④显而易见，儒家等级制是以文明为尺度，追求的是"正心"、"诚意"、"修身"的君子世界，而法家鼓吹的是低层次的"丛林法则"。

与墨家等级观念相比较。墨家也并非不讲等级。墨子说："无君臣上下长幼之节，父子兄弟之礼，是以天下乱焉。"⑤这里强调了传统的君臣父子等差。墨子还说："古者圣王唯毋得贤人而使之，般爵以贵之，裂地以封之，终身不厌。"⑥这是要求加大贤者与平民的等差。只有如此，才能得到善于治事的人才。墨子打比喻："譬若欲众其国之善射御之士者，必将富之

---

①《论语·季氏》，史仲文主编：《中华统典藏书》，北京出版社1999年版，第1112页。

②《论语·为政》，史仲文主编：《中华统典藏书》，北京出版社1999年版，第1092页。

③《孟子·公孙丑上》，史仲文主编：《中华统典藏书》，北京出版社1999年版，第1128页。

④《荀子·王制》，史仲文主编：《中华统典藏书》，北京出版社1999年版，第1242页。

⑤《墨子·尚贤中》，史仲文主编：《中华统典藏书》，北京出版社1999年版，第4284页。

⑥《墨子·尚贤中》，史仲文主编：《中华统典藏书》，北京出版社1999年版，第4279页。

贵之，敬之誉之，然后国之善射御之士，将可得而众也。"①墨子批评当政者不任贤使能："今王公大人，其所富，其所贵，皆王公大人骨肉之亲，无故富贵，面目美好者也。"②墨家主张的黜陟标准是文明的。墨子说："官无常贵，而民无终贱，有能则举之，无能则下之。"③但是，这个"能"主要是指业务能力。墨子"尚贤"的比喻是："今王公大人有一衣裳不能制也，必藉良工；有一牛羊不能杀也，必藉良宰。"④对于"有能者"，如果仅仅"高予之爵，重予之禄"尚可，如果进一步"任之以事，断予之令"则大大不足。因为任事断令者应该有很高的道德水平。特别是古代，人们生活封闭、视野狭窄，公共设施非常落后，对管理者的监管能力很弱，管理质量如何主要取决于官员个人的道德，而不是业务能力。所以，当时什么样的人能居高位，应当更看中德性。虞宫之奇引《周书·蔡仲之命》说："皇天无亲，惟德是辅。"⑤"君人者，将昭德塞违，以临照百官。""夫德，俭而有度，登降有数，文物以纪之，声明以发之，以临照百官。百官于是乎戒惧而不敢易纪

---

① 《墨子·尚贤中》，史仲文主编：《中华统典藏书》，北京出版社1999年版，第4278页。

② 《墨子·尚贤中》，史仲文主编：《中华统典藏书》，北京出版社1999年版，第4282页。

③ 《墨子·尚贤中》，史仲文主编：中华统典藏书》，北京出版社1999年版，第4278页。

④ 《墨子·尚贤中》，史仲文主编：《中华统典藏书》，北京出版社1999年版，第4279页。

⑤ 《左传·僖公五年》，史仲文主编：《中华统典藏书》，北京出版社1999年版，第591页。

律。"①鲁叔孙豹说："大上有立德，其次有立功，其次有立言。"②郑子产说："德，国家之基也。"③晋史赵说："盛德必百世祀。"④儒家的君子标准主要在道德层次。荀子甚至说："无用之辩，不急之察，弃而不治。若夫君臣之义，父子之亲，夫妇之别，则日切磋而不舍也。"⑤荀子为强调道德而贬低技术尽管过于偏激，但能凸显出儒家的特点。子曰："君子居其室，出其言，善则千里之外应之，况其迩者乎？居其室，出其言，不善千里之外违之，况其迩乎？言出乎身，加乎民；行发乎远；言行君子之枢机，枢机之发，荣辱之主也。言行，君子之所以动天地也，可不慎乎？"⑥儒家对高等级者的要求首先就是高道德。所以与儒家相比，墨家的等级制仍是低层次的。从以上与诸家等级观念相比较可以得出，儒家的等级观念层次是最高的。

由上可见，仔细分析，对旧的贵族等级制杀伤力最大的还是孔子的"中庸"方式。

① 《左传·桓公二年》，史仲文主编：《中华统典藏书》，北京出版社1999年版，第551页。

② 《左传·襄公二十四年》，史仲文主编：《中华统典藏书》，北京出版社1999年版，第728页。

③ 《左传·襄公二十四年》，史仲文主编：《中华统典藏书》，北京出版社1999年版，第728页。

④ 《左传·昭公八年》，史仲文主编：《中华统典藏书》，北京出版社1999年版，第709页。

⑤ 《荀子·天论》，史仲文主编：《中华统典藏书》，北京出版社1999年版，第1271页。

⑥ 《周易·系辞传》，史仲文主编：《中华统典藏书》，北京出版社1999年版，第71页。

例子四：孔子如何对待不同意见。如何对待不同意见，是个现实性非常强的问题。孔子的观点是"君子和而不同，小人同而不和"①。"和"是说不同的东西糅合在一起。你的意见我尊重，我的意见你尊重，你我不同的意见和合在一起，形成更大的合力。高音、中音、低音，糅合在一起形成美妙的音调；赤、橙、黄、绿、青、蓝、紫，糅合在一起形成美丽的绘画；酸、甜、苦、辣、咸形成美味的食品。20世纪初，世界上有三千多种小麦；20世纪末，世界上还剩下两百多种小麦，基因的多样性正在丧失，这不符合儒家的"和"。"夫和实生物，同则不继。以他平他谓之和，故能丰长而物归之；若以同裨同，尽乃弃矣。故先王以土与金木水火杂，以成百物。"②总之，"和"就是容纳多样性。与君子不同，小人追求的是"同"。小人所讲求的是，我比你强大，你就得放弃你的意见与我相同。你比我强大，我就得放弃我的意见和你相同。

孔子追求的是"和"。但是，人们对"和"的理解往往只是局限在包容多样性，而忽略了"和"意味着前进、上升。"和"就是"中庸"，"中庸"不仅仅是追求双赢，还追求共同前进。孔子是个无神论者，但是，孔子的学生中有人可能是有神论者，比如子路。"季路问事鬼神。""敢问死。"③有人

①《论语·子路》，史仲文主编：《中华统典藏书》，北京出版社1999年版，第1107页。

②《中庸》，史仲文主编：《中华统典藏书》，北京出版社1999年版，第504页。

③《论语·先进》，史仲文主编：《中华统典藏书》，北京出版社1999年版，第1104页。

认为，"中庸"式的回答就是"信则有，不信则无"。笔者却以为，这种回答并不符合"中庸"，因为回答得太消极。"中庸"不但强调双赢、相互尊重，还特别强调共同前进、上升。对上述问题，孔子的回答不但没有排斥他人对鬼神的信仰，还包含着与信仰鬼神者携手共进之意。"子曰：'未能事人，焉能事鬼？'""曰：'未知生，焉知死？'"①孔子意识到，子路问鬼神其实质是问人，问死亡其实质也是问生。孔子不信鬼神而关注人的问题，不谈死亡而更加关注生。孔子和子路的大目标是一致的。所以孔子绕过鬼神问题和死亡问题，直接抓住双方下一步的共同点——人的问题和生的问题。总之，孔子面对子路提出的问题使用的是求同存异的处理方法。既坚持了自己的无神论观点，尊重了对方对鬼神的信仰，又开辟了双方共同前进的道路，做到了一举三得。如此看来，儒家的开拓进取不是靠牺牲他人得来的，而是包容了他人的特殊性。

儒家内部也有不同学派，可他们能够相异相和，最典型的是南宋时的朱陆之辩。朱熹与陆九龄、陆九渊兄弟都是当时学界泰斗，各自建立了自己的学术门派，学术上各持己见，见解相左。在治学方法上，朱熹侧重"道问学"，强调"穷理之要，必在于读书"；陆九渊则侧重"尊德性"，不强调读书，不赞成"苦思力索"，他认为一切伦理道德的知识及是非标

———————
① 《论语·先进》，史仲文主编：《中华统典藏书》，北京出版社1999年版，第1104页。

准，俱在"本心"之中，只要发明本心，即使"不识一字，亦还堂堂地做个人"。南宋淳熙二年（公元1175年），朱熹与陆氏兄弟三人在史学家吕祖谦的邀请下，赶到江西铅山的鹅湖寺会晤，"相与讲其所闻"。会上双方唇枪舌剑，雄辩滔滔，先后辩论十日。尽管双方没有统一分歧，谁也没有说服谁，但朱熹在一首诗中抒发了自己对这次辩论的感受："地势无南北，水流有西东。欲识分时异，应知合处同。"①意思是，不在乎彼此接受多少，只要相互有所启发，能求同存异就可以了。由于双方遵循的原则是"和而不同"，所以这场争辩没有影响他们的友谊。与弟弟一起参与聚会的陆九龄也是一位哲学家，四年后又与朱熹在铅山相会，心平气和地检讨和切磋了双方的分歧；六年后，朱熹邀陆九渊在自己主持的书院中做了一场讲座，也曾为陆的理论而动颜。后来陆九龄去世，朱熹曾动情地说："我与兄少不并游，盖一生而再见，遂倾倒以绸缪。"②王阳明继承陆九渊的心学，反对朱熹理学，然不但不把朱熹学说当做异端加以排斥，还摭拾其优点，与陆九渊相会同。"仆尝以为晦庵之与象山，虽其所为学者若有不同，而要皆不失为圣人之徒。今晦庵之学，天下之人童而习之，既已入人之深，有不容于论辩者。而独惟象山之学，则以其尝兴晦庵之有言，而

①《晦庵先生朱文公集·分水铺壁间读赵仲镇留题二十字戏续其后》，《四部丛刊》，书同文数字化技术有限公司光盘版1998年2月。
②《晦庵先生朱文公集·祭陆子寿教授文》，《四部丛刊》，书同文数字化技术有限公司光盘版1998年2月。

遂藩篱之。使若由、赐之殊科焉，则可矣，而遂摈放废斥，若碔砆（亦称'武夫'，似玉的美石）之与美玉，则岂不过甚矣乎？夫晦庵折衷群儒之说，以发明《六经》、《语》、《孟》之旨于天下，其嘉惠后学之心，真有不可得而议者。而象山辩义利之分，立大本，求放心，以示后学笃实为己之道，其功亦宁可得而尽诬之！"①

儒家与传进中国的各种宗教也没有发生过剧烈冲突。佛教自东汉后期开始进入中华，魏晋南北朝时期大规模输入，隋唐时期完成了与中华文化的融合过程，产生了中国式的佛教。除个别统治者为了达到某些政治目的搞了一点短命的"灭佛"活动，中华对佛教是敞开胸怀接纳的。说儒家与佛教没有矛盾那是假话。特别是在人伦问题上，儒家鼓吹好男儿在家娶妻生子尽人伦义务，在外忠君爱国建功立业。而佛教则赞颂解脱世俗，六根清净，离弃君臣父子夫妇人伦，削发为僧，一心事佛。所以，许多儒家学者与佛教僧人发生过言辞激烈的辩论，甚至提出过排斥异端。但那都是停留在口头上，双方没有出现过武力冲突。总体上讲，以儒家为主导意识的中国统治者对佛教是包容的。佛教初传入时，为方便来华胡商的宗教活动由官方出面建造了中国最早的佛寺——白马寺。史载，汉明帝于公元65年派蔡音、秦景等十余人去西域（印度）取经，途中遇天竺僧迦叶摩腾和竺法兰携经东来，乃用白马驮经回洛城，次年

---

① 《王阳明全集》卷21，上海古籍出版社1992年版，第809页。

建寺，遂以白马命名，前后共历时四年。作为世俗社会的统治者，梁武帝又承认"朕思阐治纲，每敦儒术"①，但就在他舍道归佛的第二年又下诏置五经博士，倡导儒术以治国。梁武帝还写下了不少融合三教思想的文字，这对佛教与儒、道的进一步融合产生了一定的影响。"三教虽殊，劝善义一，涂迹诚异，理会则同。"②南宋孝宗皇帝赵昚说过："以佛治心，以道治身，以儒治世。"③一些儒家学者也主张融合佛教。晋宋之际的隐士宗炳提出："孔、老、如来，虽三训殊路，而习善共辙也。"④隋代王通站在儒家的立场上提出了"三教归一"的主张，希望以儒家学说来调和佛、道二教。唐代著名的文学家和哲学家柳宗元也认为，"浮屠诚有不可斥者，往往与《易》、《论语》合……不与孔子异道"⑤。而韩愈与李翱则在排佛的旗号下援佛入儒，对佛教宗派的法统观念与心性学说加以改造利用，提出了他们的道统说与复性论，开了宋明理学扛着儒家的大旗出入于佛道的先声，而以后的宋明理学家们都是循着这个路数对待佛教。王阳明甚至一边批判佛教，一边成为"狂禅"。

---

① 《梁书》卷2《梁武常纪中》，中华书局1973年版。

② 释道安：《二教论》，引载《广弘明集》卷8，书同文数字化技术有限公司光盘版1998年2月。

③ 刘谧：《三教平心论》卷上，中华书局1985年版。

④ 《明佛论》，载《弘明集》卷宗，书同文数字化技术有限公司光盘版1998年2月。

⑤ 《送僧浩初序》，《柳宗元哲学著作注译》，范阳等注译，广西人民出版社1985年版，第268页。

伊斯兰教唐代开始传入，元代以后开始为官方重视。以儒家为主导意识的中国统治者对伊斯兰教也是包容的，统治者允许清真寺的大规模建设。以北京为例，牛街清真寺是迄今北京保留的历史最久、规模最大、最著名的伊斯兰教寺院。据传辽圣宗十三年（966）由阿拉伯学者纳苏鲁丁创建。明宣统二年（1427）曾进行了大规模扩建；明成化十年（1474）奉敕赐名"礼拜寺"；清康熙三十五年（1696）又按明朝风格对该寺进行了修葺和扩建，形成了今日规模。传说正德皇帝（即明武宗）曾对当时中国社会的各个宗教进行过评述："儒者之学，虽可以开物成务，而不足以穷神智化；佛老之学，各执一偏，唯清真认主之教，深原于正理。此所以垂教万世，于天壤久也。"可见其对伊斯兰教的推崇。他还亲自写了许多赞美伊斯兰教的诗，后来被编辑成了《御制尊真主事诗》。其中一诗曰："一教玄玄诸教迷，其中奥妙少人知。佛是人修人是佛，不尊真主却尊谁？"[1]正德皇帝甚至还有一个阿拉伯文的名字，叫作妙吉敖兰（mejid-Allah），意思为"安拉的荣耀"。（以上明代皇帝资料均引自"网易"《朱厚照：一位信奉伊斯兰教的明朝皇帝》）以上有关明朝皇帝与伊斯兰教的关系虽然多系传闻，而且多是在中华回族兄弟中流传，但从一个侧面可以反映出在中华大地，儒家文化与伊斯兰教文化之间的关系不是对

---

[1] 余振贵:《中国历代政权与伊斯兰教》，宁夏人民出版社1996年版，第127—130页。

抗，而是和合。

老北京回族有一传说，康熙皇帝亲自考察牛街穆斯林的宗教活动后，严厉斥责和警告了下面官员将宗教活动视作"聚众谋反"的诬奏，并向鼓励人们向善的牛街清真寺赐匾旌表。现牛街礼拜寺东大厅里还存有"康熙圣旨牌"。全文如下："康熙三十六年六月，圣谕：朕评汉回古今之大典，自始之宏道也。七十二门修仙成佛，诱真归邪，不法之异端种种生焉。已往不咎，再违犯者斩。汉诸臣官分职，时享君禄，按日朝参；而回，逐日五时朝主拜圣，并无食朕俸，亦知报本，而汉不及于回也。通晓各省：如官民因小不忿，借端虚报回教谋反者，职司官先斩后奏。天下回民各守清真，不可违命，勿负朕恩有爱道之意也。钦此钦遵。"①

以儒家为主导意识的中国统治者对基督教也是包容的。唐代传入中国的基督教聂斯脱利派当时被称为景教。聂斯脱利为东罗马君士坦丁堡主教，主张基督有神、人"二性二位"，在东罗马被视为异端，受到迫害。唐贞观九年景教僧侣阿罗本将此教传入中国。"据景教碑文所记，贞观十二年秋七月诏曰：'大秦国大德阿罗本，愿将经像，来献上京，详其教旨，玄妙无为，观其元宗，生成立要，词无繁说，理有忘筌，济物利人，宜行天下，所司即于京义宁坊造大秦寺一所，度僧二十一

---

① 佟洵编著：《伊斯兰教与北京清真寺文化》，中央民族大学出版社2003年版，第228页。

人。'这是在长安奉旨敕建的第一所景教寺。又高宗时'于
诸州各置景寺……法流十道，国富无休，寺满百城，家殷景
福'。唐时中国三百余州分为十道，曰关内、河南、河东、河
北、山南、陇石、淮南、江南、剑南、岭天，言十道即指景教
流行遍中国而言。又玄宗时，令其兄弟宁国第五王，亲临教
堂，重建坛场，装饰一新。天宝初令大将军高力士送先朝五帝画
像，安置于教堂之内。且亲题堂中楹联，亲书堂中匾额，悬于高
空。又肃宗时，'于灵武等五郡重立景寺'，又时郭子仪'每岁
集四寺僧徒，虔事精供，备诸五旬'。五旬节今称圣灵降临节，
乃耶稣复活后五十日之纪念祭。"[1]唐代统治者不但不排斥景教，
甚至允许景教徒入仕为官。

　　蒙古人利用强大的军事力量，建立了一个横跨欧亚大陆的
帝国，征服了许多民族，许多信仰景教的民族随之迁移到中国
内地。与此同时，来自欧洲的罗马天主教也开始传入中国，其
中最主要的是方济各会修士。公元1294年，罗马天主教方济各
会修士孟高维诺来到元帝国的首都汗八里，也就是今天的北
京，开设教堂。元朝也里可温教既包括景教，也包括天主教。
据历史记载，元朝时中国的基督教徒，人数达到了三万，以至
于朝廷专门设立了一个叫崇福寺的机构来管理也里可温教，这
个机构就是一个宗教事务管理部门。[2]

① 朱谦之：《中国景教》，人民出版社1993年版，第68—69页。
② 佟洵：《也里可温在蒙元帝国的传及消亡原因初探》，《中央民族大学学报》
（哲学社会科学版）2000年第3期。

　　明末，天主教开始进入中国。自1552年至1800年，在华外国耶稣会士约七百八十多名，中国耶稣会士约一百三十多名。来华耶稣会士中，葡萄牙籍最多，其次是法国、意大利、比利时、德国、西班牙、奥地利、波兰、瑞士籍的。耶稣会在中国发展很快，崇祯十年有教徒四万人，康熙三十九年（1700）达三十万。康熙六年有教堂一百五十九座，遍布于今浙江、福建、河南、湖北、江苏、广西、广东、山西、陕西、山东、四川、云南、河北等省及北京。入教的百姓之众毋论，光与之结交的士大夫就不少，如沈一贯、叶向高、徐光启、邹元标、焦竑、沈德符、李贽、李之藻、章潢、方以智、何乔远、袁宏道、袁中道、杨廷筠等均是万历、天启、崇祯朝的重要人物与知名之士，其中徐光启、李之藻、杨廷筠受洗入教，成为明末天主教三大柱石。此外，还有一些宦官、宫女受洗入教。①

　　犹太人究竟何时进入中华，没有确切的说法。但北宋时，在当时的政治中心开封居住着犹太人社团这是无疑的。流浪到世界各地的犹太人大都遭到猜忌、排挤、迫害，乃至屠杀，而唯有在中华得以与各民族人民兄弟相处，安居乐业。在世界其他地区，犹太人越受到迫害越不屈服，越要保持自己的独立性。几千年了，犹太人就是不与当地民族融合，而只有在中华例外。以色列驻华大使海逸达博士接受《北京科技报》记者采

---

① 参见阮炜：《十七世纪的士大夫基督教徒》，《广东社会科学》1993年第2期；林坚：《明末元主教儒者杨廷筠》，《中国天主教》1990年第1期。

访时就开封犹太人融入中华说："这是唯一一个犹太人社团融入当地社会的例子。"①

以上各宗教在中华的发展历程表明，在中华大地占据文化主流地位的儒家身上没有搞"原教旨主义"、"迫害异端"的基因。相反，"和而不同"、"求同存异"一直是儒家对待不同文化的主要态度。各个宗教在中华立足固然首先是统治者的允许，统治者为什么允许？从动机上看是为了维护自己的统治，但透视动机背后还要看到，第一，其思维方式总地说在很大程度上受到儒家"和而不同"、"求同存异"的影响；第二，更应看到，"和而不同"、"求同存异"的思维模式也扎根于中华各族人民头脑中，人民对之"日用而不知"。所以，整个中华民族接纳不同文化的胸怀是无比宽广的。以上例子足以说明，儒家"中庸"是中华乃至世界最伟大的哲学之一。

---

① 《北京青年报》2006年2月23日。

第九讲
儒学由书斋进入用世

孔子拼搏一生，深知其道难行，或许非人力所能及，故曰：
"道之将行也与，命也；道之将废也与，命也。"①孔子甚至对
中原地区能否行道信心不足，称"道不行，乘桴浮于海"②。虽
然如此，孔子仍"知其不可而为之"③。子路也说："君子之仕
也，行其义也。道之不行，已知之矣。"④但是，从孔子开始，

---

① 《论语·宪问》，史仲文主编：《中华经典藏书》，北京出版社1999年版，第
1109页。
② 《论语·公冶长》，史仲文主编：《中华经典藏书》，北京出版社1999年版，
第1095页。
③ 《论语·宪问》，史仲文主编：《中华经典藏书》，北京出版社1999年版，第
1109页。
④ 《论语·宪问》，史仲文主编：《中华经典藏书》，北京出版社1999年版，第
1115页。

儒生们仍就不停顿地探索道之可行的途径，并一步步取得成功。

推动道可行需要解决两个问题，第一，处理好儒道与君意的关系，使儒道能够被统治者接受；第二，具有可操作性，使君、臣及更多的人能够实行。现一起梳理一下孔、孟、荀对这两个问题的解决。

一、儒道与君意的关系

儒家"治国平天下"的理想必须通过当权者实施，故处理好儒道与君意的关系，是道可行与否的第一道坎。儒道与君意存在着深刻的矛盾，君意君本位，儒者道本位。子曰："君使臣以礼，臣事君以忠。"①孟子告诫齐宣王曰："君之视臣如手足，则臣视君如腹心；君之视臣如犬马，则臣视君如国人；君之视臣如草芥，则臣视君如寇仇。"②关于君与民之轻重，孟子曰："民为贵，社稷次之，君为轻。"③孟子甚至不顾齐宣王"勃然变乎色"，曰：贵戚之卿"君有大过则谏；反覆之而

① 《论语·八佾》，史仲文主编：《中华经典藏书》，北京出版社1999年版，第1093页。
② 《孟子·离娄下》，史仲文主编：《中华经典藏书》，北京出版社1999年版，第1139页。
③ 《孟子·尽心下》，史仲文主编：《中华经典藏书》，北京出版社1999年版，第1155页。

不听，则易位"①。《吕氏春秋》叙述了儒家的观点："天下非
一人之天下也，天下之天下也。"②贾谊说："故天下者，非一
家之有也，有道者之有也。"③明代顾宪成说："天下事非一家
私议。"④也正因为如此，儒者的道本位遭到了君主的排抑。
孔、孟长期游走列国终不见用。贾谊谏汉文帝游猎而受贬。⑤
顾宪成死后其同志惨遭镇压。明初，孟子早被世人所尊，配享
孔庙，明太祖朱元璋"览《孟子》至'草芥'、'寇仇'语，
谓：'非臣子所宜言。'议罢其配享。诏：'有谏者以大不敬
论。'"⑥总之，儒道虽好，但与君本位意识龃龉乃至冲突，故
实行起来有相当大的阻力。

但是，也应看到，专制君主并没有禁绝儒家，不仅如此，
还大力褒扬儒家，带头尊孔，这是因为儒家固有尊君的基因。
儒道由"不可行"到可行与儒家尊君观念的演变相伴。

（一）孔子之尊君

子曰："天下有道，则礼乐征伐自天子出；天下无道，则

---

① 《孟子·万章下》，史仲文主编：《中华经典藏书》，北京出版社1999年版，
第1146页。

② 《吕氏春秋·重己》，《诸子集成》第六册，中华书局1954年版，第8页。

③ 贾谊：《新书》卷9《修政语下》，《四库全书》，上海人民出版社光碟检索
版1999年11月。

④ 顾宪成：《泾稿藏稿》卷3《与王辰王》，上海人民出版社光碟检索版1999年
11月。

⑤ 应劭：《风俗通义》卷2《教帝》，上海人民出版社光碟检索版1999年11月。

⑥ 《明史》卷139《钱塘传》，中华中局1974年版。

礼乐征伐自诸侯出……天下有道，则政不在大夫。天下有道，则庶人不议。"①《论语·乡党》里记载了孔子面君时的恭敬之状。"朝，与下大夫言，侃侃如也；与上大夫言，訚訚如也。君在，踧踖如也，与与如也。""入公门，鞠躬如也，如不容。立不中门，行不履阈。过位，色勃如也，足躩如也，其言似不足者。摄齐升堂，鞠躬如也，屏气似不息者。出，降一等，逞颜色，怡怡如也。没阶，翼如也，复其位，踧踖如也。"②孔子尊君姿态无以复加，中心之诚，史籍可鉴。"陈成子弑简公。孔子沐浴而朝，告于哀公曰：'陈恒弑其君，请讨之。'"③孔子谓季氏："八佾舞于庭，是可忍也，孰不可忍也。"④但其尊君非是出于君本位，亦非出于谋略，而是出于道本位。君虽是一个具体个人，然其居天下公位，视听言动为众瞩目，在众人心目中是公的体现。文天祥被俘后回答元丞相博啰的审问时说："立君以存宗社。"⑤明代嘉靖朝金都御史王用汲奏疏："以臣观之，天下无事不私，无人不私，独陛下一人公耳。"⑥王用汲当然不是认为嘉靖皇帝是天下唯一大公无私

① 《论语·季氏》，史仲文主编：《中华经典藏书》，北京出版社1999年版，第1112页。
② 《论语·乡党》，史仲文主编：《中华经典藏书》，北京出版社1999年版，第1102页。
③ 《论语·宪问》，史仲文主编：《中华经典藏书》，北京出版社1999年版，第1109页。
④ 《论语·八佾》，史仲文主编：《中华经典藏书》，北京出版社1999年版，第1093页。
⑤ 《四部丛刊》，书同文数字化技术有限公司光盘版1998年2月。
⑥ 《明史》卷229《王用汲传》，中华书局1974年版。

者，而是说他的位置为天下之公器，居于此位之人必须表现出公。顾宪成说："皇上之心有歉然其不敢自适者，而必以合天下之心为安也。"[①]孔子尊君上，非尊其个人，尊天下之公位，尊道也。

但是，毕竟尊道是通过对君个人的尊来体现，呈现在君主观念中，仍是君主个人自尊和权力欲的满足。后来的许多儒家思想家有意无意地强化了这一点，使统治者不但不排斥，反而适时接受儒学，从而推动儒道由"不可行"到可行。

（二）孟子之尊君

孟子与君主冲突超过孔子，批评君主的言辞也非常激烈，但孟子在儒道与君意的结合上也超过孔子。第一，孟子不再要求恢复周礼维护原有的社会等级框架，认同后起诸强。梁襄王问孟子："天下恶乎定？"对曰："定于一。"又问："孰能一之？"对曰："不嗜杀人者能一之。"[②]无论是谁，只要有实力，"不嗜杀人"，都有资格使天下"定于一"，不必再统一于周天子，亦不必再"兴灭国，继绝世，举逸民"[③]。孟子的态度无疑是承认了春秋以来涌现出的弑父篡君的乱臣贼子们获得

① 贾谊：《新书》卷9《修政语下》，《四库全书》，上海人民出版社光碟检索版1999年11月。
②《孟子·梁惠王上》，史仲文主编：《中华经典藏书》，北京出版社1999年版，第1121页。
③《论语·尧曰》，史仲文主编：《中华经典藏书》，北京出版社1999年版，第1119页。

统治地位的既成事实，赋予其合法性。不仅如此，对于他们欲兼天下的野心也以"不嗜杀人者能一之"的方式予以认同。有了这个态度，统治者与儒者就有了对话的基础。

（三）荀子之尊君

荀子为儒家尊君意识的树立提供了重要的理论根据，不但证明了尊君之合理，更说明了君主掌握和行使最高权力之必要。荀子提供的理论根据有：

第一，人性恶。荀子说："今人之性恶，必将待师法然后正，得礼义然后治。今人无师法，则偏险而不正；无礼义，则悖乱而不治。古者圣王以人之性恶，以为偏险而不正，悖乱而不治，是以为之起礼义、法制度，以矫饰人之情性而正之，以扰化人之情性而导之也。使皆出于治，合于道者也。"[①]人性恶才需要君主出面矫治，君主矫治"性恶"，理应掌握无限之权力，令众人服从。荀子称矫治者是"圣王"，但"圣"是套话，虚不可及，行使权力的君王才是实的。

第二，人群论。荀子说："人力不若牛，走不若马，而牛马为用，何也？人能群，彼不能群也。"为战胜环境，人类需要组成群体。"人何以能群？曰：分。分何以能行？曰：义。""义"就是"礼"。荀子将"礼""义"并称，即是说

[①]《荀子·王制》，史仲文主编：《中华经典藏书》，北京出版社1999年版，第1291页。

要形成群体必须有"礼"或"义"。"故人生不能无群，群而无分则争，争则乱，乱则离，离则弱，弱则不能胜物。"形成"群"，"不可少顷舍礼义之谓也"。"礼义"就是"群"道。"礼义"由君主操作，通过君主行使最高权力得以实现。所以荀子说："君者，善群也。"①"人君者，所以管分之枢要也。"②

　　第三，人法论。荀子说："有乱君，无乱国，有治人，无治法。""故法不能独立，类不能自行，得其人则存，失其人则亡。法者，治之端也；君子者，法之原也。故有君子，则法虽省，是以遍矣；无君子，则法虽具，失先后之施，不能应事之变，足以乱矣。"③法由人操作，人重于法，有恰当之人甚至可省法。这类说法为君逾越法规，任行己意提供了空间，令其听来颇感顺耳。

　　第四，礼本论。荀子论礼重等级之分。"分莫大于礼"④，"礼者，贵贱有等，长幼有差，贫富轻重皆有称者也"⑤。在礼的差等中，君主地位最高，这是由支撑"礼"的三个根本所决

① 《荀子·富国》，史仲文主编：《中华经典藏书》，北京出版社1999年版，第1247页。
② 《荀子·富国》，史仲文主编：《中华经典藏书》，北京出版社1999年版，第1247页。
③ 《荀子·君道》，史仲文主编：《中华经典藏书》，北京出版社1999年版，第1256页。
④ 《荀子·帅相》，史仲文主编：《中华经典藏书》，北京出版社1999年版，第1260页。
⑤ 《荀子·富国》，史仲文主编：《中华经典藏书》，北京出版社1999年版，第1247页。

定的。"礼有三本：天地者，生之本也；先祖者，类之本也；君师者，治之本也。"①"君师"与天地先祖相论列，而天地先祖空洞无言，真正起作用的是"君师"。"师"由"君"定、"君"认同，所以实际能行使权力的只有"君"。所以"礼"之"三本"其实就是"礼"之一"本"——君。不仅如此，把"君"的地位抬到众人普遍敬畏的"天地"、"先祖"高度，蕴涵着把"君"神化的倾向。荀子说，"效止乎天子"②，只有天子才能祭天，这是赋予天子人间教主之位。既然君主近乎神，基本上是不能被推翻的。荀子没有忘记儒家"道"本位的原则，引用了古书："传曰：'从道不从君。'"③并肯定了汤武之夺杀："夺然后义，杀然后仁，上下易位然后贞，功参天地，泽被生民，夫是之谓权险之平，汤、武是也。"④但仔细辨析，荀孟仍有差别。孟子说的"易位"是眼前贵戚之卿做的，荀子则把可"易位"者推到久远高大难以企及的汤武。推翻昏暴之君在孟子那里是随时可行的现实之举，而在荀子这却成了抽象难及的玄理。齐宣王在孟子面前可"勃然变乎色"，而在荀子面前用不着担心，因为汤武式的圣人就像绝对标准的几何

---

① 《荀子·礼论》，史仲文主编：《中华经典藏书》，北京出版社1999年版，第1256页。

② 《荀子·礼论》，史仲文主编：《中华经典藏书》，北京出版社1999年版，第1256页。

③ 《荀子·臣道》，史仲文主编：《中华经典藏书》，北京出版社1999年版，第1260页。

④ 《荀子·臣道》，史仲文主编：《中华经典藏书》，北京出版社1999年版，第1261页。

方圆，理论上有，现实中无。在现实中，臣如何事君？荀子说："事圣君者，有听从无谏争；事中君者，有谏争无谄谀；事暴君者，有补削无挢拂。迫胁于乱时，穷居于暴国，而无所避之，则崇其美，扬其善，违其恶，隐其败，言其所长，不称其所短，以为成俗。"①臣为了道的实现，忍耐、克制、承受屈辱，与昏暴之君相周旋。无论心绪如何，绝不改变君臣上下的格局，这种臣自然受君青睐。

第五，君臣分工论。荀子认为，君臣之间必有分工。从分工的角度讲，君主管人而不管事，而其他人都是从不同的层次和不同的角度守住自己的事，做好具体工作。"人主者，以官人为能者也；匹夫者，以自能为能者也。人主得使人为之，匹夫则无所移之。百亩一守，事业穷，无所移之也。今以一人兼听天下，日有余而治不足者，使人为之也。大有天下，小有一国，必自为之然后可，则劳苦耗瘁莫甚焉。如是，则虽臧获不肯与天子易执业。以是县天下，一四海，何故必自为之？为之者，役夫之道也，墨子之说也。论德使能而官施之者，圣王之道也，儒之所谨守也。传曰：农分田而耕，贾分货而贩，百工分事而劝，士大夫分职而听，建国诸侯之君分土而守，三公揔方而议，则天子共己而已矣。出若入若，天下莫不平均，莫不治辨，是百王之所同也，而礼法之大分也。"②君主如何管人？

①《荀子·臣道》，史仲文主编：《中华经典藏书》，北京出版社1999年版，第1261页。

②《荀子·王霸》，史仲文主编：《中华经典藏书》，北京出版社1999年版，第1252—1253页。

一是"论德使能"，即知人善任；一是"出若入若，天下莫不平均，莫不治辨"，即协调各方，天下内外平衡，各部分平衡。君主若巨细无所不管，就会像墨子所提倡的那样成为"役夫"。"故明主好要，而阇主好详；主好要则百事详，主好详则百事荒。"君主若无所管，就都能够管好；若无所不管，就都管不好。"君者，论一相，陈一法，明一指，以兼覆之，兼炤之，以观其盛者也。相者，论列百官之长，要百事之听，以饰朝廷臣下百吏之分，度其功劳，论其庆赏，岁终奉其成功以效于君。当则可，不当则废。故君人劳于索之，而休于使之。"①宰相列位于百官之长，君主只须抓住一个宰相。找宰相时很费力，找到宰相后由宰相指挥百官，君主可以省力。这些讲的虽然只是工作方法，但这种工作方法背后隐含的思维逻辑仍是尊君。

第六，人主当居富贵之极。荀子对统治者的巨大贪心未加非议，承认其正常。"夫贵为天子，富有天下，兼制人，人莫得而制也，是人情之所同欲也，而王者兼而有是者也。重色而衣之，重味而食之，重财物而制之，合天下而君之；饮食甚厚，声乐甚大，台榭甚高，园囿甚广，臣使诸侯，一天下，是又人情之所同欲也，而天子之礼制如是者也。制度以陈，政令以挟；官人失要则死，公侯失礼则幽，四方之国有侈离之德则必灭；名声若日月，功绩如天地，天下之人应之如景响，是又

---

① 《荀子·王霸》，史仲文主编：《中华经典藏书》，北京出版社1999年版，第1254页。

人情之所同欲也，而王者兼而有是者也。故人之情，口好味而
臭味莫美焉，耳好声而声音莫大焉，目好色而文章致繁妇女莫
众焉，形体好佚而安重闲静莫愉焉，心好利而谷禄莫厚焉；合
天下之所同愿兼而有之，皋牢天下而制之若子孙，人苟不狂惑
戆陋者，其谁能睹是而不乐也哉！"①这里列举的人之本性通
情，既有穷奢极欲的生活，又有最大政治权力的追求，荀子认
为王者本该具备。

　　有了上述理论根据，荀子即非常明确地强调集权："权出
一者强，权出二者弱。"②"夫两贵之不能相事，两贱之不能相
使，是天数也。"③近代梁启超概括荀子之学术第一条就是"尊
君权"。尊君权自然大受专制君主欢迎，所以近代谭嗣同指
出：荀子"仅授君主以莫大无限之权"。"二千年之学，荀学
也。"④

① 《荀子·王霸》，史仲文主编：《中华经典藏书》，北京出版社1999年版，第
1253页。

② 《荀子·议兵》，史仲文主编：《中华经典藏书》，北京出版社1999年版，第
1264页。

③ 《荀子·富国》，史仲文主编：《中华经典藏书》，北京出版社1999年版，第
1243页。

④ 《仁学》，《谭嗣同全集》下册，中华书局1990年版，第337页。

二、儒道之可操作性

儒道除与君意结合外还要有可操作性。不但极少数最高统治者能操作，统治阶级中的中层甚至下层也能操作，否则儒道便不可行。由孔子到董仲舒，儒道的可操作性也在发展。

（一）孔子

子贡说："夫子之文章，可得而闻也；夫子之言性与天道，不可得而闻也。"[1]"性与天道"乃孔子最高境界，闻之尚不易，何况行之。孔子之道难行，当时人已有非议。晏婴在齐景公面前批评孔子："夫儒者滑稽而不可轨法；倨傲自顺，不可以为下；崇丧遂哀，破产厚丧，不可以为俗；游说乞贷，不可以为国。自大贤之息，周室既衰，礼乐缺有间。今孔子盛容饰，繁登降之礼，趋详之节，累世不能殚其学，当年不能究其礼。君欲用之以移齐俗，非所以先细民也。"[2]晏婴认为，儒者之学，不切实际，孔子学说太烦琐，不能用来治民。就是孔子的学生子路也说孔子"迂"，也承认"道之不行，已知之矣"。虽然如此，孔子仍不放弃道，对颜渊"夫道之不修也，是吾丑也。夫道既已大修而不用，是有国者之丑也"的说法赞

---

[1]《论语·公冶长》，史仲文主编：《中华经典藏书》，北京出版社1999年版，第1096页。

[2]《史记》卷47《孔子世家》，中华书局1959年版。

许有加。①

　　孔子在坚守道之理念的同时，也一直在追求道的实行。其表现是：第一，"无可无不可"。孔子说："不降其志，不辱其身，伯夷、叔齐与！"谓："柳下惠、少连，降志辱身矣，言中伦，行中虑，其斯而已矣。"谓："虞仲、夷逸，隐居放言，身中清，废中权。我则异于是，无可无不可。"②孔子守道，但做法并不拘执，可以根据情况灵活选择。孔子的灵活性特别表现在出仕上。他提出"天下有道则见，无道则隐"③，鄙视"陪臣执国命"的阳货，不愿与之见面，更不愿在阳货执国命时出仕。可当阳货以"怀其宝而迷其邦"不仁、"好从事而亟失时"不智、"日月逝矣，岁不我与"相劝，便答应出仕。④"公山弗扰以费畔，召，子欲往。子路不说，曰：'未之也已，何必会山氏之之也？'子曰：'夫召我者，而岂徒哉？如有用我者，吾其为东周乎？'"⑤公山弗扰是叛臣，又与阳货同谋，子路尚对之不屑，可孔子"为东周"，愿屈身往仕。晋国大夫范氏家臣佛肸以中牟畔，召孔子。孔子原来说过：

① 《史记》卷47《孔子世家》，中华书局1959年版。
② 《论语·微子》，史仲文主编：《中华经典藏书》，北京出版社1999年版，第1115页。
③ 《论语·泰伯》，史仲文主编：《中华经典藏书》，北京出版社1999年版，第1100页。
④ 《论语·阳货》，史仲文主编：《中华经典藏书》，北京出版社1999年版，第1113页。
⑤ 《论语·阳货》，史仲文主编：《中华经典藏书》，北京出版社1999年版，第1113页。

"亲于其身为不善者，君子不入也。"但孔子坚信自己"磨而不磷"、"涅而不缁"，仍欲前往。①正是因为有"无可无不可"的灵活性，儒道进入操作的道路就开通了。第二，将道具形化。老子之"道"由于不可状，殊难操作。孔子之道虽广大，但可做具体形态的描绘。只要有具体形态，就不怕找不到操作方法。子贡曰："如有博施于民而能济众，何如？可谓仁乎？"子曰："何事于仁！必也圣乎！尧、舜其犹病诸！"②道的具形就是"博施于民而能济众"。子贡质疑："管仲非仁者与？"而孔子却称赞管仲："管仲相桓公，霸诸侯，一匡天下，民到于今受其赐。微管仲，吾其被发左衽矣。"③道的具形又是管仲"尊王攘夷"。而如果说"博施于民而能济众"和"尊王攘夷"太高大，一般人不好操作，孔子也讲过容易操作的。"子适卫，冉有仆。子曰：'庶矣哉！'冉有曰：'既庶矣，又何加焉？'曰：'富之。'曰：'既富矣，又何加焉？'曰：'教之。'"④

总之，孔子之道虽难操作，但孔子本人有着强烈的操作愿望和利于操作的处事风格。这些愿望和风格对日后儒道用世有

①《论语·阳货》，史仲文主编：《中华经典藏书》，北京出版社1999年版，第1113页。
②《论语·雍也》，史仲文主编：《中华经典藏书》，北京出版社1999年版，第1098页。
③《论语·宪问》，史仲文主编：《中华经典藏书》，北京出版社1999年版，第1108页。
④《论语·子路》，史仲文主编：《中华经典藏书》，北京出版社1999年版，第1107页。

着深远的影响。

（二）孟子

孟子与孔子一样坚持至高理念，拒不迁就低层次的世事。梁惠王言利，他答"何必曰利"。滕文公咨询如何在齐楚大国间夹缝生存，他答周太王去邠。齐宣王对他稍有怠慢，他以不尊士为由拒不前去朝见。司马迁认为孟子"迂远而阔于事情"。"当是之时，秦用商君，富国强兵；楚、魏用吴起，战胜弱敌；齐威王、宣王用孙子、田忌之徒，而诸侯东面朝齐。天下方务于会合连衡，以攻伐为贤，而孟轲乃述唐、虞，三代之德，是以所如者不会。"[1]孟子虽然迂阔，但在道走向操作上超过孔子。

第一，以"可"为宜。对伯夷、伊尹，孟子大加赞颂。尤其是伯夷，孟子称他"圣人"、"百世之师"。[2]而伊尹"乐尧舜之道焉"，"非其义也，非其道也，禄之以天下，弗顾也；系马千驷，弗视也"。[3]孟子则赞许他"天民之先觉者"。然而，孟子仍不把他们与孔子相平列，认为两者"不同道"。孟

---

[1]《史记》卷74《孟子荀卿列传》，中华书局1959年版。

[2]《孟子·尽心下》，史仲文主编：《中华经典藏书》，北京出版社1999年版，第1155页。

[3]《孟子·万章上》，史仲文主编：《中华经典藏书》，北京出版社1999年版，第1155页。

子说："自生民以来，未有孔子也。"① "非其君不事，非其民不使；治则进，乱则退，伯夷也。何事非君，何使非民；治亦进，乱亦进，伊尹也。可以仕则仕，可以止则止，可以久则久，可以速则速，孔子也。皆古圣人也，吾未能有行焉；乃所愿，则学孔子也。"②齐国有一顶尖的廉士陈仲子，靠"身织屦，妻辟纑"换取生活物品。其为"齐之世家"，却以兄长的俸禄房屋取自他人，为不义之物，坚决不吃不住。一次，他吃了母亲宰的鹅，后得知此鹅乃兄长所收他人礼品，便跑出门去，呕出所食。孟子承认陈仲子廉，但又批评："仲子恶能廉？充仲子之操，则蚓而后可者也。夫蚓，上食槁壤，下饮黄泉。" "若仲子者，蚓而后充其操者也。"③这种廉缺乏可行性，即缺乏孔子之"可"，只能在蚯蚓身上存在，而人类不可能为这种廉而变成蚯蚓。孟子原则性很强，道不能谋，敢拒绝齐王的召见和挽留④，甚至不惧齐王"勃然变乎色"，提出"贵戚之卿"，"君有大过则谏；反覆之而不听，则易位"。⑤但为使善的扩充达到"可"，孟子仍能克己而就坡下驴。齐王说，

---

① 《孟子·公孙丑上》，史仲文主编：《中华经典藏书》，北京出版社1999年版，第1127页。

② 《孟子·公孙丑上》，史仲文主编：《中华经典藏书》，北京出版社1999年版，第1127页。

③ 《孟子·滕文公下》，史仲文主编：《中华经典藏书》，北京出版社1999年版，第1136页。

④ 《孟子·公孙丑上》，史仲文主编：《中华经典藏书》，北京出版社1999年版，第1129、1130页。

⑤ 《孟子·万章下》，史仲文主编：《中华经典藏书》，北京出版社1999年版，第1146页。

"寡人有疾，寡人好货"，"寡人有疾，寡人好色"。孟子没有简单批评"寡人有疾"如何不好，而是将齐王之"疾"与古圣王相附会。"昔者公刘好货"，"昔者太王好色"，以启发齐王好货好色"与百姓同之"。[①]孟子说梁惠王"施仁政于民，省刑罚，薄税敛，深耕易耨"[②]，但也反对税敛薄到不"可"的程度。商人白圭为魏相，欲减税收为"二十而取一"，征求孟子意见。孟子反对，认为野蛮落后国家"五谷不生，惟黍生之；无城郭、宫室、宗庙、祭祀之礼，无诸侯币帛饔飧，无百官有司，故二十取一而足也。今居中国，去人伦，无君子，如之何其可也"[③]。在中原发达地区，过分薄税敛会使制度、器物、道德文明无以维持，导致社会倒退。总之，"尽其心"推行善道不能不顾及"可"与"不可"。

第二，理想与量化计。孟子的仁政不但不脱离百姓的平凡生活，而且具体到以量化计算的程度。仁政必先"制民之恒产"，"恒产"之规模"必使仰足以事父母，俯足以畜妻子，乐岁终身饱，凶年免于死亡"。在魏国，"恒产"定量指标为"五亩之宅，树之以桑，五十者可以衣帛矣。鸡豚狗彘之畜，无失其时，七十可以食肉矣。百亩之田，勿夺其时，八口之家

---

① 《孟子·梁惠王上》，史仲文主编：《中华经典藏书》，北京出版社1999年版，第1123—1124页。

② 《孟子·梁惠王上》，史仲文主编：《中华经典藏书》，北京出版社1999年版，第1121页。

③ 《孟子·告子下》，史仲文主编：《中华经典藏书》，北京出版社1999年版，第115页。

可以无饥矣"[1]。在滕国谈对各种人的税收，其定量统计为"请野九一而助，国中什一使自赋。卿以下必有圭田，圭田五十亩，余夫二十五亩"[2]。人们多以孟子为理想家，政治主张颇多想象。然而即便想象，他也加以量化，"夏后氏五十而贡，殷人七十而助，周人百亩而，其实皆什一也"[3]。联系欧洲中世纪的十一税，伊斯兰王国十分之一的天课，可以认为孟子想象的税收比例与小农经济承受力是相称的，有可操作性。无论孟子的理想切合实际否，从工作方法上看，量化乃是思想进入操作层次的重要步骤。

（三）荀子

荀子没有像孟子那样被敬而远之。荀子在稷下三为祭酒，受范雎之邀访问秦国，受春申君之邀任楚兰陵县令。这些不但说明荀子学问高深，还说明荀子之儒道可行性超过孔孟。其表现如下：

第一，学术以功效为鹄的。荀子反对学问脱离功效。他说："为之无益于成也，求之无益于得也，忧戚之无益于几

---

[1]《孟子·梁惠王上》，史仲文主编：《中华经典藏书》，北京出版社1999年版，第1121页。

[2]《孟子·滕文公上》，史仲文主编：《中华经典藏书》，北京出版社1999年版，第1132页。

[3]《孟子·滕文公上》，史仲文主编：《中华经典藏书》，北京出版社1999年版，第1132页。

也，则广焉能弃之矣。"①"无用之辨，不急之察，弃而不治。"②惠施、公孙龙的逻辑学说虽"持之有故，其言之成理"，但荀子指责他们"好治怪说，玩琦辞，甚察而不急，多事而寡功……"③"天"玄而难知，孔子讲"五十而知天命"，"天命"什么样？没说。孟子讲"尽心"、"知性"、"知天"，三者之"知"没有具体标准。荀子则把知"天"落实在实际功效上。"其行曲治，其养曲适，其生不伤，夫是之谓知天"④，即讲功效的学术必重视操作。

第二，礼中含养。孔子强调"克己复礼"。荀子论礼也包含人的自我约束，但角度与孔子不同。后者不讲克制而讲"养"，"养"易令人接受。"故礼者，养也。刍豢稻粱，五味调香，所以养口也；椒兰芬苾，所以养鼻也；雕琢刻镂黼黻文章，所以养目也；钟鼓管磬琴瑟竽笙，所以养耳也；疏房檖貌越席床第几筵，所以养体也。故礼者，养也。"⑤在这里，礼不离耳目感官的物质享受，不脱离日常生活，便于操作。

第三，拆分的应物方法。初涉某物，须由部分而整体、由

---

① 《荀子·解蔽》，史仲文主编：《中华经典藏书》，北京出版社1999年版，第1286页。

② 《荀子·天论》，史仲文主编：《中华经典藏书》，北京出版社1999年版，第1271页。

③ 《荀子·非十二子》，史仲文主编：《中华经典藏书》，北京出版社1999年版，第1235页。

④ 《荀子·天论》，史仲文主编：《中华经典藏书》，北京出版社1999年版，第1271页。

⑤ 《荀子·礼论》，史仲文主编：《中华经典藏书》，北京出版社1999年版，第1256页。

片面而全面、由浅层而深层，所以需要将对象做一定的拆分。一个人的价值可拆分为优缺点；精神活动可拆分成认知、直觉、情感、心理几个层次；生理可拆分出循环、消化、分泌、生殖、呼吸、排泄几个系统。儒家之道大而玄，拆分才便于操作。荀子的特色之一是注意拆分。荀子在认识论逻辑学上的出色拆分笔者已有探讨①，笔者只列其政治伦理方面的拆分。荀子对儒者的划分，"有俗儒者，有雅儒者，有大儒者"②，还提到"陋儒"、"散儒、小儒"③、"腐儒"④。臣如何对待君命？荀子分为"顺"与"谄"，"忠"与"篡"及"国贼"。对"礼稷之臣"的事君方式分解为"谏"、"争"、"辅"、"拂"。⑤对臣之忠君的程度划分"有大忠者，有次忠者，有下忠者，有国贼者"⑥。关于"礼"，荀子分解为"礼"之所起，"礼"之养，"礼"之别，"礼"之本，"礼"之理及"礼"之"用"，"礼"之"文"、"异"、"要"。⑦对象不同，应

---

① 方尔加：《公孙龙——邯郸民众的骄傲》，《邯郸师专学报》2003年第1期。
② 《荀子·儒效》，史仲文主编：《中华经典藏书》，北京出版社1999年版，第1240页。
③ 《荀子·劝学》，史仲文主编：《中华经典藏书》，北京出版社1999年版，第1224页。
④ 《荀子·帅相》，史仲文主编：《中华经典藏书》，北京出版社1999年版，第1233页。
⑤ 《荀子·臣道》，史仲文主编：《中华经典藏书》，北京出版社1999年版，第1260页。
⑥ 《荀子·臣道》，史仲文主编：《中华经典藏书》，北京出版社1999年版，第1261页。
⑦ 《汉书》卷56《董仲舒传》，第1277—1278页。

对方式不同，具体问题具体分析。到荀子这里，儒道的用世通道即将打通。

（四）董仲舒

中国天下一统以后，儒家的道本位与君主的君本位矛盾依旧，但是，为了用世，儒家仍在解决这个矛盾。特别是董仲舒，在解决这个矛盾上有非常重大的突破，直接导致了汉武帝"罢黜百家，独尊儒术"，使儒家之道最终可行。董仲舒对儒家之道用世的推动包括两点：

第一，将尊君观念推到新的高度。先秦的分裂局面及统一后中国的数次分裂动荡使儒生们意识到，统一是儒家之道用世的基本条件。天下分裂，战事频繁，统治者只能够先顾战事，再好的君主对儒家之道也无暇顾及；天下统一，文治为主，再坏的君主也能够给儒者说话的机会。秦始皇以暴虐法苛著名，但仍给齐儒淳于越说话的机会，封泰山前仍"与鲁诸儒生议"。[①]刘邦打天下时，汲汲于"大事"，无暇会儒，对来访儒者简慢无礼。叔孙通等儒者不得不脱儒服换楚服；面君只能进计谋，不能言儒道。只有到天下统一后，才有机会施展其儒者方面的才能。加之儒家原有"天下有道，则礼乐征伐自天子出"之说，故而保持天下一统成为儒者关注的重中之重。这一

---

① 《史记》卷六《秦始皇本纪》，中华书局1959年版。

统的社会秩序首先集中体现在君臣上下的等级上。司马光甚至把它抬到道之上的位置。对孟子的君有过不改"贵戚之卿"，"则易位"之说，司马光反驳道："为卿者无贵戚异姓，皆人臣也。人臣之义谏于君而不听，去之可也，死之可也。若之何以贵戚之故，敢易位而处也。孟子之言过矣。"①司马光的话听来是对儒家从道不从君的反动。可是，处在刚刚经历了唐代藩镇之祸、五代十国之乱的北宋，司马光之言完全可以理解。连朱熹这样的大儒也以天下一统为最重要。他说："只天下为一，诸侯朝觐，狱讼皆归，便足得正统。"②因此可以看出，司马光、朱熹关注的不是用什么方式统一天下，而是只要能够统一天下就行。西汉初期，刚刚经历春秋战国大乱、秦末大乱、楚汉相争，人们对天下安定的渴望怎样形容都不过分。天下安定只能通过君主专制来实现，儒道的实现也只能以专制君主为平台。所以，秦以后的儒家不再像孔孟公开用道德约束君主，而是更加强调尊君，认同君主集权的强化。

但是，尊君也有层次的问题。社会文明结构可分为物质文明、制度文明和精神文明三个层次。精神文明包括政治法律思想、道德、艺术、哲学、宗教以及其他非意识形态的观念，其中哲学、宗教层次最高。以往，尊君者多停留在物质和制度层

---

① 司马光：《传家集》卷73《疑孟·齐宣王问卿》，《四库全书》，上海人民出版社光碟检索版1999年11月。
②《朱子语类》卷105，《四库全书》，上海人民出版社光碟检索版1999年11月。

次，君的尊贵只停留在物质上享用最厚，制度上权力最大。尊君者多是贪于利禄，畏于刑罚，而从内心道德信念出发尊君者只是少数儒者。天下统一后，专制君主急需天下人精神上的认同。秦末陈胜、吴广振臂一呼，天下上至豪贵下至细民莫不响应，因为秦统治未得到人们精神上的认同。吕氏之乱周勃能夺得北军及其他部队制权，因为士兵们精神上认同刘氏。吴楚七国之乱迅速瓦解也因为天下多认同中央不认同叛军。正如公孙弘向汉武帝对策时所说："气同则从，声比则应。今人主和德于上，百姓和合于下，故心和则气和，气和则形和，形和则声和，声和则天地之和应矣。"①故天下统一后，统治者有意无意地开始关注人们的信念问题，渴求精神上受尊。

　　刘邦打入关中，接受秦王子婴投降，还军霸上，安抚秦民："父老苦秦苛法久矣，诽谤者族，偶语者弃世。"②秦法苛在哪？笔者以为，不仅在烦细，更在于有思想罪。"诽谤"、"偶语"最能表现内心所趋。秦始皇设防设到民众内心说明专制君主已不满足于因人好利恶害之心而用之，更希望精神上对自己的认同。秦始皇巡视、刻石纪功、祭泰山等皆出于此意。刘邦曾险为项羽部将丁公所擒，在刘邦乞求下丁公放他一马。后刘邦称帝丁公前来谒见，刘邦不但不报恩，反而斩杀，理由是"丁公为项王不忠，使项王失天下"。③这是为培养人们

① 《汉书》卷58《公孙弘传》，中华书局1959年版。
② 《史记》卷8《高祖本纪》，中华书局1959年版。
③ 《史记》卷100《季布栾布列传》，中华书局1959年版。

精神上尊君意识而不顾私德。汉初搞造神运动，说刘邦是龙的
儿子，其斩白蛇乃是以赤帝子杀白帝子，他所到之处天空云呈
五彩。这些传说的流行未必没有刘邦施加的影响。刘邦还公开
把自己升入天帝行列。《史记》载：刘邦东击项羽返回关中
时曾问："故秦时上帝祠何帝也？"对曰："四帝，有白、
青、黄、赤帝之祠。"刘邦说："吾闻天有五帝，而有四，何
也？"答者不知。刘邦说："吾知之矣，乃待我而具五也。"
乃立代表自己的"黑帝祠，命曰北畤"。①

　　但是汉王朝在精神上被尊的问题并没有真正解决。且不说
民间自我神化者不少，君主与民间的冲突在价值观念上也表现
得日益明显。一些行侠之人，贫无权势，甚至干犯法令，蔑视
官府，却颇得人心。汉高祖时的朱家，"家亡余财"，"自关
以东，莫不延颈愿交"。汉景帝时的剧孟，死时"家无十金之
财"，"然孟母死，自远方送丧盖千乘"。汉武帝时的郭解，
其父是罪犯，汉文帝时被诛。其本人少年时杀人、盗铸钱、掘
坟，犯法事不可胜数。及其年长，行侠仗义，受众人仰慕，被
迁入关时"关中贤豪知与不知，闻声争交欢"，被官府通缉时
处处受民间保护。②游侠成名于天下不靠财势，更不靠造神，靠
的是其价值观念被人认同。

　　所以君之尊除造神外还要有价值的认同。尊君、造神、价

①《史记》卷28《封禅书》，中华书局1959年版。
②《汉书》卷92《游侠传》，中华书局1959年版。

值观三者最好同步解决。汉武帝的策问，就包含这三者："伊
欲风流而令行，刑轻而奸改，百姓和乐，政事宣昭，何修何饰
而膏露降，百谷登，德润四海，泽臻草木，三光全，寒暑平，
受天之祜，享鬼神之灵，德泽洋溢，施乎方外，延及群众？"①
其中，"风流令行，刑轻而奸改"、"德润四海"、"德泽
洋溢"，关乎道德之尊；"受天之祜，享鬼神之灵"是自我神
化。董仲舒做到了三者。关于造神，董仲舒说："王者必受命
而后王。"②受谁的命？"天"。他说："唯天子受命于天，天
下受命于天子。"③"天子之号天之子也。"④"王者承天意以
从事。"⑤董仲舒对君主的神化不同于刘邦之流的巫觋杂术，
而是更高层次的理性之神。据应劭《风俗通义》卷九载："武
帝时迷于鬼神，尤信越巫。董仲舒数以为言武帝欲验其道。令
巫诅仲舒，仲舒朝服南面诵经论，不能伤害而巫者忽死。"⑥
这个记载的真实程度尚待考证，但有一点是真实并且十分重要
的，即董仲舒的神不是巫觋杂神，而是高档次神。所高者第
一，"天"是至上之神。董仲舒说："天者，百神之大君也。

① 《汉书》卷56《董仲舒传》，中华书局1959年版。
② 《春秋繁露·三代改制文第二十三》，史仲文主编：《中华经典藏书》，北京出版社1999年版，第1340页。
③ 《春秋繁露·为人者天第41》，史仲文主编：《中华经典藏书》，北京出版社1999年版，第1357页。
④ 《春秋繁露·郊祭第67》，史仲文主编：《中华经典藏书》，北京出版社1999年版，第1373页。
⑤ 《汉书》卷56《董仲舒传》，中华书局1959年版。
⑥ 《风俗通义》卷9，《四库全书》，上海人民出版社光碟检索版1999年11月。

事天不备，虽祀百神犹无益也。"①"天"乃至上之神，为"百神"依归，其在神灵世界的至上性自然包含"天"之子君主在人间地位的至上性；第二，"天"被理性为道德法则。董仲舒说："天者群物之祖也，故遍覆包函而无所殊，建日月风雨以和之，经阴阳寒暑以成之。"②"天"为万物之祖，对万物"包函"之、"和"之、"成"之，其德至美。董仲舒还说："天道之大者在阴阳。阳为德阴为刑，刑主杀而德主生。是故阳常居大夏，而以生育养长为事；阴常居大冬，而积于虚空不用之处。以此见天之任德不任刑也。"③"天"行儒道，君主受命于天，亦行儒道，注重道德。董仲舒说："圣人法天而立道，亦溥受而亡私，布德施仁以厚之，设谊立礼以导之。"④君主法天行道成为最高道德理念的体现，而天下人价值观念虽千差万别，但都应以君主道德为本。董仲舒说："臣谨案《春秋》谓一元之意，一者万物之所从始也，元者辞之所谓大也。谓一为元者，视大始而欲正本也。《春秋》深探其本，而反自贵者始。故为人君者，正心以正朝廷，正朝廷以正百官，正百官以正万民，正万民以正四方。四方正，远近莫敢不壹于正。"⑤

由上可知，董仲舒尊君是把君主与至上的理性之神相连

---

①《春秋繁露·郊语第65》，史仲文主编：《中华经典藏书》，北京出版社1999年版，第1372页。

②《汉书》卷56《董仲舒传》，中华书局1959年版。

③《汉书》卷56《董仲舒传》，中华书局1959年版。

④《汉书》卷56《董仲舒传》，中华书局1959年版。

⑤《汉书》卷56《董仲舒传》，中华书局1959年版。

接，同时将君升格为天下道德之本，使其既可畏又可敬。这样的尊君超越了物质和制度文明，达到精神文明层次，而且是精神文明中的顶尖——哲学和宗教。所以董氏尊君达到了先秦以来的高峰，汉武帝未必完全领会董仲舒的理论，但仅从表层应该感受到董氏尊君的分量。或许这是其罢黜百家、独尊儒术的重要原因之一。

第二，进一步打通儒道理论进入实际的通道。儒道除与君意结合外还要有可操作性。不但极少数最高统治者能操作，统治阶级的中层甚至下层也能操作。这需要打通理论进入实际的通道。董仲舒推动了这个通道的打通。

汉初，天下百废待兴。儒道必须寓于人们普遍关注的具体问题的解决之中，否则无法被社会接受。可是，汉前期，具备这一素质的儒者少得可怜。司马迁说："夫儒者以六艺经传以千万数，累世不能通其学，当年不能究其礼。故曰：'博而寡要，劳而少功。'"①汉高祖屡屡贬儒者，张口"腐儒"、闭口"竖儒"，留下了溺儒冠的历史污点。武帝时窦太后也批评儒者"文多质少"。②专制君主并非刻意排儒，只是儒生们解决具体问题的能力太弱。秦始皇祭泰山时随从者有"齐鲁之儒生博士七十人"，议论方案"各乖异，难施用，由此黜儒生"③；"汉武帝"议欲仿古巡狩封禅之事，诸儒对者五十余人，未能

①《汉书》卷62《司马迁传》，中华书局1959年版。
②《汉书》卷46《万石君传》，中华书局1959年版。
③《汉书》卷25《效祀志》，中华书局1959年版。

有所定。①祭祀礼仪本是儒者所长，连这件事也不能有所为，其他事更难承担。武帝朝博士狄山自称"愚忠"，指责擅长解决实际问题的御史大夫张汤是"诈忠"。武帝作色问："吾使生居一郡，能无使虏入盗乎？"狄山老实回答："不能。"再问"居一县？"答："不能。"又问："居一嶂间（要塞）？"狄山自度再说不能难容于上，只好答"能"，武帝"乃遣山乘嶂（即为要塞司令）。至月余，匈奴斩山头而去"。②狄山失败之事说明，儒者想立足于朝必须具备在具体事物的解决中行道的素质。

当然，也有少数儒者因时达变，有所获取。史载："汉王已并天下，诸侯共尊为皇帝于定陶，通就其仪号。高帝悉去秦仪法，为简易。群臣饮争功，醉或妄呼，拔剑击柱，上患之。（叔孙）通知上厌之，说上曰：'夫儒者难与进取，可与守成。臣愿征鲁诸生，与臣弟子共起朝仪。'"③天下初定，众臣野而无文，叔孙通看出向人主进儒的时机已到。得到刘邦允许，叔孙通率三十弟子调教众臣月余。"汉七年长乐宫成，诸侯朝十月"，群臣皆按儒者所调教行礼，"自诸侯王莫不震恐肃敬"，"竟朝置酒，无敢讙哗失礼者"。刘邦喜不自胜，"曰：吾乃今日知为皇帝之贵也。"④叔孙通及弟子受重赏。

①《汉书》卷58《儿宽传》，中华书局1959年版。
②《汉书》卷59《张汤传》，中华书局1959年版。
③《史记》卷99《叔孙通传》，中华书局1959年版。
④《汉书》卷43《叔孙通传》，中华书局1959年版。

叔孙通所行之儒只是浅薄的仪节，属器物制度层次，谈不上个"道"字。然而，司马迁称他为"汉家儒宗"[①]。后人无人认同，当时有儒者诟其"面谀以亲贵"。[②]笔者以为，无论其动机如何，叔孙通仍可称为"汉家儒宗"。

前已说过，秦汉开国，儒要被人主接受首先须能解决具体问题，为人主分忧。可多数儒生泥古不化，空谈教条，脱离实际，遭君主厌弃。叔孙通能随事就物，与时俱进，受人主青睐将儒转化成现实，虽所行之儒浅陋，但毕竟是用儒解决问题的开始。儒循此路，儒道用世之门方开。汉代需要大量能解决实际问题的儒。汉武帝时，儒者儿宽深入基层，能用儒道解决具体问题，成效颇为可观。[③]史载："宽既治民，劝农业，缓刑罚，理狱讼，卑体下士，务在于得人心；择用仁厚士，推情与下，不求名声，吏民大信爱之。宽表奏开六辅渠，定水令以广溉田。收租税，时裁阔狭，与民相假贷，以故租多不入。后有军发，左内史以负租课殿，当免。民闻当免，皆恐失之，大家牛车，小家担负，输租襁属不绝，课更以最。上由此愈奇宽。"[④]儿宽习《尚书》，能领会儒道精神，化为操作能力，解决百姓的水利、税收、救急等生产生活的具体问题，使儒家之道于治内深入百姓，既受百姓拥戴，又得人主首肯。其可示诸

①《汉书》卷43《叔孙通传》，中华书局1959年版。
②《汉书》卷43《叔孙通传》，中华书局1959年版。
③《汉书》卷59《张汤传》，中华书局1959年版。
④《汉书》卷58《儿宽传》，中华书局1959年版。

儒者是将抽象的儒家之道与民众具体问题的解决相结合。还有一种人虽非儒者，但也企图在具体问题的解决中揉进儒道。张汤是其中之一。史载："是时，上方乡文学，汤决大狱，欲博古义，乃请博士弟子治《尚书》、《春秋》，补廷尉史，平亭疑法。"①朝廷如有大议，张汤还受武帝派遣登董仲舒门讨教。张汤的个人动机无须讲求，从外表看，他与儿宽异曲同工。

儒道的广泛推行需要大量儿宽、张汤，而大量儿宽、张汤的出现有赖于儒生们学风的转变。董仲舒是这一转变的重要促成者。董仲舒学术的特点是形上与形下有机结合。

第一，形上不脱离形下。董仲舒治《公羊春秋》，而在儒家诸经中《春秋》是史，其本身就有寓事明道之特征。董仲舒说："六学皆大，而各有所长。""《春秋》正是非，故长于治人。""《书》着功，故长于事。"②《书》所着之"功"所长之"事"是宏观的；《春秋》"正是非"具体到"治人"，故应是微观的。荀子说："故《书》者，政事之纪也。"③"政事"则属宏观。又说："《诗》、《书》之博也，《春秋》之微也。"④"微"指微妙，事物之间的差别表现不明显才谈得上

①《汉书》卷59《张汤传》，中华书局1959年版。

②《春秋繁露·玉杯第二》，史仲文主编：《中华经典藏书》，北京出版社1999年版。

③《荀子·劝学》，史仲文主编：《中华经典藏书》，北京出版社1999年版，第1223页。

④《荀子·劝学》，史仲文主编：《中华经典藏书》，北京出版社1999年版，第1223页。

微妙。《春秋》大义在事物不明显的差异中表现，故曰"微言大义"。既然差异不明显，要体会其中的"大义"就必须将事物具体情形透彻了解，如郑庄公陷害弟弟共叔段。其表面举措爱弟，细察事情初始每一迹象，可体会他对共叔段一直不怀好意。《春秋》可谓形上寓于形下的出色教科书。所以与董氏同时代的张汤、公孙弘等也重视《春秋》。董仲舒民间决狱，就在民间鸡吵鹅斗的细事中谈《春秋》大义。《太平御览》卷之六百四十载："董仲舒决狱曰：甲父乙与丙争言相斗。丙以佩刀刺乙，甲即以杖击丙，误伤乙。甲当何论？或曰：'殴父也枭首。'议曰臣愚以父子至亲也，闻其斗莫不有怵怅之心扶伏而救之，非所以欲诟父也。春秋之义，许止父病进药于其父而卒。君子原心赦而不诛。甲非律所谓殴父也不当坐。"又曰："甲夫乙将船，会海盛风，船没溺流，死亡不得葬四月。'甲母丙即嫁甲欲当何论？或曰：甲夫死未葬，法无许嫁，以私为人妻当弃世。'议曰：臣愚以办，春秋之义'言夫人归于齐'，言夫死无男有更嫁之道也。妇人无专刺擅恣之行，听从为顺嫁之者归也。甲又尊者所嫁，无淫衍之心，非私为人妻也。明于决事者，皆无罪名，不当坐。"①关于董仲舒决狱，汉书艺文志录《公羊董仲舒治狱》十六篇，隋书经籍志列其《春秋决事》十卷，今皆亡佚。可见，董氏不是空谈家而是关注实际、处事能力很强者，故能将春秋大义寓于民间纠纷的处理中。

①《四部丛刊》，书同文数字化技术有限公司光盘版1998年2月。

第二，形下隐含形上。董仲舒将儒道运用于具体事物的同时，又从具体事物中提取出《春秋》大义。种不种麦本属农民技术和生产经营问题，董仲舒将其提到《春秋》之义的高度。他上书说："《春秋》他谷不书，至于麦禾不成则书之，以此见圣人于五谷最重麦与禾也。今关中俗不好种麦，是岁《春秋》之所重，而损生民之具也。"①元光元年二月京师雨雹。董仲舒答鲍敞雨雹之理认为，雹生于阴阳之气不调。"政多纰缪，则阴阳不调，风发屋，雨溢河，至牛目雹杀驴马，此皆阴阳相荡而为褈沴之妖也。"②雹隐含阴阳之道，阴阳协调与否牵乎人主政治，董仲舒这里不免陷入牵强附会，以致以附会辽东高园雷击之事而被加罪。但这种形下之事体会形上之道的思路在当时是可贵的。

经过董仲舒形上之道与形下之事的结合，儒道与民众生活的通道被打开了。董仲舒的方法具有可学性，可操作性，可推广性，能培养出无数个儿宽、张汤类型的官吏，使儒道走出书斋遍行于社会。刘向评价"董仲舒有王佐之材，虽伊、吕亡以加，管晏之属，伯者之佐殆不及也"。刘向之子刘歆承认董仲舒潜心儒学"令后学者有所壹统，为群儒首"，但不同意乃父所云"管、晏弗及伊、吕不加"。③笔者以为，就儒家之道由不可行到可行来说，刘向对董仲舒的评价并不过分。西汉以后，

---

① 《汉书》卷24上《食货志上》，中华书局1959年版。
② 《汉魏六朝百三家集》卷3《董子全书·雨雹对》，中华书局1959年版。
③ 《汉书》卷56《董仲舒传》，中华书局1959年版。

儒臣、儒士累世经学的家族、奉行儒道的气节之士大量起于民间，乃至东汉后期形成强大的社会势力。这些固然是由于专制君主的提倡，但董仲舒对专制帝王的影响和贯通形上形下的思维方式对社会的影响，无疑有着不可磨灭的贡献。

第十讲
儒家与封建统治者的激战

经过几代儒者的努力，儒家思想终于被统治者和民众所接受，走出了书斋。但是，儒家与专制君主的斗争并没有结束，而是方式翻新，程度日趋激烈。

董仲舒赋予专制君主以教主的地位，使其地位之尊无以复加。但是，董仲舒仍然不忘与专制君主的抗争。他在鼓吹君权神授的同时，坚持神权压倒君权。他说："天人相与之际，甚可畏也。国家将有失道之败，而天乃先出灾害以谴告之，不知自省，又出怪异以警惧之，尚不知变，而伤败乃至。以此见天心之仁爱人君而欲止其乱也。"[①]董仲舒用来压倒专制君主的至

---

① 《汉书》卷56《董仲舒传》，中华书局1962年版。

上神的“天”，其内涵是什么？他说：“天道之大者在阴阳。阳为德，阴为刑；刑主杀而德主生。是故阳常居大夏，而以生育养长为事；阴常居大冬，而积于空虚不用之处。以此见天之任德不任刑也。”[①]董仲舒的缘象比附的思维方式是可笑的，但政治意图是明确的，“天”的内涵就是儒家讲仁爱（“阳”）的伦理道德，专制君主必须按照儒家道德行事。学术界许多人把董仲舒的思想归结为谶纬神学，这是天大的误会，也是对董仲舒的贬低。谶纬神学属于马屁神学，专门为专制君主的举措寻找合理化的根据和理由，而董仲舒则是想方设法论证儒家理念的至上性，特别是强调对专制君主的压倒性。董仲舒之后，儒家与专制君主的斗争经历过两次大的历程。

一、东汉后期的党锢之祸

东汉桓帝时期，以李膺、陈蕃为首的官僚集团，与以郭泰为首的太学生联合起来，猛烈抨击宦官的黑暗统治。他们抨击宦官，实质上就是抨击利用宦官恣意妄为的皇帝。宦官们是在支持皇帝反对外戚专权的斗争中，取得了皇帝的信任和重用。宦官郑众因翦除窦氏外戚有功，被和帝封为鄛乡侯，参与

① 《汉书》卷56《董仲舒传》，中华书局1962年版。

政事。郑众死后，其养子继任，打破了宦官不能世袭爵位的旧制。在打击梁氏外戚集团之后，桓帝为了酬谢宦官，一天之内就封单超、徐璜等五人为县侯，世称"五侯"。[①]皇帝为了一己私利，不顾朝纲，一个劲儿地笼络宦官。

汉灵帝竟多次不知羞耻地声称，张常侍（张让）是我的父亲，赵常侍（赵忠）是我的母亲。连主奴关系也颠倒了。

宦官也利用接近皇帝的便利条件，假传圣旨，飞扬跋扈，勾结一些甘心投靠的官绅，到处安插亲信，在中央和地方培植自己的势力，形成了一个强有力的政治集团。他们还到处抢掠，兼并土地。中常侍侯览"侵犯百姓，劫掠行旅"，曾夺人宅舍三百八十一所，土地一百一十八顷。其兄任益州刺史，"民有丰富者，辄诬以大逆，皆诛灭之，没入财物，前后累亿计"[②]。与皇帝支持的暴发户——宦官集团不同，活跃在东汉政治舞台上有一大批运行于正规体制之内的人士，即官僚和儒生。东汉初年，刘秀注意整顿吏治，他利用兴办学校和乡堂里选等方式，培养和选拔读书人进入各级政权机构，使儒生们进入体制。顺帝时修起太学，儒生群体发展很快，到质帝时太学生人数已增至三万多。各地儒生数量更多，在郡国和私人精舍中就学的人数，至少也有七八万。进入官僚队伍的儒臣凭着孝廉、征辟、策对等正途做官，以"清流"标榜自己，对宦官及

① 《后汉书》卷78《宦者列传》，中华书局1965年版。
② 《后汉书》卷78《侯览传》，中华书局1965年版。

其门徒等破坏体制的"浊流"是看不起的。儒臣及其后备力量与皇帝支持的宦官集团斗争的方式有以下几种：

（一）高擎体制旗帜，犯颜直谏

正直官吏们向皇帝上书，指斥宦官对体制的破坏。桓帝时"五侯"专权，在朝的许多官僚上书，寄希望于桓帝。官僚集团中的头面人物杨秉、陈蕃、李膺等多次搬出"高祖之约"和汉家"旧典"苦谏，希望桓帝"遵用旧章，退贪残，塞灾谤"①，罢斥"权倾海内，贵宠无极"的宦官集团。这时桓帝已是宦官手中的傀儡，官僚的上书苦谏不仅无效，而且还会招来杀身之祸。李云在上书中说了"是帝欲不谛乎"②，这样一句话，刺痛了桓帝，因而获罪死在狱中。陈蕃、杨秉因为替李云伸冤，也被罢官撤职。

（二）广造舆论

成千上万的太学生聚集在一起，他们议论朝政，指斥宦官，太学变成了抨击宦官的舆论阵地。太学生与各州郡的学生相联系，与官僚相呼应。勾结宦官的张牢修上奏诬称李膺"养太学游士，交结诸郡生徒，更相驰驱，共为部党，诽讪朝廷，疑乱风俗"③。儒生还利用风谣大造舆论。汉代风谣，其中包含

---

①《后汉书》卷54《杨秉传》，中华书局1965年版。

②《后汉书》卷57《李云传》，中华书局1965年版。

③《后汉书》卷67《刘淑等传》，中华书局1965年版。

着对某个人德行学业所作的一种评价，它采用简短的韵语，上
口易记。朝廷每年派人到各地采集风谣，以此作为选拔官吏的
一个标准。官僚和儒生利用风谣品评人物，同宦官进行斗争，
在当时叫"清议"。善于"清议"的人被视为天下名士，他们
对人物的褒贬往往能够左右乡里的舆论，因而也就影响到一个
人的官运前程。他们对不畏权贵的人，如李膺、陈蕃、王畅的
评价很高："天下模楷李元礼，不畏强御陈仲举，天下俊秀王
叔茂。"因此，"自公卿以下，莫不畏其贬议，屣履到门"①。

（三）发动学潮

以发动学潮的形式进行斗争，早在东汉末期就出现了。冀
州刺史朱穆打击横行州郡的宦官党羽反遭报复，太学生为此愤
愤不平。公元153年，刘陶率领数千名太学生为搭救朱穆而掀
起了一次学潮。他们向皇帝上书，痛斥宦官为虎狼，表示愿代
朱穆受刑。迫于压力，桓帝释放了朱穆。②公元162年，因为宦
官诬陷对羌人作战有功的皇甫规，并把他下狱，又激怒了太学
生。于是，张凤又率三百多太学生再次闹学潮，迫使桓帝赦免
皇甫规。③

---

①《后汉书》卷67《刘淑等传》，中华书局1965年版。
②《后汉书》卷43《朱晖等传》，中华书局1965年版。
③《后汉书》卷65《皇甫规等传》，中华书局1965年版。

（四）利用权力弹劾镇压

　　一些在朝的正直官吏利用合法的权力，直接打击镇压宦官及其党羽。公元165年，太尉杨秉揭发益州刺史侯参的残暴罪行，侯参畏罪自杀。杨秉进而弹劾其兄大宦官侯览，桓帝没有办法，只好免掉侯览的官职了事。[①]同年，司隶校尉韩演告发"五侯"之一的左悺及其兄左称"请托州郡，聚敛为奸，宾客放纵，侵犯吏民"的罪行，左悺、左称也都畏罪自杀。[②]在同宦官斗争中，态度最坚决的要数李膺。他在复官之后，把贪残无道的大宦官张让之弟处死，轰动了京城，也吓坏了宦官。此后，宦官"皆鞠躬屏气，休沐不敢复出宫省。帝怪问其故，并叩头泣曰：'畏李校尉。'"[③]

　　官僚、儒生集团的斗争，给宦官以很大的威胁。因此，宦官集团寻机进行报复。公元166年，宦官集团对党人发动了一次大规模的迫害行动，其导火线是张成事件。方士张成与宦官来往密切，因事先知道朝廷将要大赦，故怂恿儿子杀人。当时任河南尹的李膺却不顾赦令，坚持将张成的儿子处死。宦官乘机唆使张成的弟子宋修上书，告发李膺交结太学，共为部党，诽谤朝廷。在宦官的怂恿下，桓帝下令捕李膺、范滂等二百余人。"制诏州郡大举钩党"，宦官更是推波助澜，大肆制造冤

---

①《后汉书》卷78《侯览传》，中华书局1965年版。
②《后汉书》卷78《单超传》，中华书局1965年版。
③《后汉书》卷67《李膺传》，中华书局1965年版。

狱，"于是天下豪杰及儒学行义者，一切皆为党人"。朝野上下，一片恐怖气氛。他们动用酷刑逼供牵引同党，企图一网打尽。"钩谓相牵引也"，所以，对这些党人也称"钩党"。[①]第二年，桓帝迫于舆论压力，释放了党人，但把李膺等人遣送还乡，"禁锢终身"。[②]这就是第一次党锢之祸。

宦官集团的残酷迫害活动，并没有吓倒正直的官僚和儒生。史载："海内希风之流，遂共相标榜，指天下名士，为之称号。"[③]太学生把敢于同宦官进行斗争的知名人物，冠以"三君"、"八俊"、"八顾"、"八及"、"八厨"等称号。[④]李膺被迫害之后，威信更高，被儒生誉为"八俊"之首。这无疑是对宦官集团的不满和蔑视。

三年以后，宦官又掀起了规模更大、株连更广、时间更长的对官僚、儒生的迫害活动，史称第二次党锢之祸。其过程简述如下：宦官侯览在家乡任意残害百姓，督邮张俭上书弹劾，要求惩办侯览。但是，此书被侯览扣下，并指使人诬告张俭联络党人，图谋不轨。于是，灵帝下令讨捕张俭等人，宦官曹节趁机奏捕李膺、范滂等人，又流放、囚禁了六七百人。[⑤]公元176年，永昌太守曹鸾上书要求赦免党人，宦官认为这是替党人

[①]《后汉书》卷8《孝灵帝》，中华书局1965年版。

[②]《后汉书》卷67《李膺传》，中华书局1965年版。

[③]《后汉书》卷67《刘淑等传》，中华书局1965年版。

[④]《后汉书》卷67《刘淑等传》，中华书局1965年版。

[⑤]《后汉书》卷67《刘淑等传》，中华书局1965年版。

翻案。因此，先将曹鸾活活打死，然后又下令禁锢党人，株连亲属[1]，把对党人的迫害活动推向了高潮。[2]

二、宋明理学与封建专制体制的冲突

宋明理学是中国封建社会中期以后的儒家，宋明理学的发展过程充满着儒家与统治者的激烈斗争。表面上看，宋明理学的出现导致了儒家蜕变为封建礼教，但实质上那是统治者和社会上既得利益者们为保护自己的权力和私利对儒家进行压制的产物。中国的封建统治者们恶毒就恶毒在尽量不公开打击与之有隔阂的儒家，而是进行曲意缘饰、刻意歪曲，按照自己的需要进行打造，结果使得宋明理学含冤代封建礼教受诟。笔者认为，实际上宋明理学是在与社会体制个人利益化的斗争中产生、发展和涅槃的。宋明理学的思想家们为了追求正义，捍卫道德的尊严，与专制体制相周旋，写下了壮丽的篇章。

---

[1]《后汉书》卷67《刘淑等传》，中华书局1965年版。

[2] 以上"党锢之祸"之述说均整理自马良怀《论东汉后期的党锢之祸》，《华中师院学报》1983年第4期；侯林莉：《党锢之祸与知识分子气节》，《历史教学》1999年第2期；刘斌：《"党锢之祸"：一场不可避免的悲剧》，《重庆教育学院学报》2006年3月。

（一）宋明理学产生的背景

简单地说，宋明理学产生的背景，就是社会体制非道德化，而蜕变为统治者谋取个人私利的工具。宋明理学始终坚持捍卫社会体制的道德性。

北宋王朝创建人赵匡胤惩于唐代中期安史之叛直至五代十国的长期分裂，处心积虑地从制度上加以防范。一日，赵匡胤与宰相赵普相问答："自唐季以来数十年，帝王凡易八姓，战斗不息，生民涂地，其故何也？吾欲息天下之兵，为国家计长久，其道何如？"普曰："陛下言及此，天地人神之福也。此非它故，方镇太重，君弱臣强而已。今欲治之，惟稍夺其权，制其钱粮，收其精兵，则天下自安矣。"①于是，赵匡胤逐渐采取了一系列集权措施。在政体上，他把行政、军事、财政三种权力分别拆散，让每一个官员只管事物的一个方面，谁也无决断权，最后听命于皇帝。此外，一来是分权需要增加人员，二来是为了扩大统治者的支持基础，宋代降低入仕门槛，增设官职，扩充官员人数，使官僚地主大量产生，结果除冗兵、冗费和冗官及积贫积弱局面形成外，还附带形成了不良的官场风气：第一，因循保守。真宗宣扬遵循"祖宗旧法"，一切因循守旧，以老成持重相标榜。官员们遇事唯恐承担责任。田锡上疏说，枢密院和中书省"政出吏胥之手，吏胥行遣，只检旧

①《续资治通鉴》卷2《宋纪二》，中华书局1999年版。

例，无旧例则不行。[①]宋制，三年一次"磨勘"（考核），官员们只要在任内不发生过错，就加升迁。官员们不求有功，但求无过，一心只怕招人非议，影响官位。宋朝的御史，"许据风闻"（无证据）弹劾官员。御史以究寻官员的过失为能事，惧究心理更加助长了官员的因循。仁宗时，张方平上疏指出："自将相而下，至于卿大夫，惴惴危恐，一动一为，辄曰恐致人言，苟且因循，求免谤詈，何暇展布心体，为国立事哉！"[②]各级官员层层苟且因循，只是坐待升迁，腐朽的官气和暮气笼罩着整个朝廷，吏治由此颓败。欧阳修上奏："臣伏见天下官吏员数极多，朝廷无由遍知其贤愚善恶。审官三班吏部等处又只主差除月日，人之能否都不可知。诸路转运使等除有赃吏自败者临时举行外，亦别无按察官吏之术，致使年老病患者，或懦弱不材者，或贪残害物者，此等之人布在州县，并无黜陟，因循积弊，冗滥者多，使天下州县不治者十有八九。"[③]

第二，人生观颓废。《钱氏私志》记载，宋庠宋祁兄弟两人元夜各自消遣。宋庠在书院读《周易》，宋祁则点华灯拥歌妓醉饮。翌日，宋庠谕令所亲诮让云："相公寄语学士，闻昨夜烧灯夜宴，穷极奢侈，不知记得某年上元同在某州州学内吃齑饭时否？"学士（宋祁）笑曰："却须寄语相公，不知某年吃齑

---

① 《续资治通鉴》卷23，中华书局1999年版。

② 《续资治通鉴》卷49，中华书局1999年版。

③ 《论按察官吏状第二状》，《文忠集卷97·奏议·论按》，转引自《四库全书》，上海人民出版社光碟检索版1999年11月。

饭，是为甚底？"①宋祁的意思是，当年吃菜粥就是为了今天能够穷奢极欲。因此，官场腐败成风。梁适任相，留大商人郭秉在家做买卖。从益州归来的张揆向梁适行贿，得做三司副使，有人在殿上揭露说："空手冷面，如何得好差遣。"②总之，本应为社会谋利的体制蜕变为皇帝、权贵个人牟利的工具。

宋时的统治者并不想改变这种局面，因为统治者建立体制时就是以此为指导思想。宋太祖推出的为官价值观是："人生如驹过隙尔，不如多积金帛以遗子孙，歌儿舞女以终天年。君臣之间无所猜嫌，不亦善乎？"③在宋太祖以后，这种为官意识也无变化。宋真宗皇帝有《劝学诗》："富家不用买良田，书中自有千钟粟。安居不用架高堂，书中自有黄金屋。出门莫恨无人随，书中车马多如簇。娶妻莫恨无良媒，书中自有颜如玉。男儿欲遂平生志，六经勤向窗前读。"④改革派范仲淹、王安石也没有想到要扭转体制的非道德化趋势，只是希望在体制范围之内让吞噬利益的饕餮少一点，尸位素餐者少一点，人民遭受的苦难缓一点。改革派一直以为，只要换掉一些官吏和进一步完善制度，问题就可以解决。他们受到既得利益者打击之后才意识到，问题的要害在精神层次，应该解决体制中的精神

---

① 李恩柱：《宋祁意识》，《人民日报》（海外版）2003年4月18日。

②《续资治通鉴》卷54，中华书局1999年版。

③《宋史》卷250《石守信传》，中华书局1985年版。

④ 清湖淡庵：《绘图解人》，转引自《聊城大学报》（社会科学版）2003年第2期。

导向问题。宋神宗问王安石："不知卿所施设，以何为先？"王安石答："变风俗，立法度，方今所急也。凡欲美风俗，在长君子，消小人，以礼义廉耻由君子出故也……"①王安石讲的"变风俗"、"美风俗"、"礼义廉耻"等都是道德主张。庆历新政强调以砥砺士风、改革科举、兴办学校、认明经旨，也是道德主张。不过，改革派的关注重点主要还在换官吏、缮行政，仍然扭转不了原有的颓势。

（二）宋明理学的登场

正是在上述背景之下，宋明理学登场了。由于体制私利化，理学家作为反体制者而登场。早在理学的先驱——韩愈那里就已经表现出与体制不协调。唐太宗虽欲破魏晋以来的门阀制度，但统治集团整体对社会潜意识、潜规则中的门阀传统仍不敢忽略。当时的上层士族子弟都入弘文馆、崇文馆和国子学，不论德才，凭门第可得美职。这也是体制私利化。在此体制中，没有背景的韩愈受到排挤，从而使韩愈对体制不满。如，当时门阀子弟重家世，轻拜师。韩愈则大力抬高师道。柳宗元在《答韦中立论师道书》中说："今之世不闻有师，有，辄哗笑之，以为狂人。独韩愈奋不顾流俗，狂笑侮，收召后学，作《师说》，因抗颜而为师。世果群怪聚骂，指目牵引，

---

① 《续资治通鉴长续纪事本末》卷327《王安石传》，北京图书馆出版社2005年版。

而增与为方辞。愈以是得狂名。"①韩愈撰《原道》，将具有反
抗性格、敢于蔑视君主的孟子列为儒家"道统"传递的圣人敢
于不顾朝廷兴佛之潮，毅然上"谏迎佛骨"。而且，其文章也
涵蕴百家，汪洋恣肆，力破魏晋末世的浮华。苏轼撰《潮州韩
文公庙碑》，赞曰："文起八代之衰，而道济天下之溺；忠犯
人主之怒，而勇奋三军之帅。此岂非参天地、关盛衰、浩然而
独存者乎？"②

　　韩愈之后，由于宋代君主公开鼓吹社会体制私利化，理学
家与社会体制的隔阂加深。朱熹本人对社会体制的重要构成部
分——科举制及时文（八股文）十分厌恶，认为："古昔圣贤
所以教人为学之意，莫非使之讲明义理以修其身，然后推己及
人，非徒欲其务记览、为词章，以钓声名取利禄而已。"③朱熹
指责科举，"可惜举业坏了多少人"④，"科举累人不浅"⑤。他
对社会制度的批评，也重点指向科举："今上自朝廷，下至百
司、庶府，外而州县，其法无一不弊，学校科举尤甚。"⑥而也
正是这些弊端导致了世风日下，史治腐败。朱熹的言论有力地
冲击了北宋以来统治者利禄导向的社会体制。

① 《柳河东集》卷34，《四库全书》，上海人民出版社光碟检索版1999年11月。
② 《东坡全集》卷86，《四库全书》，上海人民出版社光碟检索版1999年11月。
③ 《御纂朱子全书》卷5，《四库全书》，上海人民出版社光碟检索版1999年
11月。
④ 《朱子语类》卷13，《四库全书》，上海人民出版社光碟检索版1999年11月。
⑤ 《朱子语类》卷13，《四库全书》，上海人民出版社光碟检索版1999年11月。
⑥ 《朱子语类》卷108，《四库全书》，上海人民出版社光碟检索版1999年11月。

　　不仅如此，理学家还把打破体制的切入点放在最高统治者身上。孟子敢于指斥君主"言利"，要"格君心之非"。他说："人不足与适也，政不足间也，惟大人为能格君心之非。"如果能够格君心，使之有"爱天下之人如赤子"的"仁心"，其他一切问题可迎刃而解。①理学家大力尊崇孟子，朱熹把《孟子》与《论语》并列，列为《四书》之一。二程发挥孟子的思想："治道亦有从本而言，亦有从用而言。从本而言，惟从格君心之非，正心以正朝廷，正朝廷以正百官。"②"君仁莫不仁，君义莫不义，天下之治乱系乎人君仁不仁耳……夫政事之失、用人之非，知者能更之，直者能谏之。然非心存焉，则一事之失，救而正之，后之失者，将不胜救矣。格其非心，使无不正，非大人其孰能之？"③当然，在理学家内部，也有不同观点。心学家陆九渊认为，朱熹的理学思想不能真正有效冲击体制的灵魂——功名利禄，相反，倒可以被纳入体制灵魂所依托的载体体系，成为小人猎取功名利禄的工具。朱熹提出的修身之途是先"读书"、"格物"、"穷理"，再"豁然贯通"，成为君子。陆九渊主张先"发明本心"，树立"根本"，即"先立乎其大者"。④陆九渊认为读书只是印证"此

①《孟子·离娄上》，史仲文主编：《中华经典藏书》，北京出版社1999年版，第1138页。
②《二程遗书》卷15，《四库全书》，上海人民出版社光碟检索版1999年11月。
③《二程外书》卷6，《四库全书》，上海人民出版社光碟检索版1999年11月。
④《象山先生全集·语录》卷34，《四部丛刊》，书同文数字化技术有限公司光盘版1998年2月。

心"："学苟知本，六经皆为我注脚。"①陆九渊指出，只强调读书不讲心术，小人反得依凭。"六艺圣人作也，小人犹假之以文奸言"，犹如"假冠兵资盗粮"。②

陆九渊以自己的心冲击旧体制，接近疯狂。他说："正理思之既明，幡然而改，奋然而兴如出陷阱，如决网罗，如去荆棘，而舞蹈乎康庄，翱翔乎青冥岂不快哉！岂不伟哉！"③"决网罗"、"去荆棘"之后，陆九渊进入到唯我至高的境界。"万物森然于方寸之间，满心而发，充塞宇宙，无非此理。"④"人须闲时大纲思量，宇宙之间如此广阔，吾立身其中，须大作一个人。"⑤"仰首攀南斗，翻身倚北辰。举头天外望，无我这般人！"⑥总之，陆九渊用自己的"心"压过体制。

朱陆之争本来是君子内部的争论，两人虽见解不同，但没有互相恶意伤害，反而是良性互动，数次往返通好。然而，统治者却从政治角度抬高程朱理学，冷淡陆学，原因即程朱理学便于纳入体制。宋理宗(公元1225—1264年在位)时，程朱理学被抬到官方统治思想的地位，其代表人物周敦颐、程颢、程

---

① 《象山先生全集·语录》卷34，《四部丛刊》，书同文数字化技术有限公司光盘版1998年2月。
② 《象山集》卷12《与张季悦》，《四库全书》，上海人民出版社光碟检索版1999年11月。
③ 《象山集》卷12《倪九成》，《四库全书》，上海人民出版社光碟检索版1999年11月。
④ 《象山语录》卷2，《四库全书》，上海人民出版社光碟检索版1999年11月。
⑤ 《象山语录》卷3，《四库全书》，上海人民出版社光碟检索版1999年11月。
⑥ 《象山先生全集·语录》卷35，《四部丛刊》，书同文数字化技术有限公司光盘版1998年2月。

颐、朱熹等分别被谥为"元公"、"纯公"、"正公"、"文公"，并从祀孔子庙，荣耀至极。元仁宗1313年设立的科举法以经义取士，科举考试基本是从《大学》《论语》《孟子》《中庸》四书拟题，标准答案是朱熹的《四书集注》。加试《诗经》，则用朱熹的注释本。加试《周易》，则兼用程注及朱注。另外，周敦颐、程颢、程颐、张载、邵雍、司马光、朱熹、张栻、吕祖谦及许衡等理学系统人进入孔庙从祀，心学人物却无缘。元文宗封程灏为豫国公、程颐为洛国公。朱元璋也尊崇程朱理学。洪武三年，朱元璋下令在乡试、会试中，一律采用程朱理学家对儒家经典的标准注本。永乐年，明成祖亲自主持和作序，胡广、杨荣等人具体负责编纂《五经大全》《四书大全》《性理大全》。程朱理学成为明朝八股取士的唯一学术根据，也是牢笼天下人心的手段。从此，程朱理学也开始走向了它的反面：一方面它成为士人谋取功名利禄的敲门砖，道德堕落；另一方面，由于章句训诂之学的盛行，士人埋首书本，溺于文字，空疏无用。正如王阳明所说："自程朱诸大儒后，而师友之道遂亡，六经分裂于训诂，支离芜蔓于辞章业举之习，圣学几于息矣。"①"王道息而伯术行，功利之徒，外假天理之近似以济其私，而以欺于人曰：天理固如是。不知既无其心矣，而尚何有所谓天理者乎？"②

---

① 《王文成全书》卷7《别三子序》，《四库全书》，上海人民出版社光碟检索版1999年11月。

② 《王文成全书》卷7《象山文集序》，《四库全书》，上海人民出版社光碟检索版1999年11月。

　　程朱理学蜕变为传统体制的外包装，不再具有阻止社会体制个人利益化的作用。君子想通过讲理学张扬道德、弘扬正义，不啻水月。当然，这不能够怪罪程朱理学本身，而更加说明专制君主的卑鄙恶毒。为了捍卫道德，坚持正义，王阳明弘毅了一把，却遭到廷杖、下狱、发配。但体制救不了他，因为体制已经被统治者个人利益化。程朱理学也救不了他，因为理学只是包装，周围人都是抱着升官发财的目的攻读程朱，没人肯用自己的前途来博取所谓的正义。理学早已经失去了当初敢于挑战体制的锐气，必须加以更新。

　　在一个春夏之交的午夜，王阳明顿悟了，这即是著名的龙场悟道。王阳明认识到："圣人之道，我性已足。""心即理也。天下又有心外之事，心外之理乎？"①过去他学术上信程朱理学，"格竹子"求心外之理是错误的；在政治上，以为外在的体制（包括制度和文化场）能支持自己也是徒劳的，最后只能依靠自己。在龙场，王阳明不再通过理学，而是把自己与圣人直接挂钩。他时常将自己的境遇与圣人相比附。他把自己被发配到穷山恶水的蛮荒之地比喻为孔子欲居九夷，②把自己食粗食、饮山泉、住山洞比喻为孔子饿陈。③他突然领悟到，我王

① 《王文成全书》卷1《传习录》上，《四库全书》，上海人民出版社光碟检索版1999年11月。

② 《王文成全书》卷23《何陋轩记》，《四库全书》，上海人民出版社光碟检索版1999年11月。

③ 《王文成全书》卷19《始得东洞遂改为阳明小洞天》，《四库全书》，上海人民出版社光碟检索版1999年11月。

阳明和圣人没什么两样，我就是圣人，用不着通过程朱理学来认证。他后来极力张扬个性，甚至不唯孔子之是非为是非。[1]他的境界达到："我的灵明便是天地鬼神的主宰，天没有我的灵明，谁去仰他高？地没有我的灵明，谁去俯他深？"[2]主体树立起来以后，王阳明就要打破体制束缚，树立主体的主宰地位。王阳明的心与万物是因缘关系，道德随时随处按照内心"良知"的要求组合眼前所遇，可以不顾及体制。如，"圣人之行，初不远于人情"[3]，"吾亦非洁身者"[4]，"家贫亲老岂可不求禄仕"[5]，"凡文过掩慝，此是恶人常态，若要指摘他是非，反去激他恶性"[6]，"苏秦、张仪之智也，是圣人之资"[7]。总之，这些令持气节、讲清高的士君子们所不齿的小人之举，皆可因缘出"良知"。而表现在王阳明的事功实践中，则是敢于打破一切规章。"舜之不告而娶，岂舜之前已有不告而娶为之

① 《王文成全书》卷2《传习录·答罗整庵少宰书》，《四库全书》，上海人民出版社光碟检索版1999年11月。

② 《王文成全书》卷3《传习录》下，《四库全书》，上海人民出版社光碟检索版1999年11月。

③ 《王文成全书》卷5《答刘内重》，《四库全书》，上海人民出版社光碟检索版1999年11月。

④ 《王文成全书》卷4《寄诸用明》，《四库全书》，上海人民出版社光碟检索版1999年11月。

⑤ 《王文成全书》卷4《寄闻人邦英邦正》，《四库全书》，上海人民出版社光碟检索版1999年11月。

⑥ 《王文成全书》卷3《传习录》下，《四库全书》，上海人民出版社光碟检索版1999年11月。

⑦ 《王文成全书》卷3《传习录》下，《四库全书》，上海人民出版社光碟检索版1999年11月。

准则，故得以考之何典，问诸何人而为此耶？抑亦求诸其心一念之良知，权轻重之宜，不得已而为此耶？武之不葬而兴师，岂武之前已有不葬而兴师者为之准则，故武得以考之何典，问诸何人而为此耶？抑亦求诸其心一念之良知，权轻重之宜，不得已而为此耶？"①

王阳明心学的出现，使得宋明理学对体制的突破达到了新的高度。但是，与程朱理学相比，这种突破仍有致命的不足。程朱理学是提出社会道德来对抗社会体制个人利益化，王阳明则注重个人领悟的道德。程朱理学的思想能够产生出社会普遍遵守的准则，具有建设性。王阳明心学只是少数天资颖悟者能够达到，余者多过分张扬主体个性，导致李贽式的社会准则的单纯的破坏者。明后期东林志士顾宪成准确地看到了这一点："以考亭（朱熹）为宗，其弊也拘。以姚江（王阳明）为宗，其弊也荡。拘者有所不为，荡者无所不为。拘者人性所厌，顺而决之为易，荡者人情所便，逆而挽之为难。昔孔子论礼之弊，而曰：'与其奢也宁俭。'然则论学之弊，亦应曰：'与其荡也宁拘。'此其所以逊朱子也。"②王阳明心学与体制的不协调只能形成破坏体制的观点，缺乏建设性。王阳明的崇拜者李贽公开说："穿衣吃饭，即是人伦物理；除却穿衣吃饭，无

① 《王文成全书》卷2《传习录·答罗整庵少宰书》，《四库全书》，上海人民出版社光碟检索版1999年11月。
② 顾宪成：《小心斋鉴记》卷3《顾端文公遗书》，清光绪重刻本，未出版，中国社会科学院历史研究所图书馆藏。

伦物矣。世间种种皆衣与饭类耳。"①"富贵利达所以厚吾天生之五官，其势然也。是故圣人顺之，顺之则安之矣。"②李贽连必要的客观人伦都不讲求，这与王阳明的"吾心"为本不无关系。所以顾宪成批评道：王阳明心学会导致"以仁义为桎梏，以礼法为土苴，以日用为缘尘，以操持为把捉，以随事省察为逐境，以悔过迁改为轮回，以下学上达为落阶级，以砥节砺行独立不惧为意气用事矣。"③由此，我们可以看出，程朱理学虽然能被统治者利用，但却能从建设的角度酝酿出新的、防范个人利益化的客观体制。

（三）宋明理学与统治者矛盾激化

方孝孺是个虔诚的程朱学者。程朱理学继承儒家"从道不从君"④的传统，以"天理"为至上，隐含着与专制君主君权至上思想的冲突。方孝孺评价慎到的思想时说："世以慎到与邓析韩非之流并称，到虽刑名家，然其言有中理者非若彼之深刻也。其谓立天子以为天下，非立天下以为天子，不犹儒者所谓君为轻之意乎。"⑤方孝孺从慎到的法家言论中发掘出"君为轻

① 《焚书·续焚书》卷1，《答邓石阳》，中华书局1975年版，第4页。
② 《答耿中丞》，中华书局1975年版。
③ 《顾端文公年谱》万历二十八年，清光绪重刻本，今未出版，中国社会科学院历史研究所图书馆藏。
④ 《荀子·子道》，史仲文主编：《中华经典藏书》，北京出版社1999年版，第1309页。
⑤ 方孝孺：《逊志斋集》卷4《读慎子》，《四库全书》，上海人民出版社光碟检索版1999年11月。

之意"。关于什么是正统，方孝孺不同意得天下即为正统的说法："所贵乎为君者，岂谓其有天下哉！以其建道德之中，立仁义之极，操政教之原，有以过乎天下也。有以过乎天下，斯可以为正统"。①带着这种正统观，方孝孺与不讲道德的专制君主朱棣誓死抗争，惨遭杀害。

　　明代中后期，统治制度开始走向崩溃，统治者对个人利益的贪婪追求，已达到视个人利益化的腐朽社会体制本身也为障碍的程度。其标志之一就是最高统治者彻底怠惰，无所作为。明世宗长达二十年的时间不上朝。明神宗长达三十年的时间不上朝。"南京各道御史言：'台省空虚，诸务废堕，上深居二十余年，未尝一接见大臣，天下将有陆沈之忧。'不报。"②"万历中，百度废弛。二十五年，台省新旧人数不足当额设之半。三十六年，科止数人，道止二人。南科以一人摄九篆者二岁，南道亦止一人。内台既空，外差亦缺，淮、扬、苏、松、江西、陕西、广东西、宣大、甘肃、辽东巡按及陕西之茶马，河东之盐课，缺差至数年。给事中陈治则请急考选，不报。三十九年，考选疏上，复留中不下。推、知拟擢台省，候命阙下，去留不得自如。四十六年，掌河南道御史王象恒复言：'十三道御史在班行者止八人，六科给事中止五人，而册封典试诸差，及内外巡方报满告病求代者踵至，当亟议变通之

①　方孝孺：《逊志斋集》卷2《释统》中，《四库全书》，上海人民出版社光碟检索版1999年11月。
②　《明史》本纪第21《神宗》，中华书局1974年版。

法。'大学士方从哲亦言：'考选诸臣，守候六载，艰苦备尝。吏部议咨礼部、都察院按次题差，盖权宜之术。不若特允部推，令诸臣受命供职，足存政体。'卒皆不报。"[1]明熹宗天启皇帝不理政事，嗜木工成性，一切政务交给宦官处置，九千岁魏忠贤秉政。

为了积聚尽可能多的钱财，万历皇帝在制度之外"开发"了许多赚钱的门路。1596年（万历二十四年），万历皇帝派遣大批太监充当矿监、税使，四出课敛诛求。他们夹带一些流氓、无赖专门在重要城镇、关隘和水陆交通线上设卡征税。如长江线上，每隔几十里就有税使或其爪牙拦江截税。一船扬帆三四百里，要缴五六次税。矿监也以开矿为名，任意拆民屋，毁良田，掘坟墓，甚至公开劫掠。顾宪成家乡亦受税使之害。"窃计敝里之去城则四十里也，去浒墅则百里也。贸迁在四十里之近，输税在百里之远，无乃非人情乎！而况转水河头，恰当城郭之间，业有栅为之限乎！又况所市者类皆小民日用饮食之需，不必辗转行贩谋子母也。长此不已只出里门便应有税矣，只一蔬一腐皆应有税矣，民何所措手足乎！"[2]在这样的背景下，理学家与统治者的矛盾开始激化。万历二十二年（1594），吏部文选司郎中顾宪成被削去了官籍返回了故乡无锡。他和弟弟顾允成一道倡议修复了无锡城东的东林书院。这

---

①《明史》卷71《选举3》，中华书局1974年版。

②《泾皋藏稿》卷4《东浒墅关使者》，中国社会科学院历史研究所图书馆藏。

所书院原本是宋儒杨时创立的。杨时乃程灏、程颐两兄弟的门徒，是"二程学说"的正宗嫡传，而朱熹则是杨时的后学。顾宪成重修东林书院的时候，十分明确地宣布要继承程朱理学。顾宪成与志同道合的高攀龙、钱一本、薛敷教、史孟麟、于孔兼等人讲学其中。当时，不少怀抱道义而不被当政者所接纳的士大夫退归林野，而东林书院的重建又使他们找到了知音，因此都争相前来，使得"学舍至不能容"。"当是时，士大夫抱道忤时者，率退处林野，闻风响附，学舍至不能容。宪成尝曰：'官辇毂，志不在君父；官封疆，志不在民生；居水边林下，志不在世道，君子无取焉。'故其讲习之余，往往讽议朝政，裁量人物。朝士慕其风者，多遥相应和。"①他们聚在一起，用委婉的语言议论朝政，褒贬品评执政的大臣，用"君子"和"小人"去区别政治上的正邪两派。朝中的一些官员，如孙丕扬、邹元标、赵南星等人，也与东林书院遥相应和、互通声气。他们怀着忧国忧民的意识，意在有所作为，从而形成了一股不容忽视的政治势力，被与他们唱反调的人称为"东林党"。而其中，顾宪成的言论最值得我们关注。

专制君主打着国家的旗号行个人私欲，把国家制度个人化。顾宪成则认为，"天下事非一家之私议"②。"天下事非一家私事，盖言公也。况以宗庙社稷之行而可付之一人之手

①《明史》卷231《顾宪成传》，中华书局1974年版。
②《泾皋藏稿》卷3《与王辰玉》，中国社会科学院历史研究所图书馆藏。

乎！"①顾宪成与宰相王锡爵有一段对话：王锡爵说，近来听说有一怪事，"庙堂之所是，外人必以为非；庙堂之所非，外人必以为是"。顾宪成则针锋相对说他近来也听说有一怪事，"外人之所是，庙堂必以为非；外人之所非，庙堂必以为是"。②不仅如此，顾宪成还有号召在野势力联合抗争的趋向。他说："君子友天下之善士况于一乡。我吴尽多君子，若能联属为一，相牵相引，接天地善脉无穷，岂非大胜事哉！"③他不仅要联合吴地君子，还要联合天下君子。他说："自古未有关门闭户独自做成的圣贤，自古圣贤未有绝类离群孤立无与的学问。吾群一乡之善士讲习，即一乡之善皆收而为吾之善，而精神充满乎一乡矣；群一国之善士讲习，即一国之善皆收而为吾之善，而精神充满乎一国矣；群天下之善士讲习，即天下之善皆收而为吾之善，而精神充满乎天下矣。"④顾宪成是要通过基层志士平等的横向联系打破集权性的纵向垄断，向最高统治者的权威挑战。以顾宪成为代表的理学君子与统治者的对抗引来的是后来专制君主挥起屠刀对东林志士进行血腥镇压。顾宪成因此前已病死而幸免于难。天启时期，宦官魏忠贤专政，形成明代势力最大的阉党集团，齐、楚、浙诸党争相依附之，对东林党人实行血腥镇压。天启四年(1624)，东林党人杨涟因劾

①《泾皋藏稿》卷22《先弟季时述》，中国社会科学院历史研究所图书馆藏。
②《顾端文公年谱》万历二十六年，中国社会科学院历史研究所图书馆藏。
③《顾端文公年谱》万历二十六年，中国社会科学院历史研究所图书馆藏。
④《顾端文公年谱》万历三十三年，中国社会科学院历史研究所图书馆藏。

魏忠贤二十四大罪被捕，与左光斗、黄尊素、周顺昌等人遭到杀害。魏忠贤又使人编《三朝要典》，借红丸案、梃击案、移宫案三案为题，毁东林书院，打击东林党。东林著名人士魏大中、顾大章、高攀龙、周起元、缪昌期、李应升等先后被迫害致死。面对专制君主的淫威，理学家的反抗已经不分什么程朱和陆王了。

作为东林志士的后代，黄宗羲与开创东林书院的顾宪成不同：第一，对程朱和陆王他一并尊崇；第二，他撰写《明夷待访录》，一面批判旧制度，一面思索新制度的建立。他对旧制度的批判击中了专制君主的要害："古者以天下为主，君为客，凡君之所毕世而经营者，为天下也。今也以君为主，天下为客，凡天下之无地而得安宁者，为君也。是以其未得之也，屠毒天下之肝脑，离散天下之子女，以博我一人之产业，曾不惨然，曰：'我固为子孙创业也。'其既得之也，敲剥天下之骨髓，离散天下之子女，以奉我一人之淫乐，视为当然，曰：'此我产业之花息也。'然则为天下之大害者，君而已矣！"①公共权力个人利益化，这就是专制制度的要害。明代嘉靖朝金都御史王用汲奏疏："以臣观之，天下无事不私，无人不私，独陛下一人公耳。"②此非说嘉靖皇帝是天下唯一大公无私者，而是说其皇位为天下之公器，居于此位之人必须表现出公。顾宪

①《原君》，《明权待访录》，中华书局1981年版，第2页。
②《明史》卷229《王用汲传》，中华书局1974年版。

成说："皇上之心有歉然其不敢自适者，而必以合天下之心为安也。"①王用汲、顾宪成只是希望专制君主不要将公共权力个人化，而黄宗羲则认为，尧舜世道之后的君主专制制度其本性就是要将公共权力个人化。

为了解决这个问题，黄宗羲提出了一系列主张：①重法。他说："论者谓有治人无治法，吾以谓有治法而后有治人。"②这是用法来约束专制君主的行动。②建立有实权的宰辅制。他说："宰相设政事堂，使新进士主之，或用待诏者。唐张说为相，列五房于政事堂之后：一曰吏房，二曰枢机房，三曰兵房，四曰户房，五曰刑礼房，分曹以主众务，此其例也。四方上书言利弊者及待诏之人皆集焉，凡事无不得达。"③这是用行政权力制约专制君主，以防其任意弄权。③设立超出个人之上的，确定是非善恶标准的机构——"学校"。他说："天子之所是未必是，天子之所非未必非，天子亦遂不敢自为非是，而公其非是于学校。""大学祭酒，推择当世大儒，其重与宰相等，或宰相退处为之。每朔日，天子临幸太学，宰相、六卿、谏议皆从之。祭酒南面讲学，天子亦就弟子之列。政有缺失，祭酒直言无讳。"④可以说，黄宗羲的《明夷待访录》是宋明理学中与专制体制相抗争的最优秀的成果。他开始为专制体制送

---

① 《泾皋藏稿》卷1，中国社会科学院历史研究所图书馆藏。
② 《原法》，《明夷待访录》，中华书局1981年版，第7页。
③ 《置相》，《明夷待访录》，中华书局1981年版，第9页。
④ 《学校》，《明夷待访录》，中华书局1981年版，第12页。

终，呼唤新时代的到来。

　　当然，历史的发展并非那么简单。明末农民大起义对地主阶级和专制政权的打击，大大缓和了社会矛盾，为满族入关改良政治提供了条件。清朝统治者能够自觉吸取前代王朝灭亡的教训，对专制制度做了一定的改良。加之理学家所呼唤的新的时代的经济、政治、文化条件还远不具备，他们的声音很快就被大乱后重建带来的繁荣所遗弃。宋明理学涅槃了，等待着再一次的社会风暴给它带来再生。

第十一讲
儒家的缺陷

　　对于儒家的缺陷，笔者无意掩饰。尤需注目者，作为中华民族主流文化的代表儒家，公共性相当缺乏。梁启超曾反省："吾中国道德之发达，不可谓不早，虽然，偏于私德，而公德殆阙如。试观《论语》、《孟子》诸书，吾国民之木铎，而道德所从出也。其中所教，私德居十之九，而公德不及其一焉。"①中国人"其为派不同，而其为旁观者则同。若是乎，吾中国四万万人，果无一非旁观者也；吾中国虽有四万万人，果无一主人也"②。鲁迅先生在许多文章里批评的"看客"亦属旁观者类。

---

① 《论公德》，《梁启超文选》，中国广播电视出版社1992年版，第110页。
② 《呵旁观者文》，《梁启超文选》，中国广播电视出版社1992年版，第262页。

为了造就公德意识，需要对儒家公共性之缺乏做深入反思。笔者认为，将儒家与公共性很强的古希腊道德进行比较是反思的一种方式。双方的可比性如下：第一，双方都处在古老文明的源头，属原生性文化。第二，双方都生于"乱世"，长于忧患。儒家创于"礼崩乐坏"的无序时代；苏格拉底和亚里士多德时代雅典城邦"民主制"已走过伯利克里执政的"黄金时代"，出现危机。雅典公民因不事生产而日益贫困化，逐渐失去对"政治"的热情，而"公民大会"为"蛊惑家"所把持，凭着三寸不烂之舌，可以使朝令而昔改。"公民大会"已不是促使"无序"的"意见"走向"有序"的制衡，而是为"无序"火上加油，无法制定符合实际的可行性措施。"公民大会"作为一个政治实体，实际上已经瓦解。儒家与苏格拉底、亚里士多德等人一样都想变无序世界为有序，都探讨了秩序的合理性。第三，他们都关注现实、积极参与政治，但又都遭遇挫折。孔子任过司寇、代理宰相。孔孟还周游列国，希求见用，但都被王者敬而远之。苏格拉底三次从军、当过公民大会的陪审官，但受到僭主的迫害，牺牲了性命。亚里士多德当过王者之师，在雅典反马其顿运动中成为打击对象。① 上述共同点标识出两者的可比性，而社会发展的差异性又造成了双方道德思想公共性与非公共性的差别。古希腊城邦是在分工

————————————
① 叶秀山：《"和谐"——孔子和苏格拉底的共同"理想"》，《从儒学与世界和平及社会和谐》，首都师范大学出版社1999年版，第268—270页。

基础上形成的合作性整体。苏格拉底说："在我看来，之所以要建立一个城邦，是因为我们每一个人不能单纯靠自己达到自足。""农夫要为四个人准备粮食，他要花四倍的时间和劳力准备粮食来跟其他人共享呢？还是不管别人，只为他自己准备粮食——花四分之一的时间，生产自己的一份粮食，把其余四分之三的时间，一份花在造房子上，一份花在做衣服上，一份花在做鞋子上，免得同人家交换……"①苏格拉底的意思当然是前者。古希腊也曾有部落之间的征伐，但其城邦国家的形成不是在部落征伐中完成的，而是在社会生活中的契约关系基础上形成的。

与古希腊不同，中国上古国家的形成是在不同部落间的征伐中完成的。黄帝打败炎帝和九黎族；舜"五载一巡守，""流共工于幽州，放欢兜于崇山，窜三苗于三危，殛鲧于羽山"②；"尧伐欢兜，舜伐有苗，禹伐共工，汤伐有夏，文王伐崇，武王伐纣"③。并且，征伐中建立的国家是以强者为盟主的部落联盟，而商业也相当频繁。但商业被归属于王者御天下的手段，不存在互利合作的契约观念。正是这一差别，导致双方道德出现了公共性与非公共性的不同分野。

---

① 柏拉图：《理想图》第一卷，郭斌和、张竹明译，商务印书馆1986年版，第59—73页。
② 《尚书·舜典》，史仲文主编：《中华经典藏书》，北京出版社1999年版，第82页。
③ 《荀子·议兵》，史仲文主编：《中华经典藏书》，北京出版社1999年版，第1265页。

第一，血缘性与公理性。儒家道德立足于血缘关系。"有子曰：'君子务本，本立而道生。孝弟也者，其为仁之本与！'"①"曾子曰：慎终追远，民德归厚矣。"②血缘道德属于私德，在公德形成过程中应逐渐弱化。古希腊崇尚公理，以之为道德基础。斯多噶派谈"义务"时将理性置于亲情之上，"为理性所抉择的行为是为义务，例如尊敬父母兄长国家及使朋友满足等。不经过理性所抉择的那些行为是和义务冲突的，例如怠慢父母，漠视兄弟，不助朋友，不关心国家的安全等"③。"贤者"的标准是"先荣耀神明，其次乃及于其父母兄弟"④。理与情孰大？理大。埃皮克提特说："善比一切恩义都可取，不论是怎样密切的恩义。我并不是同我父亲发生关系，而是同善发生关系的。你就是这样硬着心肠的么？我的本性是这样，而本性就是上帝所给我的钱币。所以如果把善不解释为优美和公正的事物的话，那么父亲、兄弟、国家和一切全走开吧。"⑤此说法逻辑上必然导出公德意识。神、上帝是公共法则的化身，亲情可为之而弃。而儒家则反之。孔子有"父为子隐，子为父

① 《论语·学而》，史仲文主编：《中华经典藏书》，北京出版社1999年版，第1091页。
② 《论语·学而》，史仲文主编：《中华经典藏书》，北京出版社1999年版，第1091页。
③ 周辅成编：《西方伦理学名著选辑》，商务印书馆1964年版，第223页。
④ 周辅成编：《西方伦理学名著选辑》，商务印书馆1964年版，第226页。
⑤ 周辅成编：《西方伦理学名著选辑》，商务印书馆1964年版，第242页。

隐"①之说，孟子有赞舜背负杀人的父亲逃逸之辞。②韩非一针
见血地指出，儒家道德是私德，与更大范围的国家利益时有冲
突。如："鲁人从君战，三战三北，仲尼问其故，对曰：'吾
有老父，身死莫之养也。'仲尼以为孝，举而上之。以是观
之，夫父之孝子，君之背臣也。"③当然，顶尖级儒者并未坠入
极端狭隘的血亲主义，子夏说"四海之内皆兄弟也"④，孟子说
"老吾老以及人之老，幼吾幼以及人之幼"⑤，但这都是将家族
以外者纳入家族模式，根基仍在家族道德。《中庸》第二十章
说："仁者，人也，亲亲为大。义者宜也，尊贤为大。亲亲之
杀，尊贤之等，礼之所生也。"⑥作为血缘道德的体现，礼"亲
亲为大"、"尊贤为大"。在实际操作中为了"亲亲"、"尊
贤"的等差，尺度则因人而异。舜父杀人可逃脱法律制裁，舜
弟不肖照得封地，舜"不告而娶"、擅离天子职守不但不算
逾制，还被视为高境界。防风氏不是亲近，只因为赴诸侯会迟
到，被禹斩杀。此虽为传说，但既载于儒家经典中，流弊难免

---

① 《论语·子路》，史仲文主编：《中华经典藏书》，北京出版社1999年版，第
1107页。
② 《孟子·尽心上》，史仲文主编：《中华经典藏书》，北京出版社1999年版，
第1154页。
③ 《韩非子·五蠹》，史仲文主编：《中华经典藏书》，北京出版社1999年版，
第4744页。
④ 《论语·颜渊》，史仲文主编：《中华经典藏书》，北京出版社1999年版，第
1105页。
⑤ 《孟子·梁惠王上》，史仲文主编：《中华经典藏书》，北京出版社1999年版，
第1122页。
⑥ 《中庸》，史仲文主编：《中华经典藏书》，北京出版社1999年版，第505页。

递传。

　　第二，平等性与差等性。公共性的基础是契约性；公共秩序是契约，订约者彼此平等；管理者没有特权。这是古希腊文明的重要特征。伯利克里说："我们的制度之所以被称为民主政治，因为政权是在全体公民手中，而不是在少数人手中。解决私人争执的时候，每个人在法律上都是平等的；让一个人负担公职优先于他人的时候，所考虑的不是某一个特殊阶级的成员，而是他们有的真正才能。任何人，只要他能够对国家有所贡献，绝对不会因为贫穷而在政治上湮没无闻。"①苏格拉底说："如果涉及城邦事务的问题，那么，不论木工、机匠、靴工、商人、水手、富人、穷人、贵人、贱人，一律可自由起立发言……"②

　　与古希腊不同，儒家所赞颂的社会秩序不是契约，而是牧民的法则。《尚书·尧典》记载尧"钦、明、文、思，安安。允恭克让，光被四表，格于上下。克明俊德，以亲九族。九族既睦，平章百姓。百姓昭明，协和万邦。黎民于变时雍"③。所谓"平章"、"协和"，用今天的话说就是摆平各方，但这不是以契约为基础。由尧"平章"、"协和"，意味着尧有无上权力，可居高临下压各方接受其摆平。《伪古文尚书》尽管是

---

① 周辅成编：《西方伦理学名著选辑》，商务印书馆1964年版，第38页。

② 周辅成编：《西方伦理学名著选辑》，商务印书馆1964年版，第20页。

③ 《尚书·舜典》，史仲文主编：《中华经典藏书》，北京出版社1999年版，第81页。

"伪"，但多少隐含一丝真实信息。《说命上》载："天子惟君万邦。"①《说命下》说："四海之内咸仰朕德。"②这是殷商时的情况，西周则依旧。《尚书·洪范》说："无偏无陂，遵王之义；无有作好，遵王之道；无有作恶，遵王之路。"③流传更广的是"普天之下，莫非王土；率土之滨，莫非王臣"。周初大分封以周之一族统摄全国各族，各族须奉周室地位为至上。周族内各宗须奉周天子权威为最高。周夷王烹齐哀公④、周宣王伐鲁杀其君伯御⑤，孔子的观念仍然是："天下有道，则礼乐征伐自天子出；天下无道，则礼乐征伐自诸侯出。""天下有道则政不在大夫，天下有道则庶人不议。"⑥在这种强者控制弱者的政治格局中，道德只能是强者的私德。梁启超说："且我中国畴昔，岂尝有国家哉？不过有朝廷耳。我黄帝子孙，聚族而居，立于此地球之上者既数千年，而问其国之为何名，则无有也。夫所谓唐、虞、夏、商、周、秦、汉、魏、晋、宋、齐、梁、陈、隋、唐、宋、元、明、清者，则皆朝名耳。朝也者，一家之私产也；国也者，人民之公产也。"⑦君主居天下

---

① 《尚书》，史仲文主编：《中华经典藏书》，北京出版社1999年版，第96页。

② 《尚书》，史仲文主编：《中华经典藏书》，北京出版社1999年版，第97页。

③ 《尚书·洪范》，史仲文主编：《中华经典藏书》，北京出版社1999年版，第102页。

④ 《史记》卷32《齐太公世家》，中华书局1959年版。

⑤ 《史记》卷33《鲁周公世家》，中华书局1959年版。

⑥ 《论语·季氏》，史仲文主编：《中华经典藏书》，北京出版社1999年版，第1112页。

⑦ 《少年中国说》，中国广播电视台出版社1992年版，第252页。

之公位，握天下之公器，理应谋天下之事，兴天下之利。一些有识之士也是这样认为的。明代嘉靖朝金都御史王用汲奏疏："以臣观之，天下无事不私，无人不私，独陛下一人公耳。"[①]此非说嘉靖皇帝是天下唯一大公无私者，而是说其皇位为天下之公器，居于此位之人必须表现出公。顾宪成说："皇上之心有歉然其不敢自适者，而必以合天下之心为安也。"[②]孔子尊君，非尊其个人也，尊天下之公位也，尊道也。但专制君主并不这样看。他们唯我独尊，视天下为私产。汉高祖"大朝诸侯群臣，置酒未央前殿"。这本是国宴，是国家之事，可在这样一个庄重的场合，他却公私不分，与父亲翻旧账。"始大人常以臣无赖，不能治产业，不如仲力。今某之业所就孰与仲多？"[③]黄宗羲就此批评专制君主"以我之大私为天下之大公"，"视天下为莫大之产业，传之子孙，受之无穷"。[④]两宋王朝君主为了个人权位牺牲国家民族利益，丧地辱国，杀戮民族英雄。慈禧太后为保住个人权位不惜卖国，还称"宁赠友邦，勿与家奴"。

第三，整体与部分。公共性的整体是保护和拓展部分的产物。讲到城邦内部的政治组合时，亚里士多德的思路是，"我

① 《明史》卷229《王用汲传》，中华书局1974年版。

② 《泾皋藏稿》卷1《与王辰玉》，《顾端文公遗书》清光绪重刻本，今未出版，中国社会科学院历史研究所馆藏。

③ 《史记》卷8《高祖本纪》，中华书局1959年版。

④ 《原君》，《明夷待访录》，中华书局1981年版，第2页。

们可以凭借向来应用的[分析]方法阐明这个问题。恰好像在其
他学术方面一样，应该分析每一个组合物为非组合的单纯元
素——这就得把它分析到无可再分析的最小分子——我们在政
治学的研究中，也要分析出每一城邦所由组成的各个要素而
一一加以考察。由于这种分析，我们就能比较清楚地阐明上述
各种社会团体及其人物之间的差异，并由此辨明，对于上述题
旨，是否可以得出一些有条理的论断"①。亚里士多德的方法意
味着整体以个别为本，弄清"各种社会团体及其人物之间的差
异"，因其差异而成。这种整体与部分是一致的。正如罗马的
哲学家皇帝马可·奥勒留所说："凡不符合蜂群全体利益的，
也就不会符合单独的每一只蜜蜂的利益。"②例如奴役关系，亚
里士多德认为是基于奴隶和自由人各自的特点形成的符合每一
方利益的整体关系。"凡是这种只有体力的卑下的这一级就自
然地应该成为奴隶……能够被统治于一位主人对于他实际上较
为合适而且有益。所以，凡自己缺乏理智，仅能感应别人的理
智的，就可以成为而且确实成为别人的财产(用品)，这种人就天
然是奴隶。"③奴隶由于其"只有体力"、"缺乏理智"，亚里
士多德认为其"被统治于一位主人对于他实际上较为合适而且

---

① ［古希腊］亚里士多德：《政治学》，吴寿彭译，商务印书馆1964年版，第3
页。
② ［古罗马］马·奥留勒：《沉思录——一个罗马皇帝的哲学思考》，朱汝庆译，
中国社会科学出版社1998年版，第63页。
③ ［古希腊］亚里士多德：《政治学》，吴寿彭译，商务印书馆1964年版，第
15—16页。

有益"。所以整体不会淹没部分。柏拉图说："国家就是个人的放大，个人就是国家的缩小。"①

儒家的治国之礼是压制个人。荀子说："礼起于何也？曰：人生而有欲，欲而不得，则不能无求。求而无度量分界，则不能不争；争则乱，乱则穷。先王恶其乱也，故制礼义以分之，以养人之欲，给人之求，使欲必不穷于物，物必不屈于欲。两者相持而长，是礼之所起也。"②礼生于对个人欲求的压抑。

整体对个体的保护和拓展首先表现在顺应个体的天赋。古希腊的社会法则根基于每一个或每一种人的天赋。亚里士多德说："天赋、习惯和理性为培养人生诸善德的根基。"③比如，"人人都爱自己，而自爱出于天赋，并不是偶发的冲动。[人们对自己的所有物感觉爱好和快意，实际上是自爱的延伸]。自私固然应该受到谴责，但所谴责的不是自爱的本性，而是那超过限度的私意"④。人为什么要互利？因为"人类天赋具有求取勤劳服务同时又愿获得安闲的优良本性"⑤。为什么要夫唱妇随？"就天赋说来，夫唱妇随是合乎自然的，雌强雄弱只是偶然见

---

① 周辅成编：《西方伦理学名著选辑》，商务印书馆1964年版，第146页。

② 《荀子·礼论》，史仲文主编：《中华经典藏书》，北京出版社1999年版，第1277页。

③ ［古希腊］亚里士多德：《政治学》，吴寿彭译，商务印书馆1964年版，第434页。

④ ［古希腊］亚里士多德：《政治学》，吴寿彭译，商务印书馆1964年版，第59页。

⑤ ［古希腊］亚里士多德：《政治学》，吴寿彭译，商务印书馆1964年版，第451页。

到的反常事例；犹如年长者指挥年幼者、成年人治理未成年儿童也较为相宜。"①为什么有主奴道德？因为"人类原来确实存在着自然奴隶和自然自由人的区别。前者为奴，后者为主，各随其天赋的本分而成为统治和从属，这就有益而合乎正义"②。

亚里士多德对财产所有权的看法贯穿的也是同一逻辑。他认为，财产的公共性的使用只有建立在个人私有的基础上才能被人接受。"财产在某种意义上应当公有，但一般而论则是私有的；因为一旦每个人都有着不同的利益，人们就不会相互抱怨，而且由于大家都关心自己的事物，人们的境况就会有更大的进展。然而，为了善，而且在使用方面，正如一句谚语所说的，'朋友将共同拥有一切'。现在也存在着践行这种原则的迹象，它表明，这并非不能实行。相反，在一个治理得好的城邦，它已经在某种程度存在着，而且还会进一步得到实行。因为，虽然所有的人都有自己的财产，但他会将这些东西交由其朋友支配，同时他还会和朋友们一起分享其他一些东西。例如，斯巴达人就像使用自己的东西一样使用别人的奴隶、马匹以及狗；当人们在旅途上缺乏食品时，他们可以在任何乡间的庄稼地里寻找到食物。显然，财产私有而公共使用的制度要优良得多。立法者的专门任务，就是让人们具有这种仁厚的精

---

① ［古希腊］亚里士多德：《政治学》，吴寿彭译，商务印书馆1964年版，第39页。
② ［古希腊］亚里士多德：《政治学》，吴寿彭译，商务印书馆1964年版，第49页。

神。再有，人们一旦感觉某一物为他自己所有，他就会得到无穷的快乐；因为自爱出自于天性，而并非徒劳地赋予人们情感。尽管自私应当受到责难，但自私并非是真正的自爱，而是一种过度，就像守财奴对金钱的喜爱一样；所有的人，或者说几乎所有的人，都喜爱金钱以及其他这一类东西。而且，为朋友、宾客，或同伴效力和做好事会令人感到莫大的喜悦，而这只有在财产私有时人们才会如此。"①财产公共使用的前提是财产私有。"人们一旦感觉某一物为他自己所有，他就会得到无穷的快乐。"所以，喜欢私有是人的天性。在私有的基础上人们"为朋友、宾客，或同伴效力和做好事会令人感到莫大的喜悦"，这是个人的更大利益。当然，这种财产私有不是私人利益的恶性膨胀，而是个人应有范围的利益。亚氏说：应"兼备公产和私有两者的利益。财产可以在某一方面[在应用时]归公，一般而论则应属私有。划清了各人所有利益的范围，人们相互间争吵的根源就会消除；各人注意自己范围以内的事业，各家的境况也就可以改进了"②。总之，只有作为部分的延伸的整体才是真正的整体，作为个体利益的延伸的公共道德才会被个体自觉遵守。

　　与古希腊不同，儒家道德不是立足于人的天赋。孔子讲

---

① 《亚里士多德全集》第九卷《政治学》，颜一、秦典华译，中国人民大学出版社1995年版，第39—40页。
② 《亚里士多德全集》第九卷《政治学》，颜一、秦典华译，中国人民大学出版社1995年版，第58页。

"克己复礼为仁"。"礼"非奠基于人的天赋，而是对天赋的压抑。孟子所称的善性"虽天之所予"，即人之所"不学而能"、"不虑而知"①，但不是奠基于完整的天赋。孟子承认人的天赋还有另一半。"口之于味也，目之于色也，耳之于声也，鼻之于臭也，四肢之于安佚也，性也。"②人性的这两部分内容都不能忽视。而且在人的教育培养过程中，感性欲望是第一需要面对的，更应受到重视。亚里士多德谈到儿童教育时说："人们都区分有灵魂和躯体两者，都有两种境界（状态）——情欲境界和玄想境界。就创生的程序而言，躯体先于灵魂，灵魂的非理性部分先于理性部分。情欲的一切征象，例如愤怒、爱恶和欲望，人们从开始其生命的历程，便显见于孩提；而辩解和思想的机能则要按照常例，必须等待其长成，岁月既增，然后日渐发展：这些可以证见身心发育的程序。于是，我们的结论就应该是：首先要注意儿童的身体，挨次而留心他的情欲境界，然后才及于他们的灵魂。可是，恰如对于身体的维护，必须从有造于灵魂为目的，训导他们的情欲，也必须以有益于思想为目的。"③亚里士多德虽然强调以灵魂培养为目的、为指导，但并不是排斥感性欲望，而将感性欲望列为灵

---

① 《孟子·尽心上》，史仲文主编：《中华经典藏书》，北京出版社1999年版，第1154页。
② 《孟子·尽心下》，史仲文主编：《中华经典藏书》，北京出版社1999年版，第1156页。
③ ［古希腊］亚里士多德：《政治学》，吴寿彭译，商务印书馆1964年版，第435页。

魂培养的先前步骤，没有这个步骤就谈不上灵魂培养。可是，孟子却把灵魂的培养与感性欲望截然对立。对感性欲望，他说："君子不谓性也。"①他还说："从其大体为大人，从其小体为小人。"②"先立乎其大者，则其小者弗能夺也。此为大人而已矣。"③顺灵魂之"大体"是大人，顺耳目感官之"小体"是小人。大、小人之间截然对立，断无统一之理。荀子也说："今人之性饥而欲饱，寒而欲暖，劳而欲休，此人之情性也。今人饥，见长而不敢先食者，将有所让也；劳而不敢求息者，将有所代也。夫子之让乎父，弟之让乎兄；子之代乎父，弟之代乎兄，此二行者，皆反于性而悖于情也。然而孝子之道，礼义之文理也。顺情性则不辞让矣，辞让则悖于情性矣。"④在儒家这里，感性情欲和灵魂不能相容，以致后来出现了"存天理，灭人欲"的极端论调。总之，古希腊将人的自然性纳入进来作为社会性的构成环节；儒家则完全排除自然性，使社会性变得片面、单调、压抑。这样的社会准则如何能让人自觉维护！

再进一步，以个体为基础的整体性法则应是出于个体的"自我"。斯宾诺莎说："绝对遵循德性而行不是别的，即是

---

① 《孟子·尽心下》，史仲文主编：《中华经典藏书》，北京出版社1999年版，第1156页。

② 《孟子·告子上》，史仲文主编：《中华经典藏书》，北京出版社1999年版，第1149页。

③ 《孟子·告子上》，史仲文主编：《中华经典藏书》，北京出版社1999年版，第1149页。

④ 《荀子·性恶》，史仲文主编：《中华经典藏书》，北京出版社1999年版，第1292页。

在寻求自己的利益的基础上，以理性为指导而行动、生活、保持自我的存在（此三者意义相同）。"①笛卡儿强调道德必须建立在"自我"基础上。笛卡儿提出了"几个道德规则"："第一，是要服从我们国家的法律和风俗，牢牢皈依我凭天惠自幼所承受的正教……""我的第二个准则就是：我在行动方面，要尽可能坚决不移，而且当最可疑的意见一度采纳之后，我也要把它们看得好像最为确实，而同样坚定不变地固守它们。""我的第三条准则是：宁永远尽量克服自己，而不去克服命运；宁改变我的欲望，而不去改变世界的秩序……"笛卡儿的道德准则似乎提倡盲目服从，其实不然。笛卡儿的第四条准则是："对我而言，最善之道莫过于继续理我的旧业，即把我的一生贡献于我的理性培养，并依照我为自己所立的方法原则，尽我力所能及，在真理的知识中求得最大进步。"笛卡儿将"我的理性培养"作为道德准则之一，也就是将"自我"作为道德准则之一。不仅如此，"自我"还是前三条准则的基础。"前面三条准则是只建立在继续自修工作的计划上的。因为上帝既然赋予我们各人以分辨真伪的某种理智光亮，所以我就不曾能够相信，我可以有片刻满足于他人的意见，除非我着眼于以后在适当时机考察它们时，我要运用自己的判断。"②总之，笛卡儿坚持道德准则必须建立在个人理性选择的基础上，

① 周辅成编：《西方伦理学名著选辑》，商务印书馆1964年版，第632页。
② 周辅成编：《西方伦理学名著选辑》，商务印书馆1964年版，第588—592页。

即所谓"我思"。笛卡儿的想法非凭空突发，在古希腊已有相关的思想作为其继承的思想资料。毕达戈拉斯说："不要使你自己无思想的随事变迁。""要做于你有利的事情：在你做事以前，你要想想。"①亚里士多德说："所以德性依乎我们自己，过恶也是依乎我们自己。因为我们有权力去做的事也有权力不去做。我们能说'不'的地方，也能说'是'。"②表面上看，儒家以爱民为宗，好像维护民众利益。但爱民有两种，一种是君本之爱民，一种是人本之爱民。君本之爱民民不自主由君为民做主；人本之爱民民之被爱源于民之自爱。君本之爱民君要教化民众俾之有德；人本之爱民尊重民之"自我"。民之有德源于人之"自我"的选择和延伸。儒家追求的高尚人格却压抑人的"自我"。心理学家认为，人格的构成首先从"自我"开始。弗洛伊德认为，人格是由"本我"、"自我"、"超我"组成。荣格认为，"自我"是人格的核心，"自我代表一个人对外在世界有意识的和相当一致的态度"③。马斯洛认为，大多数人都有一种自我实现的需要和倾向。所以，他在《动机与人格》（1970年）一书中专门研究了自我实现者的人格特征。④儒家道德恰恰不讲求个人的"自我"，如孔子好古。子曰："述而不作，信而好古，窃比于我老彭。"子曰："我

① 周辅成编：《西方伦理学名著选辑》，商务印书馆1964年版，第15—16页。
② 周辅成编：《西方伦理学名著选辑》，商务印书馆1964年版，第306页。
③ 张明：《人格心理学新论》，东北师大出版社2004年版，第42页。
④ 张明：《人格心理学新论》，东北师大出版社2004年版，第76页。

非生而知之者，好古，敏以求之者也。"①《中庸》第三十章说："仲尼祖述尧舜，宪章文武。"②但未提对古的继承应立足于自我。儒家文化确切说是礼文化。《礼记》说："礼自外作。"③荀子说："礼者，人主之所以为群臣寸尺寻丈检式也，人伦尽矣。"④礼外在施加的尺度，只许接受，不许有异议。"子贡欲去告朔之饩羊。子曰：'赐也！尔爱其羊，我爱其礼！'"⑤子贡欲变通"告朔"之礼，这是子贡基于"自我"的选择，孔子没有说为什么不行，只是说"我爱其礼"！孔子和弟子们饿陈困蔡时，子贡劝道："夫子之道至大也，故天下莫能容夫子，夫子盖少贬焉？"孔子斥责他："而志不远矣。"⑥在当时困难的情况下，子贡基于"自我"判断提出建议，却遭斥责。子路问卫君若重用老师，老师先做什么？子曰："必也正名乎！"子路的"自我"判断是老师太"迂"，孔子却斥责他"野"。⑦孔子处落魄之中尚压制学生的"自我"，而况儒

①《论语·述而》，史仲文主编：《中华经典藏书》，北京出版社1999年版，第1099页。

②《中庸》，史仲文主编：《中华经典藏书》，北京出版社1999年版，第506页。

③《礼记·乐观》，史仲文主编：《中华经典藏书》，北京出版社1999年版，第459页。

④《荀子·儒效》，史仲文主编：《中华经典藏书》，北京出版社1999年版，第1241页。

⑤《论语·八佾》，史仲文主编：《中华经典藏书》，北京出版社1999年版，第1093页。

⑥《史记》卷47《孔子世家》，中华书局1959年版。

⑦《论语·子路》，史仲文主编：《中华经典藏书》，北京出版社1999年版，第1106页。

家成官方思想之后！董仲舒虽然有制约君主的意图，但却也针对诸子提出文化专制主义，排斥不同意见。中国封建社会后期，儒学被改造为不容商量的"礼教"、第一真理，不容"我思"。笔者相信孔孟本人及一些真正的君子接受儒家道德是出自"自我"。但在理论上，儒家道德始终没有给每个人的"自我"留下位置，这对民众有非常消极的影响。不是出自"自我"，只由外力强压的道德不易被自觉遵守。

以上，中国先秦与古希腊伦理思想的比较具体地凸显了儒家公共性的缺乏，以及其消极影响。笔者无意否定儒家的积极作用。应该说儒家个人服从整体、追求君子境界重义轻利、处世平和中道、讲求慎独、自强不息等美德为中华民族几千年自立于世界民族之林和为人类做出了巨大贡献，提供了精神上的保障。儒家的消极面只是在进入封建社会晚期，工商业和商品经济日益发达，资本主义社会即将到来时才开始日益显现。到了现代化社会，家族被打破，公民社会出现，急切需要用公共意识取代家族意识，儒家道德的落后性遂突出出来。但是，儒家没有死亡，它会像魏晋、宋明时期那样与时俱进，随着公共性观念的融入而得到新生。

引用书目

[1]《王阳明全集》，上海古籍出版社1992年版。

[2] 雅斯贝尔斯：《大哲学家》，李雪涛主译，社会科学文献出版社2005年版。

[3]《国语》，史仲文主编：《中华经典藏书》，北京出版社1999年版。

[4] 赵守正：《管子注释》，广西人民出版社1987年版。

[5] 刘泽华等：《中国古代史》，人民出版社1979年版。

[6]《诗经》，史仲文主编：《中华经典藏书》，北京出版社1999年版。

[7]《孟子》，史仲文主编：《中华经典藏书》，北京出版社1999年版。

[8]《道德真经》，史仲文主编：《中华经典藏书》，北京出版社1999年版。

[9]《左传》，史仲文主编：《中华经典藏书》，北京出版社1999年版。

[10]《史记》，中华书局1959年版。

[11]《尚书》，史仲文主编：《中华经典藏书》，北京出版社1999年版。

[12] 陈梦家：《殷墟卜辞综述》，中华书局1988年版。

责任编辑:王彦波

封面设计:马淑玲

图书在版编目(CIP)数据

儒家思想讲演录/方尔加 著. —北京:人民出版社,2020.4
(2025.8重印)
ISBN 978－7－01－021690－4

Ⅰ.①儒…　Ⅱ.①方…　Ⅲ.①儒家-哲学思想-研究
　Ⅳ.①B222.05

中国版本图书馆 CIP 数据核字(2020)第 003830 号

儒家思想讲演录
RUJIA SIXIANG JIANGYAN LU

方尔加　著

人民出版社 出版发行
(100706　北京市东城区隆福寺街 99 号)

环球东方(北京)印务有限公司印刷　新华书店经销

2020 年 4 月第 1 版　2025 年 8 月北京第 7 次印刷
开本:710 毫米×1000 毫米 1/16　印张:17.5
字数:154 千字

ISBN 978－7－01－021690－4　定价:48.00 元

邮购地址 100706　北京市东城区隆福寺街 99 号
人民东方图书销售中心　电话 (010)65250042　65289539